造船焊接与切割技术

姜锡瑞◎编著

内容简介

本书是为船舶与海洋工程专业编写的，共分八章。根据造船业对焊接技术的应用和需要，系统地介绍了熔焊基本原理、手工电弧焊、埋弧焊、氩弧焊、二氧化碳气体保护焊、电渣焊、电子束焊、爆炸焊、重力焊、水下焊接、金属的可焊性与船用钢材和铝合金的焊接、焊接应力与变形、焊接质量管理、金属的切割，并给出了大量的图表和数据。

本书总结了作者多年教学经验和科研成果，综合大量国内外文献，内容丰富，联系实际，深入浅出。

本书可作为大学船体专业的教材，也可用作为船舶与海洋工程技术人员参考。

图书在版编目(CIP)数据

造船焊接与切割技术/姜锡瑞编著. —哈尔滨:哈尔滨工程大学出版社,2002.3(2015.7 重印)
ISBN 978-7-81073-259-8

Ⅰ.造…　Ⅱ.姜…　Ⅲ.①造船-焊接工艺-高等学校-教材②切割-船舶技术-高等学校-教材
Ⅳ.U671

中国版本图书馆 CIP 数据核字(2002)第 006150 号

出版发行　哈尔滨工程大学出版社
社　　址　哈尔滨市南岗区东大直街 124 号
邮政编码　150001
发行电话　0451-82519328
传　　真　0451-82519699
经　　销　新华书店
印　　刷　哈尔滨工业大学印刷厂
开　　本　787mm×1 092mm　1/16
印　　张　11.75
字　　数　290 千字
版　　次　2002 年 2 月第 1 版
印　　次　2015 年 7 月第 6 次印刷
定　　价　22.00 元
http://www.hrbeupress.com
E-mail:heupress@hrbeu.edu.cn

前　言

为适应国家“十五”教育发展规划，满足教育和生产发展的需要，受国防科工委的委托，在我校多年的教学与实践基础上，编写了《造船焊接与切割技术》。

全书共八章，包括焊接冶金基础、手工电弧焊、埋弧焊及其它焊接方法；金属的焊接、焊接应力与变形、焊接质量管理和金属的切割等内容。

本书系统地介绍了船舶与海洋工程结构建造中所需的焊接与切割技术。本书可作为大学船舶与海洋工程专业教材，也可作为船舶与海洋工程专业技术人员参考。

本书由吉林工学院郭久柱教授主审。

本书编写与出版过程中，还有一些其他人员做了大量工作，在此谨表谢意。

由于编写时间短，加之编者水平所限，错误不足之处在所难免，敬请有关专家学者予以指正。

编者

2001 年 9 月于哈尔滨

目　录

绪　论

随着科学技术的发展，焊接已成为金属加工的一门独立学科，并广泛用于航空、航天、原子能、化工、造船、海洋工程、电子、建筑、交通运输、电力、机械制造等部门。

通常，造船、海洋工程生产中金属结构的联接方法有铆接与焊接。所谓焊接，从微观上讲是两种或两种以上材料(同种或异种)通过原子或分子间结合或扩散形成永久性联接方法。

一、焊接方法的分类

目前生产中使用的焊接方法很多，按其基本特点可分成三大类。

1．熔焊

熔焊的特点是利用局部热源加热被焊金属的连接处及填充金属(有时可不加填充金属)，使其熔化、互相熔合、冷却凝固形成永久联接。电弧焊、气体保护焊、电渣焊、电子束焊、气焊等都是熔焊。

2．压焊

在加热或不加热的情况下，对焊接区施加一定压力使两个分离表面的金属原子接近到晶格距离，形成金属键使两金属联为一体。接触焊、摩擦焊、爆炸焊等都是压焊。

3．钎焊

熔化的钎料(熔点低于钎件的熔点)对固体钎件浸润以保证液态钎料填满钎缝，液态钎料与联结件的表面由分子或原子互相扩散结合冷凝后形成联为一体的接头。如钢铁材料使用铜焊，铜使用锡焊等都是钎焊。

焊接的具体分类见下页分类表。

二、焊接结构的特点及其在造船业中的应用

造船业中以焊接代替铆接如同以钢材代替木材一样是造船工业的一次划时代变革。自1921年世界上出现第一艘全焊结构的船舶(载重量为500吨)以来，焊接工作者通过大量的实践与研究使船舶焊接工艺得到成功和迅速发展。现在不仅完全代替了铆接，而且形成了较完整的船舶焊接工艺系统，为船舶建造向自动化、大型化、专业化发展提供了可靠的技术保证。

造船业中，焊接所以能迅速取代铆接并成为船舶结构最主要的联接方法是由于焊接结构所具有的特点所决定。

1．可节省大量金属材料

焊接结构的焊缝金属通常约为构件的(1～1.5)%，而在铆接结构中，铆钉一般为构件的(3～4)%，加上铆接处的重叠板材，焊接结构船舶比铆接结构船舶一般可节约(10～25)%的材料，图0－1。

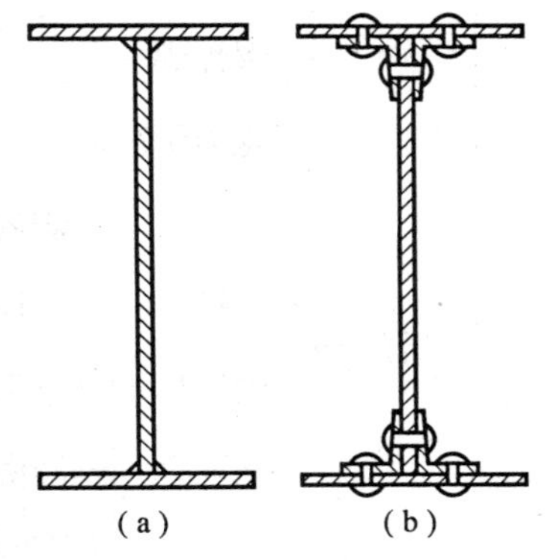

图0－1　焊接工字钢与铆接工字钢对比
(a)焊接工字钢；(b)铆接工字钢

焊接结构与铸钢件(大型船舶的艏艉柱)相比，可节约(20～30)%的材料。这主要因为焊接结构的艏、艉柱各处的尺寸可以按设计要求选取，不必像铸钢件那样因工艺的限制加大尺寸。

2．可改变结构设计

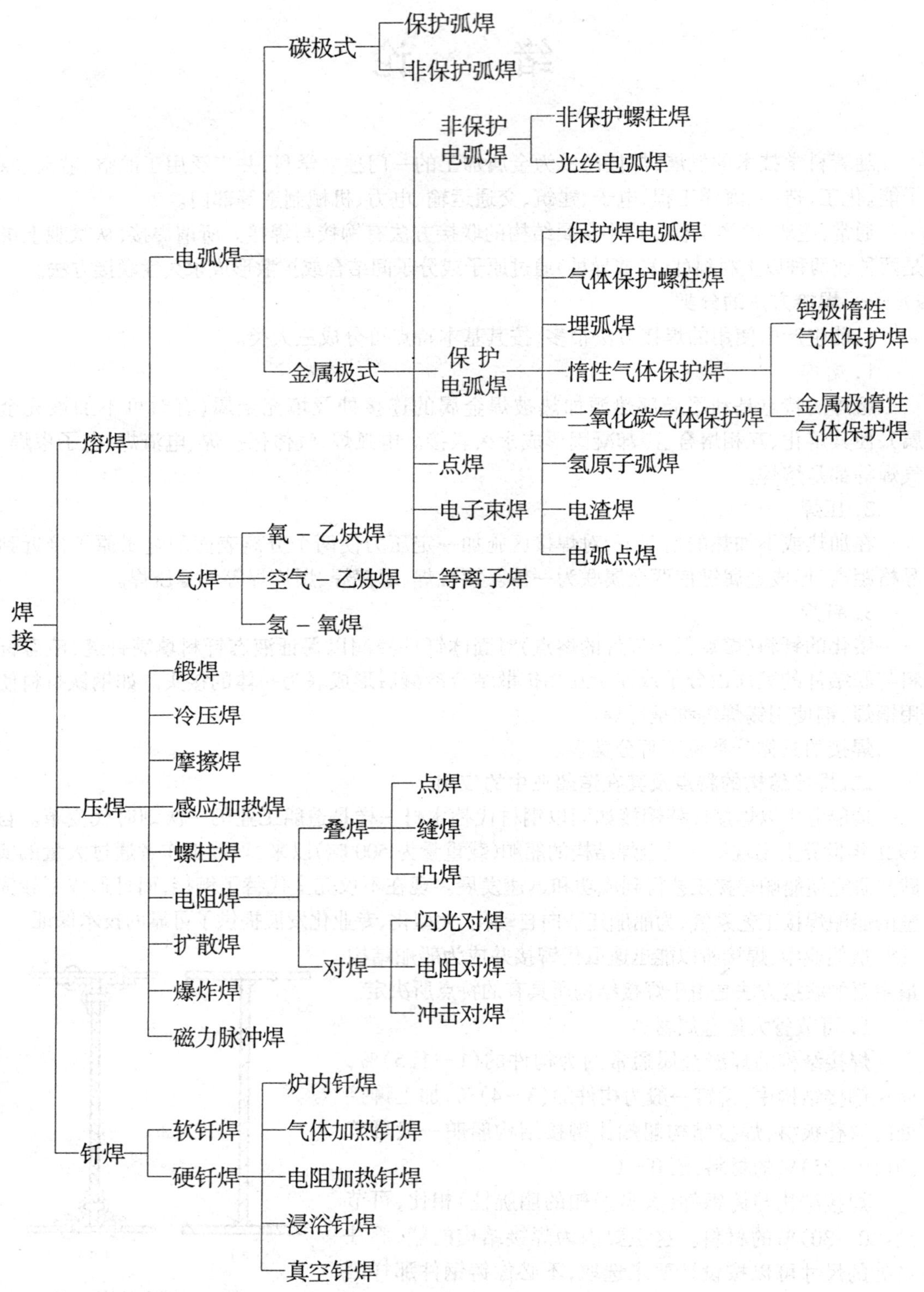
焊接
熔焊
电弧焊
碳极式
保护弧焊
非保护弧焊
金属极式
非保护电弧焊
非保护螺柱焊
光丝电弧焊
保护电弧焊
保护焊电弧焊
气体保护螺柱焊
埋弧焊
惰性气体保护焊
钨极惰性气体保护焊
金属极惰性气体保护焊
二氧化碳气体保护焊
氢原子弧焊
电渣焊
电弧点焊
点焊
电子束焊
等离子焊
气焊
氧－乙炔焊
空气－乙炔焊
氢－氧焊
压焊
锻焊
冷压焊
摩擦焊
感应加热焊
螺柱焊
电阻焊
叠焊
点焊
缝焊
凸焊
对焊
闪光对焊
电阻对焊
冲击对焊
扩散焊
爆炸焊
磁力脉冲焊
钎焊
软钎焊
硬钎焊
炉内钎焊
气体加热钎焊
电阻加热钎焊
浸浴钎焊
真空钎焊

某空心主轴(图 0－2)可以用三种方案制造:①整锻;②两个铸钢法兰与锻造轴筒拼焊;③轴筒由厚板辊弯成半筒,然后焊成一个整筒,再与铸钢法兰拼焊。

三个方案中整锻需要大钢锭,而大钢锭所需浇口、冒口也大,消耗材料最多,大约是方案③消耗材料的两倍。

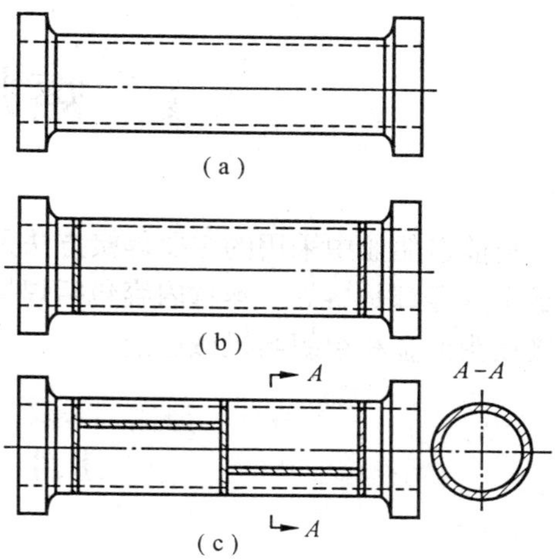

(a)

(b)

A－A

(c)

图 0－2　水轮机主轴的几种设计方案

(a)整锻;(b)铸钢法兰与锻造轴筒焊成;

(c)铸造法兰与焊接轴筒焊成

3. 结构强度高

焊缝金属的机械性能可与焊件金属的机械性能相等。

4. 焊接结构密封性好

焊接结构是由致密的焊缝把焊件联接起来的统一体,所以其油密、水密、气密性好。即使在受力、碰撞作用发生变形时,仍能保证焊接结构的整体性、紧密性。

5. 成本低

节约材料是焊接结构成本低的主要因素,此外焊接设备比铆接生产所需多头钻床和加热炉等设备投资低,与铸造相比不需要制作木模和砂型,也不需要专门的熔炼和浇铸,工序简单,生产周期短。

6. 改善生产劳动条件

焊接不需要像铆接那样进行热加工,此外由于采用焊接工艺生产使船体建造可采用分段法建造,使 60%～70%的船体装配、焊接工作由外场移到内场,有利于生产过程的自动化。

事物都是一分为二的,焊接结构除有上述优点外,也有其不足之处。

1. 焊接结构的应力集中变化范围比铆接结构应力集中变化范围大

铆接结构的铆钉孔周围应力集中系数变化较小。焊接结构中,焊缝不但起着类似铆钉的连接构件作用,而且与基本金属联结组成一个整体,在外力的作用下将一起变形。在焊缝根部焊趾处尺寸平滑过渡差,应力集中较大,应力集中对结构的脆性断裂和疲劳寿命有很大影响,应采取合理的工艺和设计控制焊接结构的应力集中,以提高其强度和寿命。

2. 焊接结构有较大的焊接应力与变形

绝大多数焊接方法都是采用局部加热,加之焊接构件的刚性不可避免地产生内应力与变形。应力与变形不但能引起工艺缺陷,而且在一定条件下将影响结构的强度、刚度、受压稳定性及尺寸稳定性等。

3. 焊接结构具有较大的性能不均匀性

焊接接头金属在焊接过程中经受了不同热循环、冶金过程,使焊接接头处的金属成分和组织与基本金属有差别,形成了一个不均匀结构,它的不均匀性远远超过铸件和锻件。

4. 焊接接头的整体性

焊接结构是一整体,一方面油密、水密、气密性好;另一方面当一构件产生裂纹会通过焊缝扩展到另一构件,裂纹一旦开始扩展便不易制止,而铆接接头往往可以起到限制裂纹扩展的作用。

1 熔焊基本理论

目前造船业中采用的主要焊接方法是熔焊,手工电弧焊、埋弧焊、气体保护焊、电渣焊、电子束焊等都是熔焊。本章内容包括焊接电弧、焊丝熔化过渡、焊缝的形成、焊接冶金反应、焊接接头的金相组织与机械性能。

1.1 焊接电弧

焊接电弧是一种持久的、稳定的放电现象。它能产生高温将填充金属和部分被焊金属熔化,经冷却、凝固形成焊缝。

1.1.1 焊接电弧的产生

将焊条和焊件各接到焊接电源的一个极上,当焊条与焊件瞬间接触又拉开时,焊条端部与焊件间就会产生明亮的焊接电弧。

通常情况下,气体呈中性不导电。要使气体导电必须使气体中的中性质点(分子或原子)离解成带电的电子和正离子。使气体介质电离需要能量,这种能量称作电离功。不同的气体或元素由于原子结构不同其电离功不同,常见元素电离功见表 1-1。

表 1-1 常见元素的电离功

元 素	K	Na	Ba	Li	Al	Ca	Cr	V	Ti	Mn	Mg	Cu	Fe	Si	W
电离功 eV	4.33	5.11	5.19	5.40	5.96	6.10	6.74	6.76	6.80	7.40	7.61	7.70	7.83	7.94	8.00
元 素	S	C	Cl	H	H_2	O	O_2	CO_2	N	N_2	Ar	F	Ne	He	
电离功 eV	10.30	11.22	13.00	13.50	15.40	13.60	12.20	13.70	14.50	15.50	15.70	16.90	21.50	24.50	

一、气体介质的电离

由表 1-1 可看出各种元素电离的难易是不相同的,元素的电离功小易电离,电离功大则难电离。气体电离时可从不同来源获得能量,根据其获得能量的特点电离可分为三种。

1. 撞击电离

撞击电离的能量来源于质点间的相互碰撞。电子、离子、原子和分子之间的相互碰撞与刚球碰撞有所不同,因为在它们相互接近时既有相互吸引又有相互排斥作用,但用古典力学研究它们还是相当准确的。

质点的碰撞可以是弹性和非弹性的。假如撞击是弹性的,被撞质点处于静止状态,撞击质点质量为 m_2、动能为 K_0,被撞质点的质量为 m_1,被撞质点获得最大能量为 δ_{max}。按力学公式可得

$$\delta_{max} = K_0 \frac{m_1}{m_1 + m_2}$$

要使质点电离必须使 $\delta_{max} \geqslant A_j$，$A_j$ 为该元素的电离功。从式中可以看出 m_2 较小则 δ_{max} 较大，m_2 与 m_1 相比小到可忽略时 δ_{max} 最大，$\delta_{max} \approx K_0$，这种情况相当于电子碰撞到原子上，最易电离，否则不易电离。

2. 光电离

原子吸收光(正确地说射线)的量子能，可发生激发或电离。电离的条件可用下式表示。

$$h\gamma \geqslant 1.6 \times 10^{-12} V_j$$

其中，h ——普朗克常数(尔格·秒)；

γ ——频率(1/秒)；

V_j ——电离势(V)。

从上式可见，频率高(即波长短)的射线才易引起电离。

3. 热电离

在高温下气体的分子或原子具有很高的动能，它们间热运动碰撞也会产生电离，这种电离称作热电离。热电离在2 000K 的温度开始产生，在弧柱的温度(5 000K～8 000K)左右就非常显著了。

印度物理学家沙格 1921 年提出在不考虑气体的分级电离和形成多价离子的条件下，气体的热电离可由下述公式求得

$$\frac{x^2}{1 - x^2} \cdot P = 3.12 \times 10^{-12} T^{2.5} e^{-\frac{A_j}{KT}}$$

其中，x ——电离度(已电离的分子数与全部分子数的比例)；

P ——气体的压力(在温度 T 时，Pa)；

T ——气体的绝对温度；

A_j ——气体的电离功(eV)；

K ——波尔兹曼常数(1.38×10^{-23}J/K)。

二、金属的电子发射

固体或液体表面的原子或分子接受了额外的能量亦能产生电离释放出自由电子到空间中去，这种现象称作电子发射。产生发射所需能量称作逸出功，以 $V_{输出}$ 表示，单位为电子伏特，常见元素的逸出功见表 1－2。

表 1－2　常见元素的逸出功

元　素	Li	Na	K	Mg	Ca	Ba	Al	Cu
逸出功 eV	2.38～2.34	2.12～1.80	2.02～0.46	3.74～1.77	3.34～1.70	2.29～1.59	3.95～1.77	4.80～3.89
元　素	Zn	Fe	Ni	Mo	W	BaO	CuO	Cu_2O
逸出功 eV	4.10～3.02	4.79～3.92	4.57～3.68	4.33～3.22	5.36～4.31	1.00	5.34	5.17

物质的逸出功在很大程度取决于其表面状态，如表面有氧化物或其它杂质时都会使逸出功减少。

根据能量的来源电子发射可分以下几种。

1. 光电发射

物体表面接受射线能量后会从表面逸出电子称作光电发射。能使一些金属及氧化物产生发射的射线波长差不多都在紫外线范围，一般可见光谱差不多都能引起光电发射现象。

2. 热发射

从理论上讲，无论在什么温度下都会有某些数量的电子逸出物体表面（在没有电场存在时，逸出的电子会被失去电子而带正电荷的金属吸回去）。但在室温或比室温高得不多温度下，这种电子逸出量极少，以致几乎觉察不到。温度升高以后，平均动能增加，于是具有较高动能，可逸出的电子数目就会增加。

根据查理逊—代西门公式，热发射与温度的关系可用下式表示。

$$j_0 = AT^2 e^{-\frac{V_{输出}}{KT}}$$

其中，j_0 ——单位面积在单位时间内放出的电子所带电量，即电流密度（A/m^2）；

A ——常数（$A/(m^2 \cdot K^2)$）；

T ——绝对温度 K；

$V_{输出}$ ——逸出功（J）；

K ——波尔兹曼常数（1.38×10^{-23} J/K）。

3. 自发射

当两极间有较大电位降时，虽然温度不甚高亦会有显著的电子发射，这种发射称作自发射。根据计算结果得有电场存在时的电子发射公式如下：

$$j_E = j_0 e^{\frac{4.39\sqrt{EK}}{T}}$$

4. 碰撞发射

能量大的质点碰撞到阴极表面，将其位能 $e_0 V_j$（电离能）和动能 K_E 传给阴极。但必须是质点的总能量大于逸出功 $V_{输出}$，被碰撞的阴极才可能有电子逸出。

当离子碰撞阴极时，只有它被中和时才能放出能量。因此，离子碰撞发射必须是阴极最少逸出两个电子，一个电子与离子中和，一个电子作为阴极发射电子。此时应满足

$$e_0 V_j + K_E > 2V_{输出}$$

三、焊接电弧的产生过程

焊接电弧是通过焊条与焊件瞬间接触然后拉开形成的，这个过程实际上可分为短路—空载—燃弧三阶段。

1. 短路

焊接引弧时，使焊条或焊丝与焊件接触形成短路。短路时电流很大，而焊条或焊丝与焊件并非理想平面接触，仅在某些突起点处接触，见图 1-1。很大的短路电流集中在几个接触点处通过，这些地方电流密度很大瞬间就把它们加热到熔化状态，甚至变成金属蒸气。

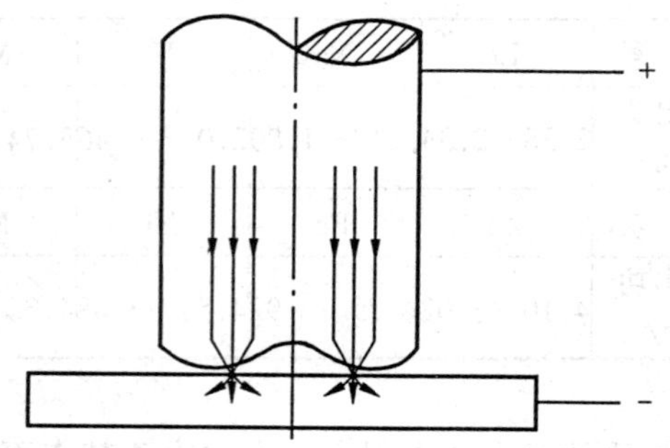

图 1-1　电极短路时之接触与电流示意图

2. 空载

接触后将电极分开，这时一方面由于电极表面高温产生强烈的热发射；另一方面当两极

分开距离还非常近时，在焊接电源电压作用下（手工电弧焊机空载电压：直流 $U_0 \approx 45V \sim 70V$，交流 $U_0 \approx 55V \sim 70V$；埋弧自动焊机空载电压：直流 $U_0 \approx 60V \sim 90V$，交流 $U_0 \approx 70V \sim 90V$），电场强度可达极其巨大程度，这样就产生了显著的自发射，加之焊极表面有杂质存在，降低了电子发射的逸出功，因此增加了电子发射。

3. 燃弧

由阴极发射出来的电子以很高速度射向阳极，电子通过两极间时与中性气体质点碰撞形成碰撞电离。在电弧的高温（弧柱中心 5 000K～8 000K）作用下，中性介质气体产生强烈的热电离。

在热、光、碰撞作用下，加之强电场的作用，中性质点变成了电子和正离子，电子和正离子分别向两极运动，于是产生了电弧。

1.1.2 焊接电弧的组成及特性

一、焊接电弧的组成

焊接电弧由阴极区、阳极区和弧柱三部分组成，见图 1－2。

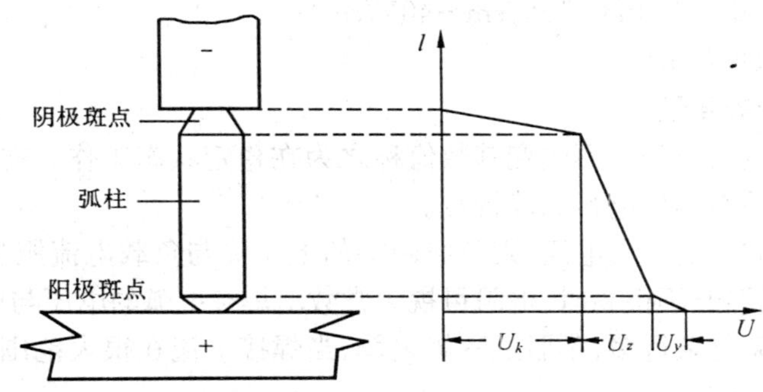

图 1－2 电弧的组成和电压降分布

1. 阴极区

阴极区是靠近阴极的地方，这个区域中电位降落 U_K（阴极电位降）较大，大致相当所用气体介质的电离势（$U_K = V_j$）。阴极区沿弧长很短，大约为 10^{-5}cm，所以该区域内电场强度很大，可达到 10^6V/cm，这是能产生自发射的原因。

阴极端面上有一明亮斑点，称作阴极斑点。阴极斑点的温度很高，它随着使用的电极材料不同而异，通常 2 200K～3 500K，最高温度接近材料的沸点。阴极区所发出的热量约占电弧的总发热量的 38%。

2. 阳极区

阳极区是靠近阳极的地方，其沿弧长较阴极区稍长，约为 10^{-2}cm～10^{-4}cm，阳极端面也有一个明亮斑点，称作阳极斑点。阳极区的电压降较阴极区的电压降小，且不受电极材料和所用介质影响，一般阳极电压降约为 2.5V 左右。

电子通过电弧、阳极区，在电场的作用下加速运动，集中射在阳极斑点上，电流密度很大，故温度较阴极区稍高，通常为 2 600K～4 200K。阳极区所发出的热量约占电弧的总发热量的 42%。

3. 弧柱区

弧柱是阴极区和阳极区中间的一段，占弧长的绝大部分，可认为弧柱长近似等于电弧长。弧柱区充满了介质的分子和原子，以及它们电离产生的电子、离子。因为弧柱区反应激烈，所以弧柱区的温度最高，通常可达 5 000K～8 000K。弧柱区的发热量并不多，只占电弧总发热量的 20%。

弧柱区内带电质点沿其长度方向分布是均匀的，但沿其径向分布极不均匀，中心密度大周围密度小。温度分布也是中心温度高周围温度低。由上所述，电弧的电压降可由下式表示。

$$U_h = U_K + U_Z + U_y = a + bl_h$$

其中，U_h ——电弧电压(V)；

U_K ——阴极电压降(V)；

U_Z ——弧柱电压降(V)；

U_y ——阳极电压降(V)；

a——$U_K + U_y$；

b ——单位长弧柱电压降(20V/cm～40V/cm)；

l_h ——电弧长度(cm)。

二、焊接电弧的静特性

电流与电压在较长时间内不改变其数值称之为在稳定状态工作。在稳定状态下，电弧电流与电压之间的关系称作电弧的静特性。

电路中的负载如果是金属电阻，则负载两端的电压降与负载电流服从欧姆定律（$U = IR$），当金属电阻的温升不很高时，电阻可视为常数。焊接电弧的电压与电流关系比金属电阻的电压与电流关系复杂得多，不服从欧姆定律，当焊接电流在很大范围内变化时，其静特性为 U 形见图 1－3 所示。

电流较小时，阴极与阳极的电压降与电流无关，而弧柱的截面积和导电性随电流增大而增加，即随着电弧电流的增大电弧的电阻下降。也就是说电弧的电压随电流的增大而减小，电弧的静特性呈下降趋势，见图 1－3 中 ab 段。

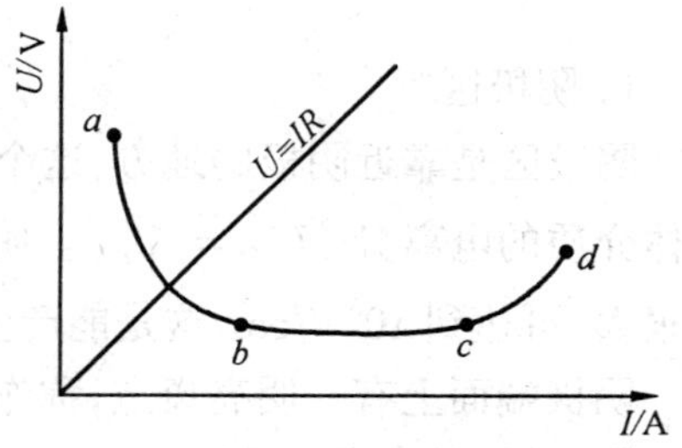

图 1－3　金属电阻与电弧的静特性

当电流增大到正常焊接规范时(手工电弧焊大约为 100A～150A，埋弧自动焊约为 400A～900A)，阴极、阳极的电压降仍保持不变，弧柱面积随电流增大而增加，并随电流增大改善了电弧的电离程度，使电阻与电流成反比关系。也就是说这段时间中弧柱的电压降不随电流的增大而变化，即电弧总电压保持不变，见图 1－3 中 bc 段。

当电流从 c 点继续增大时，由于电极直径不变，电流增大只能是电流密度增加。此时，在电磁力、焊剂(埋弧焊)和保护气体(气体保护焊)的作用下，弧柱的面积不是增大而是缩小，因而导电率有所下降。要保证有一定的电流通过必须有较高的电压降，故此时电压与电流的关系又有所上升，见图 1－3 中 cd 段。

三、电弧的稳定性

由于熔化极电弧焊的熔滴过渡，不仅使焊接过程中无法保持弧长的恒定，而且当大颗粒熔滴进入熔池时还会造成短路，使电弧电压和电流不断地变化，因此焊接电弧实际上是一个动负载。

焊接电弧的稳定性是指电弧电压和焊接电流是否能保持相对稳定及在一定弧长下不偏吹、不熄弧。影响电弧稳定性有以下几方面因素。

1．焊接电源

电源的种类、空载电压、极性都会影响电弧的稳定性。采用直流电源焊接时的电弧要比采用交流电源焊接时的电弧稳定；空载电压较高的焊接电源其电弧较空载电压低的焊接电源的电弧稳定；有良好动特性的焊接电源易保证电弧稳定燃烧。

采用直流电源焊接时，电极的连接有两种方法。将焊件接到电焊机的正极，焊条或焊丝接到电焊机的负极，这种连接方法叫直流正接；将焊件接到电焊机的负极，焊条或焊丝接到电焊机的正极，这种方法叫直流反接，见图1－4。通常要根据焊条的性质、工件的厚度、焊接材料等选用不同接法。手工电弧焊焊接钢材时，如使用碱性焊条则应采用直流反接，这样才能使电弧稳定燃烧。

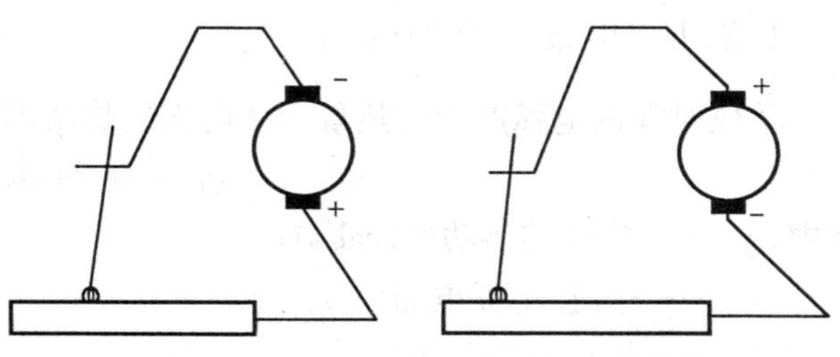

图1－4　直流电焊机的不同极性接法

2．焊条药皮

当焊条药皮中含有较多低电离功的元素（如K、Na等）或它们的化合物时，容易保证电弧稳定燃烧。当焊条药皮中含有较多氟化物时，由于在气体电离过程氟易俘获电子，使带电质点减少，致使弧柱的导电性变差，故降低了电弧的稳定性。

3．气流

在室外焊接时，侧向吹风对电弧的稳定性有很大影响，严重时无法焊接。

4．焊接处杂质

焊接处如果有金属氧化物、水、油等杂质时，一方面会妨碍焊条或焊丝与焊件间的导电性，另一方面在焊接高温条件下这些化合物分解吸热，因此会降低电弧燃烧的稳定性。

5．电弧的磁偏吹

正常状态下，电弧的轴线与电极联线平行，但有时电弧会偏离中心线发生偏吹，见图1－5。电弧偏离熔池后熔池金属的保护受到破坏，由于有害气体侵入易使焊缝产生气孔、焊偏、未焊透等缺陷。

大家知道，电流流过导体时要在其周围产生磁场，而磁场反过来对载流体产生作用力。焊接电流在电弧的两侧产生的磁力线分布不均匀，不均匀的磁场作用在电弧上的磁场力不平衡，根据电磁感应定律，电弧总是偏向磁场强度较小的一侧，这就是磁偏吹。

此外，在电弧周围有较大铁磁物质时，因靠近铁磁物质一侧大部分磁力线通过铁磁物质，该侧靠近电弧处磁场强度减弱，这种磁场强度不均匀会使电弧偏向铁磁物质

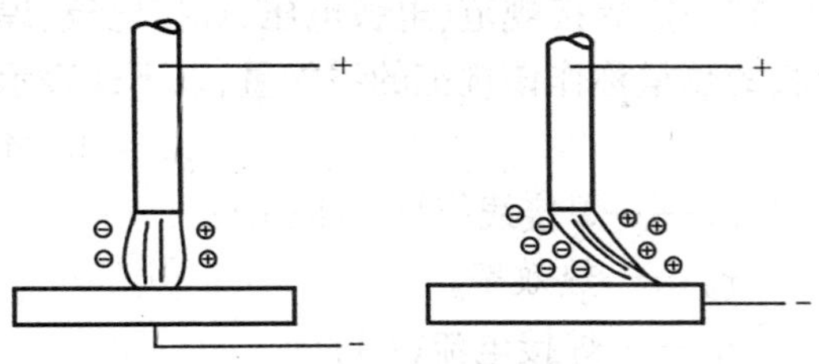

图1－5　正常焊接电弧和电弧的磁偏吹

一方(即磁场强度较弱的一方)。

焊接过程中,为防止或减小电弧的磁偏吹的方法是尽量使电弧周围磁场强度分布均匀,使焊条向电弧偏吹的一侧倾斜。

1.2 焊缝的形成

在焊接电弧的高温作用下,焊条或焊丝的端部熔化,该熔化金属在表面张力、重力、电磁力、气体的吹力和极点压力的作用下,过渡到焊件被焊着处与部分熔化了的母材混合在一起形成了焊接熔池,熔池中的金属经冶金反应、冷凝结晶形成焊缝。

1.2.1 焊接电弧的性质

单位时间内电弧产生的热量称作电弧的热功率,以下式表示。

$$q_0 = 0.24 U_h I_h$$

其中,q_0 ——电弧的热功率(cal/s);

U_h ——焊接电弧电压(V);

I_h ——焊接电流(A)。

一、焊接电弧的热效率

焊接电弧所发出的热量并不是全部用于加热焊条和焊件,而是有一部分热量散失到电弧周围的介质中,真正用于焊接的热量仅是电弧发热量的一部分,这一部分称作焊接电弧的有效功率 q ,即

$$q = q_0 \eta_p$$

其中,q ——单位时间内用于焊接的有效热量(cal/s);

η_p ——热效率。

不同焊接方法热能的损失不一样,见表 1-3 列出 η_p 数值范围。

表 1-3 不同焊接方法的热效率 η_p

焊接方法	药皮焊条手工电弧焊	埋弧自动焊	CO_2 气体保护焊	熔化极氩弧焊(MIG)	钨极氩弧焊(TIG)
热效率 η_p	0.65~0.85	0.80~0.90	0.75~0.90	0.70~0.80	0.65~0.70

二、焊接线能量

在一定焊接规范(电弧电压、焊接电流、焊接速度)条件下,单位长度焊缝从焊接电弧中吸收的热量称作该规范的线能量,以下式表示。

$$E = 0.24 \eta_p I_h U_h / V_h$$

其中,E ——焊接线能量(cal/cm);

η_p ——热效率;

I_h ——焊接电流(A);

U_h ——电弧电压(V);

V_h ——焊接速度(cm/s)。

或

$$E = \eta_p I_h U_h / V_h$$

其中，E ——焊接线能量(J/cm)。

三、电弧的持续率

焊接过程中，电弧并不是从焊接开始到焊接结束整个过程都在燃烧，焊接过程既包括焊接电弧燃烧时间又包括为焊接而做的辅助工作(如换焊条、敲渣、清理等)时间，电弧持续率以下式表示。

$$OF = \frac{\text{负载持续运行时间}}{\text{负载持续运行时间} + \text{休止时间}} \times 100\%$$

按国家标准规定负载的持续率有35%、60%、100%三种。手工电弧焊一般取60%，轻便型者可取15%、25%、35%。自动或半自动埋弧焊一般取60%或100%。

1.2.2 焊条和焊丝金属的熔化过渡

熔滴过渡在焊接过程中具有重要意义，它直接影响焊接过程的稳定性、飞溅大小、焊缝成形的好坏和产生焊接缺陷的可能性。

一、金属熔滴上的作用力

焊条或焊丝熔化后，金属熔滴受到以下几种力的作用。

1. 熔滴的重力

平焊时，熔滴重力促使熔滴脱离焊条或焊丝并过渡到焊件上去。仰焊时，重力阻碍熔滴过渡到焊件上，成为反方向的作用力。

2. 气体的吹送力

气体的吹送力是由于焊条与涂料在加热与燃烧时放出气体(如 CO、CO_2、H_2、H_2O、O_2等)的压力产生的。通常在使用优质焊条时，涂料的熔化总是稍微落后于焊条芯的熔化，这样在焊条末端形成一个尚未熔化的喇叭形套管，在加热和燃烧时产生的大量气体形成稳定的气流吹向焊件。无论在空间的位置怎样，这种气流都将促使熔滴从焊条过渡到焊件上去。

3. 表面张力

液体在无外力作用时，表面会缩成圆形以使其表面能处于最小的稳定状态。焊接过程中表面张力使熔化金属成球形，当附在焊条末端的熔滴与熔池表面接触时，熔池中金属表面张力的作用会将熔滴拉入熔池中。

仰焊时，表面张力对于支持液态金属倒悬于焊件表面上起着很大作用。

4. 气体的压力

焊条金属中存在一些溶解状态或游离状态的气体，随着金属温度升高气体的温度也会升高，高温使气体膨胀并在熔滴中爆裂，将熔滴碎裂成小块。这时小部分熔化金属飞出电弧外造成飞溅，而大部分熔化金属则沿电弧的中心线前进，不论处于那种空间位置的焊接，这种压力都使熔化金属从焊条或焊丝上过渡到焊件的熔池中。

5. 电磁力

沿着焊条流过的电流在导体周围形成强大磁场，这种磁场与流过导体的电流发生压缩作用使导体横截面积减小，压缩作用的大小与电流的平方成正比。

在固体焊条或焊丝金属上，由于压缩力有限该压缩不起什么影响，但在液体金属熔滴上这种作用力就显得极为重要。研究与计算结果表明，对于直径为 5mm 的焊条，当电流为 200A 时，压缩作用力就会大大超过金属熔滴的平均重量。

6．带电质点的撞击力

除上述作用力外，阴极斑点和阳极斑点上还有一个重要作用力即弧柱中带电质点到达斑点表面时因撞击产生的力。正接熔滴受到离子撞击，反接熔滴受到电子撞击，这种作用力的作用方向总是阻碍熔滴脱离焊条或焊丝，使它难于过渡到熔池中，只是在正接时撞击上去的带电质点是质量大的离子，因而产生的力量也较大；反接时撞击上去的带电质点是质量小的电子，因而产生的力也较小。由于这种原因，焊接时采用的极性对熔滴的过渡有很大影响。

二、熔滴的过渡形式

根据熔滴过渡的形式和特征可分为四种方式。

1．短路过渡

短弧焊时，熔滴的长大受到电弧空间的限制，熔滴还没长到其最大尺寸就与熔池发生接触形成短路，见图 1－6。因系统要力图减少表面自由能，溶滴在表面张力和电磁力的作用下开始沿熔池表面流散并在熔滴和熔池间迅速形成细颈，细颈中电流密度急剧上升，熔滴被强烈过热而炸开，于是熔滴便脱离焊条或焊丝而过渡到熔池中。

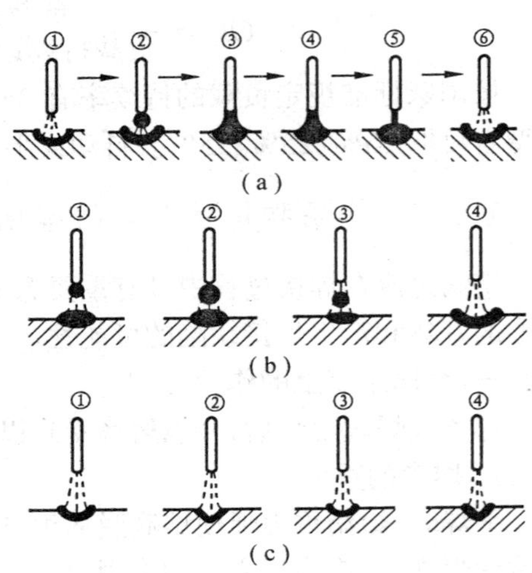

图 1－6　熔滴过渡的情况

(a)短路过渡；(b)滴状过渡；(c)射流过渡

2．颗粒状过渡

当电弧超过某一长度时，熔滴依靠表面张力可以在焊条或焊丝端自由长大，甚至熔滴的下落力(重力、电磁力等)大于表面张力时，熔滴就会脱离焊条或焊丝端面落入熔池，此时不发生短路，见图 1－6。

颗粒状过渡时，电流、电压波动比短路过渡时小，减小焊丝直径或增大电流可使熔滴细化。此外，熔滴过渡还与电流极性、保护气体、焊剂和药皮的成分有关。

3．射流过渡

射流过渡的特点是熔滴细，过渡频率高，熔滴沿焊丝轴向以高速向熔池过渡。该过渡飞溅小、过程稳定、熔深大、焊缝成形美观、焊丝端部变尖、电弧活性斑点遍及焊丝端部锥面，见图 1－6。

4．旋转射流过渡

在惰性气体保护焊和熔化极等离子焊时，获得射流过渡后继续增大电流到某临界值会产生一种新过渡形式即旋转射流过渡。其特点是熔滴作高速螺旋运动，过渡频率高达每秒 3 000 多滴，熔滴极细，熔敷速度很高。

三、焊条的熔化系数

焊条或焊丝在焊缝金属中约占 30％～80％，因此焊条或焊丝熔化速度反映着焊接生产率的高低。焊条或焊丝的熔化速度可用熔化系数 α_P 、熔敷系数 α_H 和损失系数 ψ 表示。

1．熔化系数

熔化系数是指在 1 小时内每 1 安培电流所熔化的焊芯或焊丝重量。

$$\alpha_P = \frac{G_P}{I_h t} \times 3\,600 \quad g/(A \cdot h)$$

其中，G_p—— 在 t 时间内焊芯或焊丝金属熔化重量(g)；

I_h ——焊接电流(A)；

t ——焊芯或焊丝熔化时间(s)。

影响焊芯或焊丝的熔化系数主要与电弧电压，直流焊接中的极性和焊条药皮成分有关。

2. 熔敷系数

焊芯或焊丝熔化的金属并非全部进入熔池，其中一部分飞溅损失了。实际熔入熔池中的焊芯或焊丝金属量用熔敷系数 α_H 表示。

$$\alpha_H = \frac{G_H}{I_h t} \times 3\,600 \quad g/(A \cdot h)$$

其中，G_H—— 在 t 时间内实际过渡到焊缝的焊芯或焊丝金属量(g)；

I_h ——焊接电流(A)；

t ——焊芯或焊丝熔化时间(s)。

3. 损失系数

损失系数表示焊芯或焊丝飞溅损失程度，以下式表示。

$$\psi = \frac{G_P - G_H}{G_P} \times 100\%$$

三者之间的关系为

$$\alpha_H = \alpha_P(1 - \psi)$$

表 1-4　几种焊条熔化、熔敷、损失系数

焊条牌号	熔化系数 α_P g/(A·h)	熔敷系数 α_H g/(A·h)	损失系数 %
E4303	9.16	8.25	3.91
E4301	10.1	9.7	4.0
E4322	9.1	8.2	9.9
E5015	9.06	8.49	2.6

四、焊缝形成

焊接熔池是由焊芯或焊丝熔滴金属和部分熔化了的母材金属组成。随着焊接电弧的移动，焊接熔池不断形成、结晶，从而形成了焊缝。

1. 熔池尺寸

焊接开始经过一段过渡时间后，就进入了准稳定时期，这时熔池的形状、尺寸和质量不再变化，只取决于被焊材质与焊接规范，并随热源作同步运动。电弧焊时熔池形状如图1-7，其轮廓为金属熔点的等温面。目前描述熔池的数

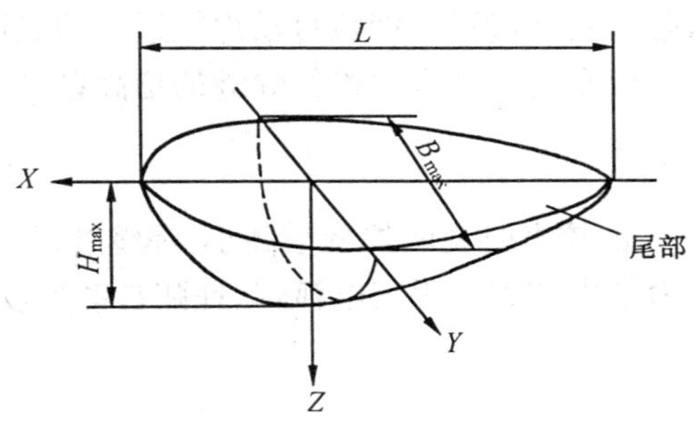

图 1-7　焊接熔池形状

学模型尚不完善，仍用经验公式或实测。一般情况下，随焊接电流增大，熔池最大深度增大，熔池的最大宽度相对减小；而随焊接电压升高，最大熔深减小，最大熔宽增大。

2．熔池的质量与存在时间

实验证明熔池质量与 q^2/v 成正比，手工电弧焊时熔池的质量一般为 0.6g～16g，多数情况为 5g 以下；埋弧自动焊焊接低碳钢时，即使电流很大熔池的质量也不超过 100g。

因为熔池的体积和质量很小，所以熔池存在时间很短，一般为几秒至几十秒。熔池存在的最长时间（ $t_{\max}$ ）与熔池的长度（ L ）和焊接速度（ v ）的关系如下。

$$t_{\max} = \frac{L}{v}$$

3．熔池的温度

影响熔池的温度因素很多，准确计算熔池温度是很困难的。实验得出熔池的平均温度主要取决于焊接材料及其周围的散热情况，对于低碳钢而言，熔池平均温度为(1 770±100)℃，熔滴平均温度为(2 300±200)℃，熔渣平均温度为(1 550±100)℃。

4．焊缝的形成

焊接熔池是由焊条或焊丝熔滴金属与部分熔化了的母材金属组成。随着电弧的移动，焊接熔池不断形成、结晶，以致形成焊缝。

熔池中的液态金属以熔池边缘上处于半熔化状态的母材晶粒为核心，成长为束状晶体，这种结晶称作胞状结晶。从横剖面看焊缝金属的结晶垂直于熔合线，最后以树枝状结晶汇集于焊缝中心，这是由于焊接熔池液态金属冷却散热的方向与熔合线垂直的缘故。

金属熔点较高，冷却时较早结晶；杂质熔点较低，结晶较晚，一般分布在金属枝晶间或焊缝金属最后结晶处。

5．焊缝的几何参数

焊缝的横剖面如图 1－8 所示。熔深 H 、熔宽 B 和余高 e ，这些尺寸与焊接规范、焊接质量有密切关系。熔宽与熔深之比称作焊缝的成形系数 φ ，关系式如下。

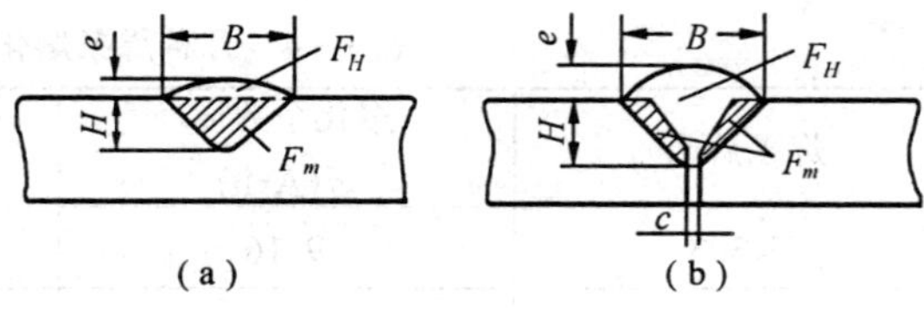

图 1－8　焊缝的横截面

$$\varphi = \frac{B}{H}$$

φ 较大时说明焊缝熔宽大而熔深浅，低熔点杂质易浮到焊缝上面。φ 较小时说明焊缝窄而深，低熔点杂质不易浮到焊缝表面，易集中到焊缝中心，这时焊缝往往易出现夹渣、裂纹等缺陷。手工电弧焊、埋弧自动焊较适宜的成形系数为 1.3 ～ 2。

熔宽与余高之比称作焊缝的增高数 ψ，关系式如下。

$$\psi = \frac{B}{e}$$

ψ 较大时说明焊缝增高小，焊缝外形尺寸过渡较平缓，焊趾处应力集中较小。反之，则应力集中较大。手工电弧焊、埋弧自动焊较适宜的增高数为 4～8。

1.3 焊接冶金反应

与普通冶金过程不同，焊接冶金分区域或阶段连续进行，各区域的反应条件有很大差异，这些差异直接影响反应进行的可能性、反应方向、速度和限度。

1.3.1 冶金反应区

不同的焊接方法有不同的反应区。手工电弧焊有三个反应区：药皮反应区、熔滴反应区和熔池反应区；熔化极气体保护焊有二个反应区：熔滴反应区和熔池反应区；无填充金属气焊、钨极氩弧焊和电子束焊只有熔池反应区。以下介绍手工电弧焊冶金反应区。

一、药皮反应区

药皮反应区温度从100℃至药皮熔点（对于钢材使用的焊条大约1 200℃）。

1．脱水

药皮加热时其吸附的水分开始蒸发，加热温度超过100℃，吸附的水分全部蒸发；加热温度超过200℃～400℃，药皮中某些组成物（如白泥、云母）中的结晶水被排除。

2．有机物和碳酸盐分解

药皮加热到一定温度时，其中有机物（如木粉、纤维素和淀粉等）开始分解和燃烧，形成H_2、CO_2、CO等气体。某些药皮中菱苦土（$MgCO_3$）、大理石及白垩（$CaCO_3$）、白云石（$CaCO_3+MgCO_3$）和高价氧化物的赤铁矿（Fe_2O_3）等会发生分解，形成CO_2、O_2等。

二、熔滴反应区

从熔滴形成、长大到过渡到熔池中都属于熔滴反应区，该区有以下特点。

1．反应温度高

熔滴的活性斑点处的温度接近材料的沸点，对电弧焊焊接钢材而言约2 800℃。根据不同的焊接规范熔滴的温度在1 800℃～2 400℃范围内变化，这样熔滴金属的过热度达300℃～900℃。

2．熔滴金属与气体或熔渣的接触面积大

正常情况下，熔滴的比表面积可达1 000cm^2/kg～10 000cm^2/kg，是炼钢比表面积的1 000倍。

3．各相之间反应时间短

熔滴的焊条末端停留时间仅0.01s～0.1s，熔滴向熔池过渡的速度可达2.5m/s～10m/s，其经过弧柱区的时间只有10^{-4}s～10^{-3}s。

三、熔池反应区

熔滴和熔渣落入熔池后，同熔化的母材相混合，同时各相间进一步发生化学反应，直至金属凝固形成焊缝。

熔化反应区的条件与熔滴反应区的条件不同，其平均温度约为1 600℃～1 900℃，比表面积约为3cm^2/kg～130cm^2/kg，反应时间较长但不超过几十秒，如手工电弧焊通常为3s～8s，埋弧自动焊为6s～25s。

1.3.2 焊接冶金

焊接冶金既有符合普通冶金反应的一方面，又有其特殊的一方面（反应温度高、熔滴金属与气体和熔渣接触面积大、各相反应时间短)等。

一、熔渣

焊接时熔化了的焊条药皮或焊剂形成一种浮在液体金属面上的金属和非金属氧化物称作熔渣。

1. 熔渣的作用

(1)机械保护

保护焊接熔池金属在熔化、凝固时不受空气影响,使熔池金属冷却缓慢以利于焊缝中气体排除。

(2)稳定电弧

在焊条药皮或焊剂中加入一些电离功小的元素,有利于电弧的稳定燃烧。

(3)改变焊缝成分

熔渣中的 SiO_2 可与液态金属中的 FeO 形成不溶于液态金属的复合物 $FeO \cdot SiO_2$;可通过冶金反应去掉或减少焊缝金属中的有害杂质(如硫、磷等)。

2. 对熔渣的要求

(1)熔渣不溶于金属。

(2)液态熔渣的比重小于液态金属的比重。熔渣中含 SiO_2、MgO、CaO 较多时,熔渣比重较小称作轻渣,焊接时熔渣易浮到液态金属上面不易形成夹渣;熔渣中 MnO、Fe_2O_3、FeO 较多时,熔渣比重大称作重渣,焊接时易形成夹渣。

(3)合适的流动性和透气性

熔渣的粘性越小流动性越大,冶金反应加快,但对金属的覆盖不好失去保护作用;熔渣粘度太大冶金反应不好,熔渣集中于焊缝上面中央对焊缝保护也不好。焊接时要获得良好的保护和冶金反应,熔渣的粘度要合适,见图 1-8。

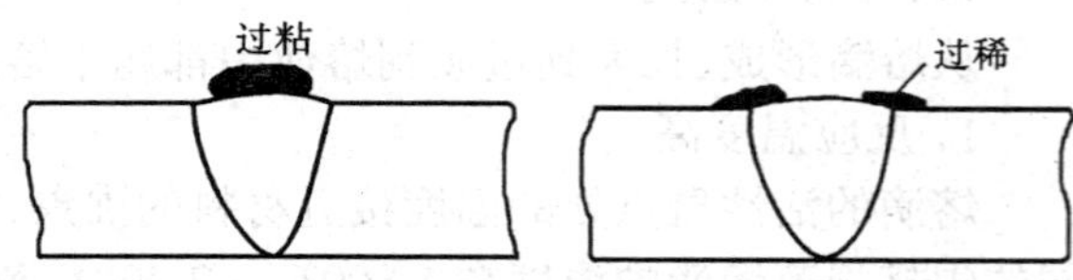

图 1-8 不同粘度的熔渣对焊缝的保护情况

(4)固态熔渣应具有良好的脱渣性

脱渣不好的焊条药皮或焊剂会影响生产效率和焊接质量。

(5)合适的熔点

熔渣的熔点过低会失去保护作用,熔点过高焊条药皮会成块脱落影响焊缝成形。熔渣的熔点要与焊芯或焊丝相配合,一般药皮或焊剂的熔点应低于焊芯或焊丝的熔点 100℃～250℃。

多数氧化物熔点较高,但以一定比例配合就可达到要求,如 CaO 熔点 2 480℃、SiO_2 熔点 1 770℃、TiO_2 熔点 1 830℃,但 20%～30%的 CaO、18%～60%的 TiO_2、18%～46%的 SiO_2 相配合熔渣的熔点约为 1 318℃～1 382℃。

3. 熔渣的成分和分类

根据所含成分的性质熔渣可分为三类。

(1)盐型熔渣

这类熔渣主要由金属的氟酸盐、氯酸盐和不含氧的化合物组成,属于这种渣系的有:CaF_2-NaF、CaF_2-BaCl_2-NaF、$KCl-NaCl-Na_3AlF_6$ 等。盐型熔渣氧化性小,主要用于焊接铝、钛和其它化学活性金属及其合金。

(2)盐—氧化物型熔渣

这类熔渣主要由氟化物和强金属氧化物组成，常用的有：$CaF_2-CaO-Al_2O_3$、$CaF_2-CaO-SiO_2$、$CaF_2-CaO-MgO-Al_2O_3$ 等。盐—氧化物熔渣氧化性小，主要用于焊接高合金钢及合金。

(3)氧化物型熔渣

它主要由各种金属氧化物组成，如 $MnO-SiO_2$、$FeO-MnO-SiO_2$、$CaO-TiO_2-SiO_2$ 等。根据熔渣中氧化物性质可分：酸性氧化物(SiO_2、TiO_2、V_2O_5 等)、碱性氧化物(Na_2O、K_2O、CaO、FeO、MnO 等)和中性氧化物(Al_2O_3、Fe_2O_3、Cr_2O_3 等)。

氧化物型熔渣主要用于焊接低碳钢或低合金钢。酸性氧化物熔渣焊条通常可交直流两用，成本低廉，对杂质(油、水、锈)不敏感；碱性熔渣的焊条通常限直流焊，对杂质敏感，但其渗合金可靠，焊缝机械性能好。

二、氧对金属的作用与控制措施

氧在焊缝金属中以溶解状态和氧化物夹渣两种形式存在。一般溶解在钢中的氧很少，在室温下 $\alpha-Fe$ 中氧的溶解量小于0.000 16%，绝大部分氧是以夹杂物的形式存在，夹杂物在焊缝中呈不规则的点状分布或沿晶界呈网状分布。

氧在焊缝中不论以何种形式存在对材料的性能都有很大影响，随着含氧量的增加，其硬度、强度、塑性明显下降，尤其是低温冲击韧性急剧下降，见图1-9。此外，由于氧的存在还会引起红脆、冷脆和时效硬化。氧存在于焊缝金属中是一种有害元素，焊接时应消除或减少其含量。

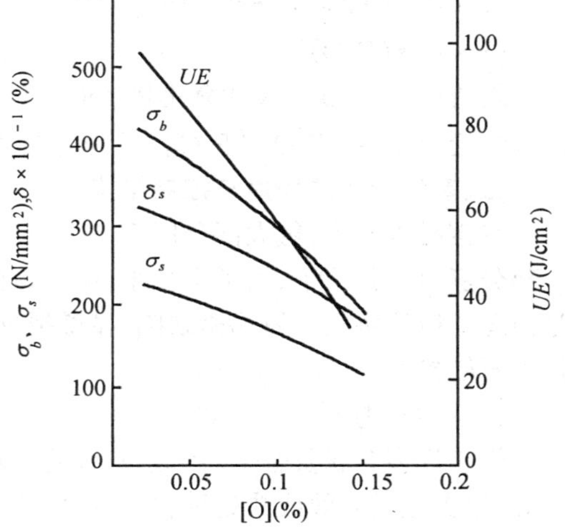

图1-9　氧(以 FeO 形式存在)对低碳钢常温机械性能的影响

1. 纯化焊接材料和控制焊接规范

在焊接某些要求较高的合金钢、合金、活性金属时，应尽量选用不含氧或含氧少的焊接材料。

焊接规范对焊缝金属中的含氧量有密切关系，采用短弧焊可增加对焊接熔池的保护，因而减少了焊缝金属中氧的含量。

2. 减少氧的含量

无论怎样控制焊接规范和纯化焊接材料，焊缝金属中仍不可避免存在一定数量的氧，对存在的氧可采用化学反应方法减少其含量。

(1)先期脱氧

在焊条药皮加热阶段，固态药皮中进行脱氧反应称作先期脱氧，先期脱氧阶段脱氧产物与熔滴不发生关系。含有脱氧剂的药皮被加热时，高价氧化物或碳酸盐分解出氧和二氧化碳与脱氧剂发生反应：

$$Fe_2O_3+Mn=MnO+2FeO$$

$$FeO+Mn=MnO+Fe$$

$2CaCO_3 + Ti = 2CaO + TiO_2 + 2CO$

$2CaCO_3 + Si = 2CaO + SiO_2 + 2CO$

$CaCO_3 + Mn = CaO + MnO + CO$

反应过程中生成的 MnO 为碱性氧化物与熔渣中的酸性氧化物(SiO_2、TiO_2 等)生成稳定的复合盐进入熔渣,反应过程中生成的 CO 气体排出。

(2)沉淀脱氧

沉淀脱氧是利用液态金属中的脱氧剂与 FeO 反应使铁还原,脱氧产物浮出液态金属,反应如下。

$[Mn] + [FeO] \rightleftharpoons [Fe] + (MnO)$

$[Si] + 2[FeO] \rightleftharpoons 2[Fe] + (SiO_2)$

式中[Mn]、[FeO]、[Fe]表示溶于铁水的 Mn、FeO、Fe,(MnO)表示熔渣中的 MnO。碱性氧化物 MnO 很容易与熔渣中的酸性氧化物(SiO_2、TiO_2)结合成复合盐($MnO \cdot SiO_2$、$MnO \cdot TiO_2$)而进入熔渣。

(3)扩散脱氧

FeO 既可溶于铁水中,又可溶于熔渣中。扩散脱氧是在液态金属与熔渣的界面上按分配定律进行,反应过程如下。

$(FeO) + (SiO_2) = FeO \cdot SiO_2$

$(FeO) + (TiO_2) = FeO \cdot TiO_2$

$[FeO] \rightarrow (FeO)$

熔渣中的 FeO 与酸性氧化物(SiO_2、TiO_2)反应生成复合盐,减少了熔渣中 FeO 的浓度,按分配定律 $L = (FeO)/[FeO]$,L 减小即发生扩散过程。

三、氢对金属的作用与控制措施

在钢材焊缝中,氢大部分以 H、H^+、H^- 形式存在,它们与焊缝金属形成间隙固溶体。这一部分氢由于其原子、离子半径小,可在焊缝金属晶格间自由扩散,称作扩散氢。另一部分是由氢扩散聚集在金属晶格缺陷、显微裂纹和非金属夹渣边缘,这些氢结合为氢分子,其半径大不能扩散,称作残余氢。

1. 氢对焊接质量的影响

焊接许多金属及合金时氢是有害的。对结构钢氢的有害作用可分两类:一类为氢脆、白点等,这类经过时效或热处理,氢自焊接接头逸出缺陷即可消除;另一类为气孔、冷裂纹,它一旦出现就永久不能消除。

(1)氢脆

在室温附近,氢使钢的塑性严重下降而强度几乎不受影响的现象称作氢脆,见图 1-10。

氢脆现象是溶解在金属晶格中的氢引起的。金属在拉力的作用下发生位错堆积,结果形成显微空腔,与此同时溶解在金属晶格中的氢不断沿位错方向扩散,最后集聚到显微空腔内结合为分子,这个过程发展(按方根定律 $P = P_o \sqrt{H_2}$)使空腔内产生很高压力,致使金属变脆。

(2)白点

碳钢或低合金钢焊缝含氢量较高,在其拉伸或弯曲试件的断面上常常出现白色圆形局部脆断点，称作白点。白点的直径一般为 0.5mm～3mm，多数情况白点中心有小夹杂物或气孔，其周围为韧性断口。

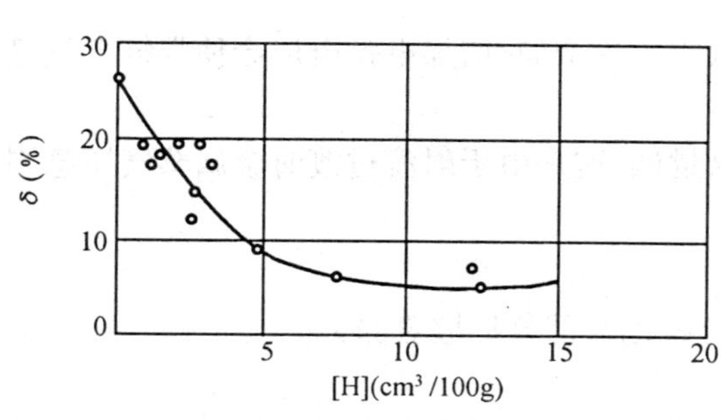

图 1－10　含氢量对低碳钢塑性的影响

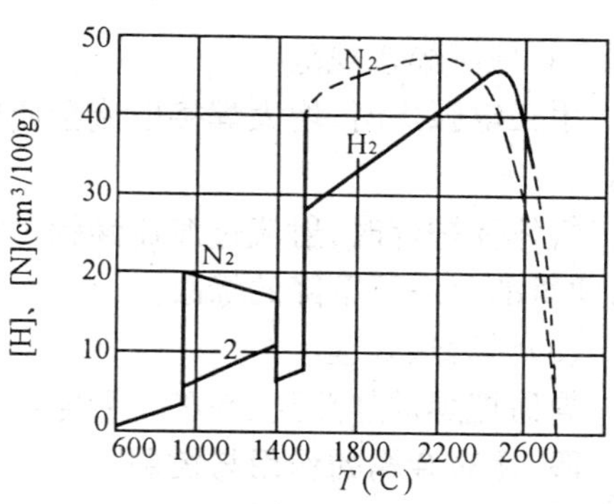

图 1－11　氮和氢在铁中的溶解度与温度的关系 $P_{N_2}+P_{金}=101kPa(1atm)$

(3)气孔

熔池中如果吸收较多氢，在熔化金属冷却结晶时，由于溶解度突然下降使氢处于过饱和状态(见图 1－11)，这将促使发生下述反应。

$$2[H]=H_2$$

反应生成的分子氢不溶于金属，于是在液态金属中形成气泡，当气泡的逸出速度小于液态金属的结晶速度时，将在焊缝中形成气孔。

(4)冷裂纹

冷裂纹是焊后冷至较低温度下产生的。对于低合金高强度钢大约在马氏体转变温度(M_S)附近，由于拘束应力、淬硬组织和氢的共同作用而产生的。

氢引起的冷裂纹具有延迟现象，故称延迟裂纹。延迟裂纹的产生主要取决于钢材的淬硬倾向、焊接接头的应力状态和熔敷金属中的扩散氢含量。

2. 控制氢的措施

氢对焊缝有上述有害作用，应尽量减少焊缝中的含氢量。

(1)限制材料中的含氢量

一些制造焊条、焊剂和药芯焊丝的材料，如有机物、天然云母(SiO_2，Al_2O_3，H_2O，K_2O)、白泥(SiO_2，Al_2O_3，H_2O)、长石(SiO_2，Al_2O_3，K_2O+Na_2O)、水玻璃等，都不同程度地含有吸附水、结晶水、化合水和溶解氢，应尽量选用不含氢或含氢少的材料。

(2)清除焊丝和焊件表面上的杂质

焊接时应仔细清理焊丝、焊件坡口表面的铁锈、油污和吸附的水分，因为这些物质都含氢是增加焊缝金属中含氢量的主要原因。

(3)冶金反应

通过氟化物反应和增加熔池中的含氧量或气相的氧化性来减少熔池中含氢量，反应如下：

$$2CaF_2+3SiO_2=2CaSiO_3+SiF_4$$

$$SiF_4+3H=SiF_{气}+3HF$$

$$SiF_4+2H_2O_{气}=SiO_{2气}+4HF$$

$$CO_2 + H = CO + OH$$

$$O + H = OH$$

$$O_2 + H_2 = 2OH$$

(4)控制焊接规范

手工电弧焊时，增大焊接电流会使熔滴吸收氢量增加；增加电弧电压会使焊缝含氢量减少。

气体保护焊时，射流过渡比滴状过渡含氢量低，这是由于射流过渡时金属蒸气压急剧增大，使氢的分解压下降的缘故。

(5)焊后热处理

焊后把焊件加热到350℃，保温1小时，可将绝大部分扩散氢除去。

四、氮对金属的作用与控制

焊接区周围空气是气相氮的主要来源。根据氮与金属作用可分二种情况。一类金属不与氮发生作用，它们既不溶解氮又不形成氮化物，这类金属有铜和镍等。另一类金属与氮发生作用，既能溶解氮又能与氮形成稳定化合物，这类金属有铁、锰、钛、硅、铬等。

1．氮对焊接质量的影响

氮对于能与它发生反应的金属是有害的，在焊接这类金属时应控制氮的含量。

(1)气孔

能与氮发生反应的金属在液态高温时可溶解大量氮，在其凝固时氮的溶解度突然下降，图1－11。过饱和的氮以气泡形式从溶池向外逸出，当焊缝金属的冷却速度大于气泡的逸出速度时就形成气孔。

(2)对金属性能的影响

室温下 $\alpha-Fe$ 中氮的溶解度很小，仅为0.001％。焊接时熔池中含有较多氮，焊接冷却速度较快，一部分氮以过饱和形式存在于固溶体中，另一部分氮以针状氮化物(Fe_4N)形式析出，分布于晶界或晶内，使焊缝金属的强度、硬度升高；塑性和韧性下降，图1－12，图1－13。

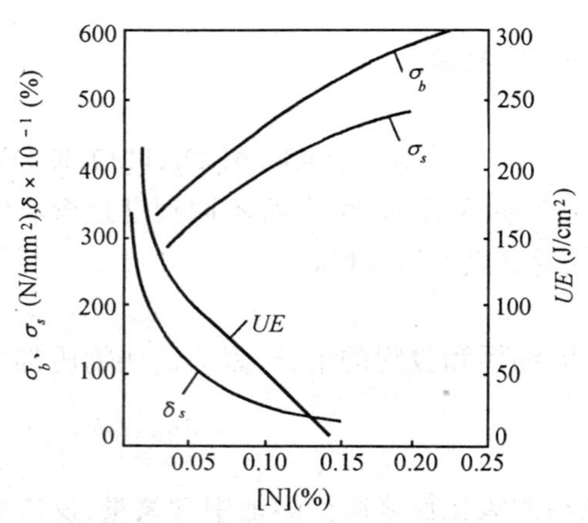

图1－12 氮对焊缝金属常温机械性能的影响

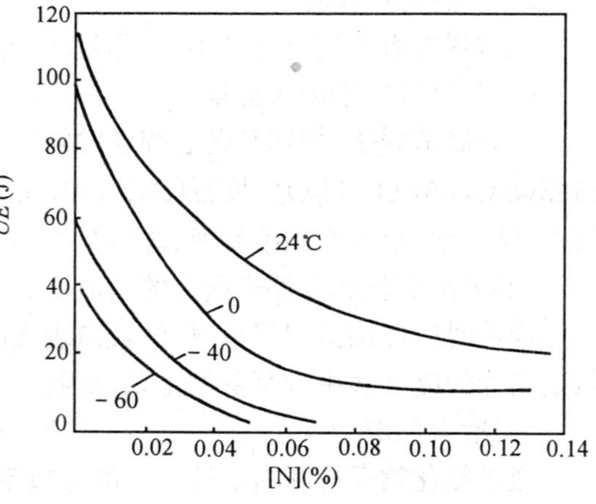

图1－13 氮对低碳钢焊缝低温韧性的影响

焊缝中过饱和氮会随时间延长逐渐析出，形成稳定的针状 Fe_4N，脆性针状 Fe_4N 使材料的强度和硬度上升而塑性和韧性下降，这种现象称作时效。在焊缝金属中加入能与氮形成稳定化合物的元素(钛、铝和锆等)可抑制或消除时效现象。

2. 控制氮的措施

为了消除氮的有害作用,必须控制焊缝中氮的含量。

(1)气渣联合保护

氮一旦进入液态金属,脱氮比较困难。经研究,随着焊条药皮的重量系数增大焊缝中的氮含量减少,当重量系数 K_b >40%时焊缝中氮的含量可保持在0.04%~0.05%。

药皮的保护只是一方面,是有限的。在药皮中加入造气剂(碳酸盐、有机物等)形成气渣联合保护可使焊缝中含氮量下降到0.02%以下。

(2)焊接规范

增加电弧电压使保护作用变坏,氮与熔滴作用时间增加,故使焊缝金属中含氮量增加;增大焊接电流,熔滴过渡频率增大,氮与熔滴作用时间缩短,故使焊缝金属中含氮量减少;直流反接焊接时焊缝金属中的含氮量比直流正接焊接时焊缝金属中含氮量少。

五、硫的危害及控制

硫是焊缝金属中有害杂质之一,应加以控制。

1. 硫的危害

当硫以FeS形式存在时危害性很大,因为FeS与液态铁几乎可无限互溶,而在室温下的固态铁中溶解度仅为0.015%~0.02%。因此在熔池金属结晶时,易以低熔点共晶Fe+FeS(熔点为985℃)或FeS+FeO(熔点940℃)呈片状或链状分布于晶界,产生偏析。这样会增大焊缝金属产生结晶裂纹倾向,同时还会降低冲击韧性和抗腐蚀性。

在焊接合金钢时,尤其是高镍合金,硫与镍形成NiS,而Ni+NiS(熔点644℃),产生偏析、裂纹的倾向更大。

2. 控制硫的措施

(1)限制材料中的含硫量

焊接时,母材中的硫几乎全部过渡到焊缝中,焊芯或焊丝中的硫约有70%~80%过渡到焊缝中,药皮或焊剂中的硫约有50%过渡到焊缝中,因此要严格控制焊接材料中的含硫量。

低碳钢及低合金钢焊丝的含硫量应小于0.03%~0.04%;合金钢焊丝的含硫量应小于0.025%~0.03%;不锈钢焊丝的含硫量应小于0.02%。

(2)冶金方法脱硫

焊接冶金中常用锰作脱硫剂,反应如下。

$$[FeS]+[Mn]=(MnS)+[Fe]$$

MnS熔点高(1 610℃),不溶于铁水,大部分进到熔渣中,少量夹渣呈点状弥散分布,故危害小。

熔渣中碱性氧化物脱硫反应如下。

$$[FeS]+(MnO)=(MnS)+(FeO)$$

$$[FeS]+(CaO)=(CaS)+(FeO)$$

$$[FeS]+(MgO)=(MgS)+(FeO)$$

MnS、CaS、MgS不溶于铁水而进入熔渣。

六、磷的危害及控制

磷也是焊缝金属中的一种有害杂质,应加以控制。

1. 磷的危害

磷在液态铁中溶解较多，主要以 Fe_2P、Fe_3P 的形式存在，而在固态铁中溶解度只有千分之几。磷与铁和镍形成低熔点共晶（Fe_3P+Fe，1 050℃；Ni_3P+Ni，880℃）。快速结晶时磷易发生偏析，脆硬的磷化铁常分布于晶界，减弱了晶粒间的结合，增大了焊缝金属的冷脆性，即冲击韧性降低脆性转变温度升高。

2. 控制磷的措施

(1)限制材料中的含磷量

为了减少焊缝中的含磷量，首先要限制母材、填充金属、药皮和焊剂中的含磷量。通常锰矿含磷为 0.22% 左右，高锰熔炼焊剂含磷 0.15%，不含锰的熔炼焊剂含磷量不超过 0.05%。

根据焊剂性质和焊接规范，反应物的浓度磷既可从熔渣向焊缝金属中过渡又可从焊缝金属向熔渣过渡，当焊剂中含磷量大于 0.03% 时，磷可由熔渣向焊缝过渡。

(2)冶金方法脱磷

脱磷反应一般分两步进行，第一步将磷氧化，第二步使磷的氧化物与碱性氧化物生成磷酸盐，反应如下。

$$2[Fe_3P]+5(FeO)=(P_2O_5)+11[Fe]$$

$$(P_2O_5)+3(CaO)=((CaO)_3\cdot P_2O_5)$$

$$(P_2O_5)+4(CaO)=((CaO)_4\cdot P_2O_5)$$

由上述反应可以看出：增加熔渣的碱度可减少焊缝金属中的含磷量，试验也证明了这一点。但熔渣的碱性不可过大，碱性熔渣不允许有较多 FeO 存在，如果有较多 FeO 会使焊缝增加氧的含量，不利脱硫，易产生气孔。

七、焊缝金属的合金化

所谓合金化就是把重要的合金元素通过焊接材料过渡到焊缝金属或堆焊金属中的过程。合金化的目的是：第一补偿焊接过程中蒸发和氧化造成的合金元素损失；第二消除焊接缺陷，改善焊缝金属性能，如加入微量 Ti、V 可细化晶粒；第三获得特殊性能的堆焊金属，如用堆焊过渡 Cr、Mo、W 等合金元素，可使焊件表面获得良好的耐磨性、耐热性、红硬性和耐蚀性等。

1. 合金过渡系数

焊接过程中合金元素有损失，熔敷金属中合金元素的含量与原始该合金元素含量之比称作合金元素过渡系数。

$$\eta=\frac{C_d}{C_{DW}+K_bC_{CO}}\times 100\%$$

其中，η—— 合金元素过渡系数；

C_d—— 熔敷金属中合金元素的含量；

C_{CW}—— 焊芯或焊丝中合金元素的含量；

K_b—— 药皮重量系数；

C_{CO}—— 药皮中合金元素的含量。

2. 影响过渡系数的因素

凡是能减少合金元素损失的因素都可提高合金过渡系数。

(1)合金元素的物理化学性质

合金元素的沸点越低，饱和蒸气压越大，焊接时损失越多，其过渡系数越小。

合金元素对氧的亲合力越大，氧化损失越多，其过渡系数越小。在 1 600℃时各元素对氧的亲合力由小至大的顺序如下：

Cu、Ni、Co、Fe、W、Mo、Cr、Mn、V、Si、Ti、Zr、Al

焊接钢材时位于铁左面的元素几乎无氧化损失，只有残留损失，过渡系数大；位于铁右面的元素氧化性逐渐增大，氧化损失逐渐增大，最右方的几种元素对氧的亲合力大，损失严重，一般很难过渡到焊缝中。

(2)合金元素的含量

随着药皮或焊剂中合金元素含量的增加，其过渡系数亦增大，最后趋于一定值。

(3)合金的颗粒度

增大合金剂的颗粒度会减少氧化损失，而其残留损失不变，故过渡系数会增大。

(4)药皮或焊剂的成分

药皮或焊剂的成分决定了气相和熔渣的氧化性、酸性和粘度等，因此对合金过渡系数影响很大，药皮氧化性越大合金过渡系数越小。

1.4 焊接接头的金相组织及机械性能

焊接时距热源不同距离的各点被加热达到的最高温度不同，显然离焊缝越近加热温度越高；离焊缝越远加热温度越低。焊接加热、冷却过程与热处理相似，同样影响母材的组织和性能。

1.4.1 热影响区组织

图 1－14 左方是低碳钢焊接接头组织示意图，右方为铁碳合金状态图和距离焊缝不同距离点在焊接过程中的热循环曲线。

一、熔合区

熔合线附近部分温度处于液相线与固相线之间，该区被加热温度高，晶粒粗大，化学成分与组织不均匀，冷却后为过热组织。该区域很窄，显微镜下亦难区分。

因为化学成分和组织的不均匀，所以对焊接接头的强度和韧性都有很大影响，在许多情况下熔合区是产生裂纹和脆性破坏的发源地，应当引起重视。

二、粗晶区(过热区)

温度在 $A_{C3}+50℃$ 至固相线以下，金属处于过热状态，奥氏体晶粒发生严重长大，冷却后得到粗大晶粒组织(一般对低碳钢讲，焊后晶粒度为(1～2)级，造船对材料晶粒度要求为 5 级)，在气焊和电渣焊时常出现魏氏体组织。

此区韧性很低，通常冲击韧性要降低 20％～30％，但强度变化不大。

三、细晶区(相变重结晶区)

焊接时母材金属被加热至 $A_{C3}+30℃\sim A_{C3}+50℃$ 时，珠光体和铁素体全部转变为奥氏体，然后在空气中冷却就会得到均匀细小的珠光体和铁素体(相当于热处理中的重结晶，得到的是正火组织)，此区的塑性和韧性都比较好。

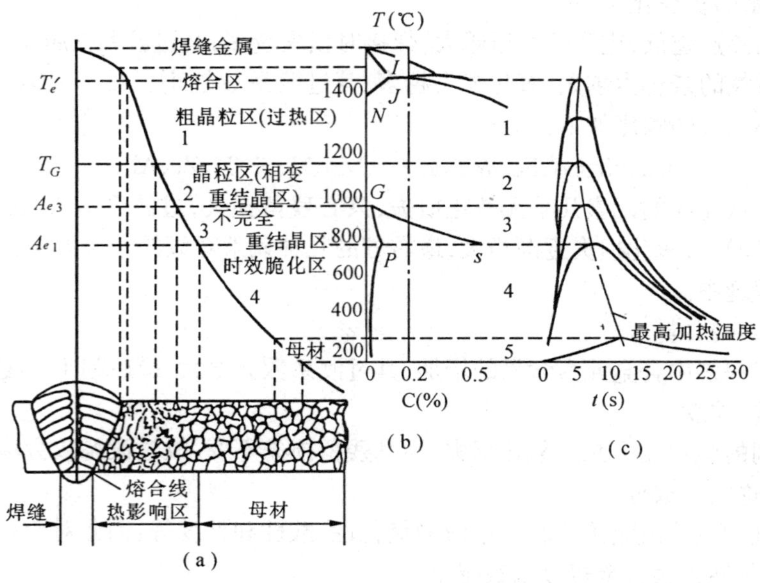

图 1－14　焊接热影响区不同温度范围与铁碳状态图的关系

四、不完全重结晶区(部分相变区)

焊接时母材被加热至 $A_{C1} \sim A_{C3}$ 间,只有一部分组织发生相变重结晶,相变为奥氏体的部分冷却结晶为细小铁铁素体和珠光体,另一部分未溶入奥氏体的铁素体成为粗大的铁素体。该区晶粒大小不一,组织不均匀,因此机械性能也不均匀。

五、再结晶区

母材焊前受冷加工变形或热应力变形,再被加热至 $T_{再} \sim A_{C1}$(材料的再结晶温度 $T_{再} \approx 0.4T_{熔}$)将发生再结晶和应变时效过程,金相组织有时看不到明显变化。然而对于具有时效应变敏感性强的钢种,在该温度范围将发生脆化现象,表现出较强的缺口敏感性。

焊接热影响区的大小受许多因素影响,如焊接方法、线能量、板厚等。不同方法焊接低碳钢时,热影响区的平均尺寸,见表 1－5。

表 1－5　不同焊接方法热影响区的平均尺寸

焊接方法	各区的平均尺寸 mm			总宽 mm
	粗　晶　区	细　晶　区	部分相变区	
手工电弧焊	2.2～3.0	1.5～2.5	2.2～3.0	6.0～8.5
埋弧自动焊	0.8～1.2	0.8～1.7	0.7～1.0	2.3～4.0
电　渣　焊	18～20	5.0～7.0	2.0～3.0	25～30
氧乙炔气焊	21	4.0	2.0	27.0
真空电子束焊	—	—	—	0.05～0.75

1.4.2　焊接接头的机械性能

由前面介绍可知焊接接头热影响区的组织分布不均匀,组织的不均匀必然会反应出性能差异。通常对一般焊接结构主要考虑硬度分布、力学性能、脆化倾向、断裂韧性、疲劳性能和抗腐蚀性能等。

一、焊接热影响区的硬度分布

不同的金相组织反映了不同热影响区的硬度变化，通常为了方便常用硬度来判断热影响区的性能。一般低碳钢不同比例组织的金相显微硬度和宏观维氏硬度，见表 1－6。

表 1－6　不同混合组织及金相组织的硬度

金相组织百分比　%				显微硬度　HV				宏观维氏硬度
F	P	Z	M	F	P	Z	M	HV
10	7	83	0	202～246	232～249	240～285		212
1	0	70	29	216～258		273～336	245～383	298
0	0	19	81			293～323	446～470	384
0	0	0	100				454～508	393

应当指出，同一组织由于含碳量和合金元素含量的不同，也有不同的硬度。钢材化学成分与硬度关系国内外作了许多研究，建立了下面经验公式作粗略估算，手工电弧焊时普通低合金钢焊接热影响区最大硬度与裂纹敏感系数 P_{cm} 和碳当量 C_E(IIW)的回归经验公式。

$H_{max}=1\,274P_{cm}+45$(适合 $C\leqslant 0.18\%$ 的低合金钢)

其中，

$$P_{cm}=C+\frac{Si}{30}+\frac{Mn+Cu+Cr}{20}+\frac{Ni}{60}+\frac{Mo}{15}+\frac{V}{10}+5B$$

$H_{max}=559C_E+100$(适合 C>0.18％的低合金钢)

其中，$C_E=C+\frac{Mn}{6}+\frac{Cu+Ni}{15}+\frac{Cr+Mo+V}{5}$

此外，焊接接头最大硬度还与冷却时间有关，关系复杂。

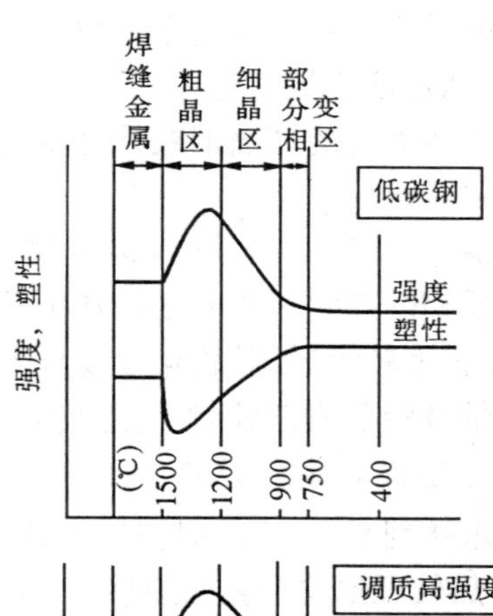

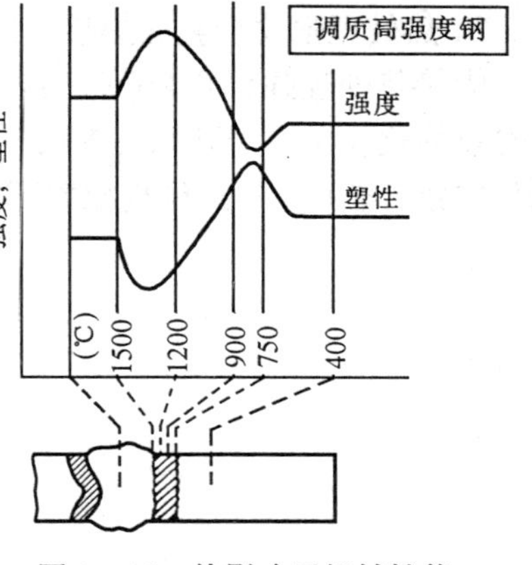

图 1－15　热影响区机械性能
(模拟焊接热循环试样)

二、焊接热影响区的力学性能

研究焊接接头热影响区的力学性能主要从两方面进行：研究不同部位(粗晶区、细晶区、不完全重结晶区和再结晶区)的各种性能；研究熔合区的性能，这个地区是焊接接头中问题较多的地方。

对淬硬倾向不大的钢种(热轧或正火钢)热影响区不同部位的常规机械性，见图 1－15。低碳钢和调质高强度钢采用焊接热模拟试样进行机械性能试验。

三、热影响区的脆化

焊接接头热影响区出现脆化现象有多种类型：粗晶脆化，析出相脆化，$M-A$ 组元脆化和热应变脆化等。由图 1－16 可以看出，焊接接头热影响区有两个脆性转变峰值温度，即粗晶区和 A_{C1} 以下时效脆化区(400℃～600℃)。

1. 粗晶脆化

从冶金因素来看，对于淬硬倾向较小的钢粗晶脆化主要由于晶粒长大甚至形成粗大魏氏体组织；对于易淬火钢主要产生了脆硬的马氏体组织。应当知道，对含碳高的高强钢在热影响区出现高碳马氏体时脆化严重；而低碳马氏体反而有改善粗晶区韧性作用。

2. 热应变时效脆化

焊接热影响区产生热应变时效脆化可分为两类。

在室温或低温下受到预应变后，产生强度和硬度增高，塑性和韧性下降，这种现象只有钢中存在碳、氮自由间隙原子时才发生，称作静应变时效。

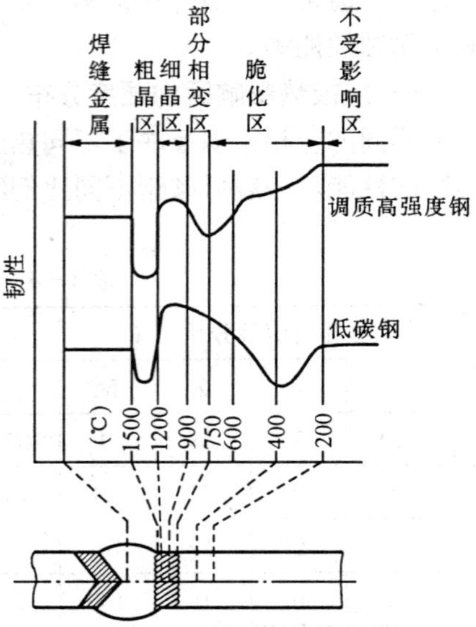

图 1－16　热影响区冲击值的分布图

在高温下，特别是在 200℃～400℃范围，预应变产生的时效现象称作动应变时效。通常说的脆性就属于动应变时效现象。

四、热影响区的软化

经调质处理的高强钢或具有热处理强化的合金焊接后，热影响区会产生不同程度的软化或失强。

1. 调质钢焊接时热影响区的软化

调质钢焊接时热影响区的软化程度与母材调质处理时的回火温度有关，回火温度越低(即强化程度较大)焊后软化程度越大。

大量试验证明，采用不同焊接方法和不同焊接线能量条件下，软化失强的最大部位处于峰值温度在 A_{C1} 附近，这是由于该不完全淬火区的铁素体和渗碳体并未充分溶解，奥氏体的成分远未达到平衡，冷却时奥氏体分解造成该区强度和硬度都较低。

2. 热处理强化合金的焊接热影响区的软化

焊接热处理强化合金(硬铝或超硬铝)，在温度与时间的作用下会发生强化效果下降，即过时效软化现象。对硬铝(LY12)一般接头强度只有母材的 60%～70%，而对热处理不能强化的铝合金(LF5)这种现象并不严重。

2 手工电弧焊

手工电弧焊灵活、方便、设备简单,是造船中广泛使用的焊接方法。

2.1 手工电弧焊的接头形式与坡口准备

船体结构中,经常采用对接接头、T形接头、角接接头和搭接接头等形式。

2.1.1 焊接接头形式

一、对接接头

对接接头是常用的焊接接头形式,多用于船体外板、甲板、内底板和舱壁板等构件间的联接。

1. 不开坡口

板厚小于3mm可做卷边对接接头,中间不留间隙,见图2-1(a)。厚度小于6mm且能保证完全焊透构件,可采用不开坡口,焊件间留有(1~2)mm间隙的对接接头,见图2-1(b)。板厚增加,相应的装配间隙也应增大以保证焊透。

2. V形坡口

板厚超过6mm为了保证焊透,必须把钢板边缘加工成V形坡口,见图2-1(c)。坡口角度随焊接方法的不同而不同,一般为50°~60°,间隙(0~2)mm,钝边1mm。在船体结构中,这种接头通常要背面刨槽清根进行双面焊,以确保完全焊透。在不能进行双面焊时,经验船部门同意,可在背面设垫板进行单面焊。

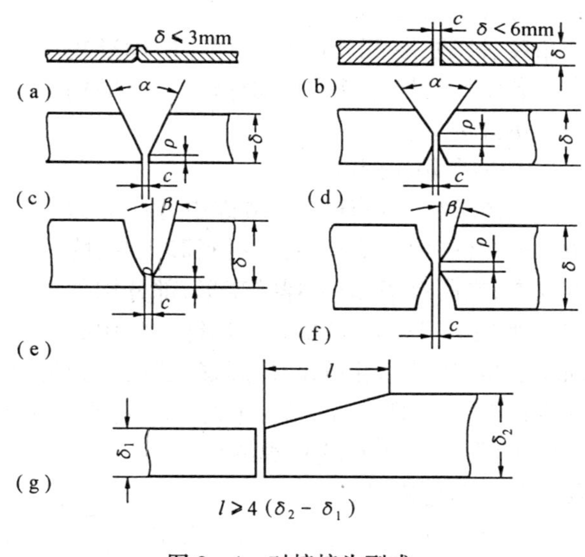

图2-1 对接接头型式

3. X形坡口

X形坡口实际上是双面V形坡口,只不过在焊接厚度更大板材,为了减少电能和焊接材料的消耗而采取的,见图2-1(d)。焊时也要求刨槽清根进行双面焊。

4. U形坡口

U形坡口可能是单面的也可以是双面的,见图2-1(e)、(f)。U形坡口所需填充金属比X形坡口所需填充金属还少,根部易焊透,焊件变形小。

对不同厚度钢板在接焊时,除按规定采用上述接头外,当两板厚度差大于4mm时,根据规定应将厚板边缘加工成斜边,斜边长度不小于厚度差的4倍,以使其均匀过渡,见图2-1(g)。

二、T 形接头

一个焊件端面与另一个焊件表面成直角或近似直角的接头称作 T 形接头，见图 2－2。T 形接头是船体结构和海洋平台结构中采用最多的一种接头形式。

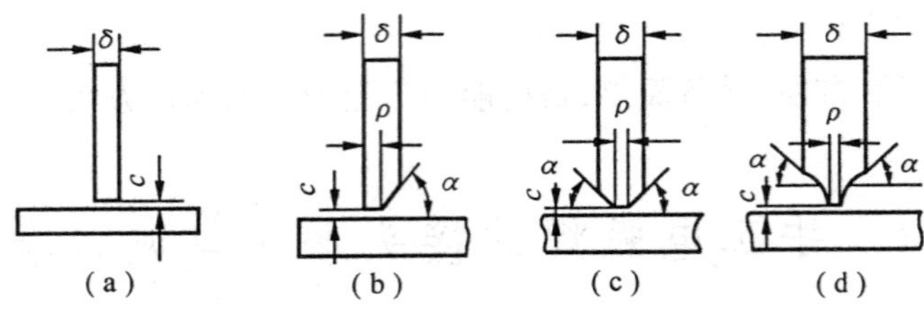

图 2－2 "T"型接头

1. 连续填角焊缝

对于板厚小于 10mm 的构件，或受力不大的构件及联系焊缝构件，可采用不开坡口的 T 形接头，见图 2－2(a)，这种接头一般要求双面填角焊接。

钢板超过 8mm，或接头是承受高应力的工作焊缝，必须采用全熔透角焊或深熔焊。全熔透角焊如果采用普通焊条，要在垂直边缘开坡口，见图 2－2(b)、(c)、(d)。坡口角度、钝边、装配间隙均有相应的标准规定。若采用深熔焊条或自动深熔焊，有的构件可不开坡口。

2. 间断填角焊缝

船体结构与海洋平台结构中有些受力不大的构件，为了节省能源、材料和工时，降低成本，提高效率，减少焊接变形，部分构件的 T 形接头可采用间断填角焊缝。常用的间断填角焊缝有交错间断角焊缝、链式间断角焊缝和挖孔焊三种，见图 2－3。间断填角焊焊段长 (l)、间距 (e)、节距 (d) 和挖孔尺寸可参照《钢质海船入级与建造规范》。图 2－3 (a)、(b)形式的间断填角焊缝两端还要进行连续包角焊。

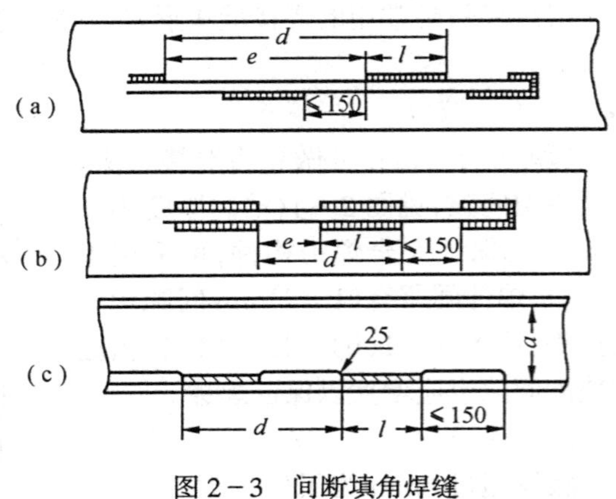

图 2－3 间断填角焊缝

应当注意，近年来一些船厂采用连续小焊脚填角焊代替间断填角焊，这样不仅施焊方便、操作简化，而且消除间断焊的未焊接头缝隙，避免了污水渗入，提高了构件的耐蚀性。但双面间断焊改为双面连续焊时，要按规定减小焊脚尺寸，否则会引起较大的焊接变形。

三、角接接头

两构件间构成大于 30°，小于 135° 夹角的接头称作角接接头，见图 2－4。

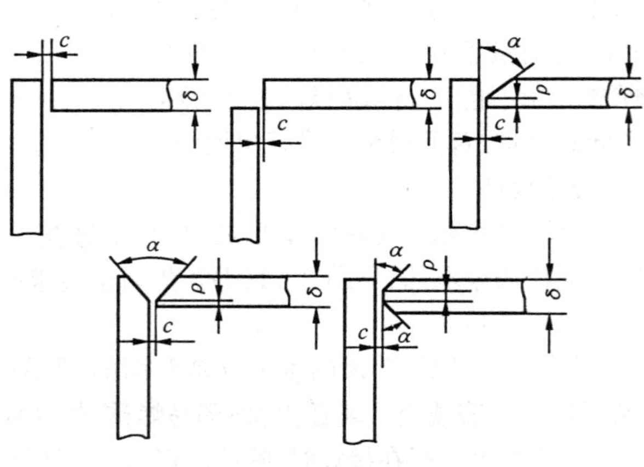

图 2－4 角接接头

这种接头许多特征与T形接头相似,间隙(c)、钝边(p)和坡口角度(α)见《手工电弧焊焊接接头基本形式与尺寸》(GB985-80)。

四、搭接接头和塞焊接头

搭接接头见图2-5。按规定搭接接头宽度(H)应等于两倍板厚加15mm,但不大于50mm,两搭接板表面应紧密接触。

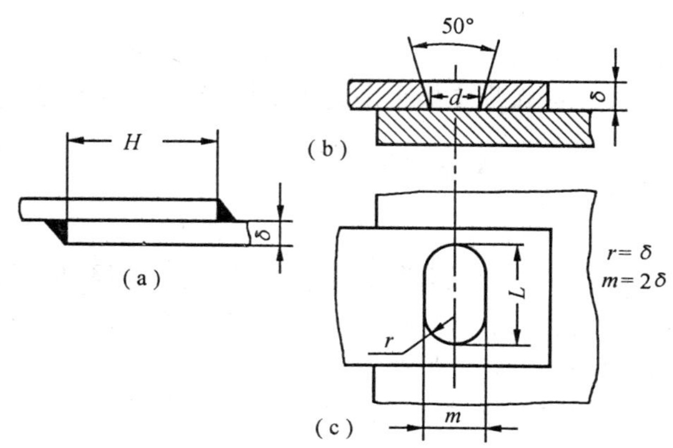

图2-5 搭接接头与塞焊接头

船体结构与海洋平台结构中,若外板与内侧型材、腹板无法直接使用角焊缝联结(或像船艉柱、美人架等与外板的联结,在构架一侧难于施焊)可采用塞焊做增强联结(圆孔塞焊,图2-5(b);长孔塞焊见图2-5(c),接头形式及代号见《手工电弧焊焊接接头基本形式与尺寸》(GB985-80)。

2.1.2 坡口的清理、装配和定位焊

为保证获得优良焊缝,坡口的清理、装配和定位焊起重要作用。

一、坡口清理

1. 坡口应按规定进行加工,尺寸准确,表面光洁。
2. 船体和海洋平台构件的重要接缝两侧15mm内,焊前要将铁锈、油污、油漆、水和碳弧气刨留下的残渣仔细清除干净。
3. 清理后要及时焊接,如没及时焊接致使接缝处受潮或生锈,焊前应重新清理。

二、装配和定位焊

1. 装配

装配间隙过大易烧穿,间隙过小易发生未焊透。等厚度钢板对接接头装配时,两板应在同一平面内,局部允许少量错边,见图2-6。重要结构 $a<0.15\delta$,且不大于2mm,厚板V形坡口对接 a 不大于3mm。一般结构 $a<0.2\delta$,且不大于3mm,厚板X板坡口 a 不大于4mm。

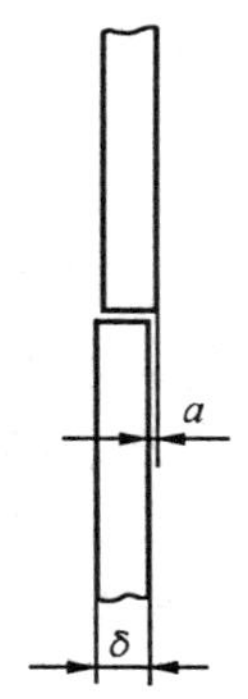

图2-6 等厚度钢板对接装配错边

不焊透角焊结构可不开坡口,装配时两板应紧贴,如果不紧贴,δ≤10mm时,a=2mm;δ>10mm时,a=3mm;仰焊时,a=2mm。

2. 定位焊

定位焊是用来固定焊件相对位置,定位焊质量很重要,生产上常有因定位焊质量不好发生吊装开裂,或因定位焊有裂纹、气孔和夹渣影响以后焊接质量。

按规定定位焊焊缝厚度应不小于根部焊缝的厚度,其长度不小于较厚板材4倍板厚或不小于50mm(两者取其较小值),定位焊应距焊缝交叉点为10倍板厚以上距离,焊件需要预热,定位焊部位也应预热。

2.2 手工电弧焊焊接工艺

手工电弧焊中能否得到优质焊缝，在很大程度上取决于焊工的焊接技术。

2.2.1 各种位置焊接

一、平焊

平焊是一种最有利的焊接位置，最易施焊，见图 2－7(a)。重力、表面张力、电弧吹力和电磁力均有利于熔滴过渡，熔渣与铁水配合好，流动好，焊缝形状易控制，不易疲劳，焊接可选较粗焊条和较大焊接电流，提高生产率。

平焊时电弧对准焊缝中心，通常焊条采用前倾角 70°～80°。板厚(1～6)mm 可不开坡口，但装配要严格；板厚(4～25)mm 可采用 V 形坡口双面焊，正面焊缝熔深应大于焊件厚度一半，背面碳弧气刨清根，然后进行封底焊。厚板可采用多层焊，焊层数（n）可按下式进行近似估算。

$$n=\frac{\delta}{d}$$

其中，n ——焊接层数；

δ ——焊件板厚(mm)；

d ——焊条直径(mm)。

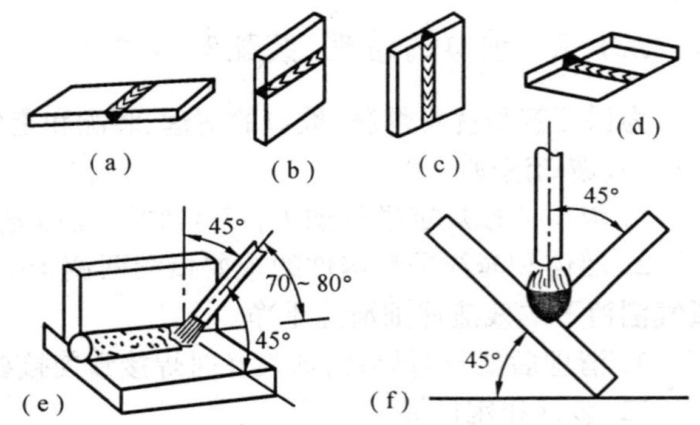

图 2－7　各种位置的焊接

二、横焊

横焊是在垂直面上焊接水平方向焊缝，见图 2－7(b)。在重力的作用下熔池中的铁水易下淌，致使焊缝上部熔合线处出现咬肉，焊缝下部熔合线处出现焊瘤或未焊透。

横焊时下面板不开坡口或开较上面板坡口角度小的坡口，以利于焊缝成形。横焊应选用小直径焊条，较小焊接电流（小于平焊电流但大于立焊电流）和短弧焊。焊条通常下倾 15°，前倾 70°左右。

三、立焊

立焊是在垂直平面内焊接垂直方向焊缝，见图 2－7(c)。与横焊相同熔池中铁水易下淌，焊缝成形困难。

通常选用小直径焊条，同样规格焊条焊接电流比平焊焊接电流小 10%～15%，加快冷却速度。采用短弧焊。普通焊条由下向上焊时焊条与水平成 15°～30°下倾角。

四、仰焊

焊件水平、焊条在焊件下方进行焊接，见图 2－7(d)。仰焊时重力是阻碍熔滴过渡的力，熔滴过渡困难，工作人员易疲劳，是最难焊的一种位置。

通常选用细焊条，较小电流（比平焊电流小，比立焊电流大）和最短的焊接电弧。焊条一般在垂直面中，与焊接方向成 80°后倾角。

五、角焊与船形角焊

平角焊焊条与水平板成 45°,前倾角 70°~80°,见图 2-7(e)。焊脚小时(K <6mm)可一次焊成,焊脚大可采用多层焊。

船形角焊见图 2-7(f)。这种位置焊接可避免咬边和焊脚不均,船形角焊操作方便,焊缝质量好,生产效率高。焊接时选用的焊接电流可比平角焊选用的电流大。

2.2.2 焊接工艺参数的选择

手工电弧焊的工艺参数主要包括焊条直径、焊接电流、电弧电压、电源极性和焊接速度等。这些参数选择配合得合理,既可保证焊接质量又可提高生产效率。

一、焊条直径的选择

焊条直径是指焊芯直径,它的大小与选用焊接电流有直接关系,是保证焊接质量和生产率的重要因素。

对于多层焊的第一道打底焊的焊条直径应小些,保证焊条能深入坡口底部使根部熔透。平焊时尽可能选择直径较大的焊条,填角焊时选用的焊条直径应比对接焊时选用焊条的直径大些。焊条直径选择应根据板厚而定,见表 2-1。

表 2-1 焊条直径的选择

焊件厚度 mm	0.5~1.0	1~2	2~5	5~10	10 以上
焊条直径 mm	1~1.5	1.5~2.5	2.5~4.0	4.0~6.0	5.0~8.0

注:钢板厚度不等时,系指最小厚度。

二、焊接电流的选择

焊接电流的选择主要取决于焊条直径、焊接位置和板厚。

电流大电弧发热量多,生产效率高。但电流不能过大,否则焊接时飞溅严重,并会使焊条后半部分因电阻热而发红,甚至使药皮开裂、脱落。同时因温度过高还会烧损药皮中的低沸点物质。电流过小热量不足,生产效率低。此外还会出现引弧困难、易产生未焊透和焊缝成形不良等缺陷。酸性焊条使用的电流见表 2-2。

表 2-2 酸性焊条使用电流参考表

焊条直径 mm	1.6	2.0	2.5	3.2	4.0	5.0	5.8
焊接电流 A	25~40	40~70	70~90	90~130	160~210	220~270	260~310

碱性焊条使用电流一般是酸性焊条使用电流的 90%,立焊、横焊电流应比平焊电流小 10%~15%,仰焊电流比平焊电流减小 5%~10%。

三、电弧电压的选择

电弧组成和电弧电压与电弧长度有关,焊接时电弧长度一般由电焊工掌握,不作规定。为了保证焊缝质量,V 形坡口或角接焊缝第一层焊道应采用短弧焊以防止发生咬边;间隙小的焊缝宜采用短弧焊;碱性焊条宜采用短弧焊。

四、电源极性的选择

实际生产中,可根据焊条的酸碱性和焊件所需热量的多少选择不同的接法。低氢型碱性焊条要采用直流反接,这样可使焊接过程稳定、飞溅小、焊缝熔深大。酸性焊条一般是交直流两用，根据发热量的不同，用直流焊机焊厚板时可采用直流正接；焊薄板时可采用直流反接。

五、焊接速度的选择

焊接速度通常由焊工掌握。焊速过快焊缝金属凹陷，甚至出现咬边现象；焊速过慢易造成烧穿和满溢。

六、焊条倾角的选择

焊接时通常采用65°～80°前倾角焊，可以得到良好的成形。前倾角焊由于电弧把熔化金属吹向熔池后端，使电弧深入母材增大了熔深，由于电弧的深入使熔宽减小。后倾角焊时，液态金属被电弧吹向熔池前缘，使熔深减小。

2.2.3 焊接技术

一、引弧

将焊条末端与焊件短路，然后迅速将焊条提起约焊条直径一半的距离，电弧即引燃。

1. 垂直引弧法

焊条垂直对焊件碰击，随即将焊条提起，电弧产生，见图2-8(a)。

2. 划动引弧法

焊条对焊件像划火柴一样引燃电弧，见图2-8(b)。

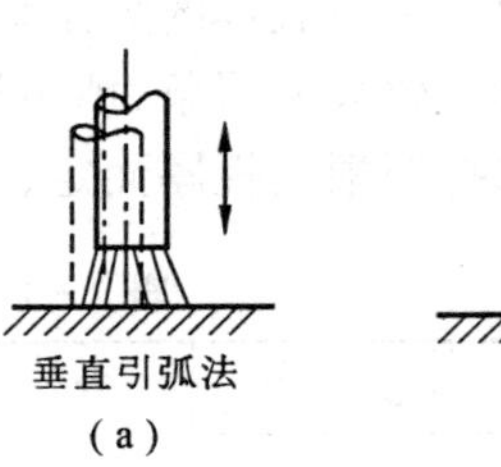

图2-8 引弧方法

一般来说，碱性焊条引弧较酸性焊条引弧困难些，因为碱性焊条中含有反电离物质萤石。为了更好引弧碱性焊条要用直流焊机，焊机的空载电压也稍高($U_0>60$V)。

二、运条

运条是在恒定弧长条件下，既沿焊接方向前进又做一定的横向摆动，保证边缘熔透并熔敷一定量金属，从而获得优良焊缝。运条包括三个方向运动。

1. 焊条向熔池送进

随着焊条的熔化电弧将被拉长，为保持一定弧长须以焊条熔化的速度向熔池送进焊条。

2. 焊条沿焊缝向前移动

这种运动用以形成焊缝，速度要适当。过快易造成焊缝凹陷、未焊透和夹渣；过慢易造成烧穿和满溢等。

3. 焊条横向摆动

横向摆动主要是增加焊缝宽度，使宽度均匀，保证焊缝边缘熔透，从而获得良好焊缝，见图2-9。

直线形
月牙形
环形
人字形
锯齿形
斜锯齿形
8字形
三角形
斜环形

图2-9 常见的几种运条方法

三、收弧与焊缝联接

一条长焊缝要多根焊条完成，每段焊缝结尾都要熄弧，熄弧不当会形成弧坑，在一定条件下易形成弧坑裂纹（弧坑裂纹在使用碱性焊条和不锈钢焊条尤为严重），为保证焊接质量应避免产生弧坑。

一段焊缝结尾时的操作是:停止焊缝方向运动后,继续向熔池送进焊条,弧坑填满后再拉断电弧。换焊条要求焊缝接头处高低、宽窄一致,外形良好,没有气孔、夹渣和脱节等缺陷。

四、单面焊双面成形

国家船舶检验局《钢质海船入级与建造规范》规定:船体外板、甲板、内底板等之间的联接,均采用对接焊缝。所有对接焊缝均应在其背面根部刨槽进行封底焊。

在船舶与海洋平台建造中,有些重要构件无法从背面刨根进行封底焊,要求在坡口一侧进行焊接,焊缝正面和背面都要得到均匀整齐无缺陷的焊缝,这种焊接方法称作单面焊双面成形。单面焊双面成形的关键是第一层打底焊,打底焊道既要保证焊缝背面成形良好又要保证焊道内无气孔、夹渣和未焊透等焊接缺陷。

1. 击穿根部形成熔孔

依靠电弧的穿透力熔透坡口根部,使坡口两侧根部熔化(1.5～2)mm,此时熔渣从铁水上淌下,在熔池前沿可看到一个略大于装配间隙的小熔孔。通过熔孔一部分熔滴金属过渡到焊缝根部与背面,与熔化的根部母材共同组成熔池,熔池冷却后形成焊缝。

2. 适时熄弧和重新燃弧

熔池的前沿已形成熔孔表明焊缝根部已熔透,如果听到电弧在坡口背面啪啪响,看到熔池金属白亮,表明熔池温度较高,为防止铁水流淌此时应果断熄弧。

熔池金属由白亮变红,熔化的金属已有三分之二凝固,表明熔池温度较低应立即在坡口前部引燃电弧。直到再一次发现熔池温度过高时果断熄弧,如此反复焊接。

3. 严格控制熔孔尺寸

击穿焊法主要通过熄弧时间控制熔池的温度和形状。熔孔过大坡口的反面可能要烧穿;熔孔过小坡口背面可能要产生未焊透。

4. 熔滴过渡

一般采用两点运条,即把一滴熔滴过渡到坡口的左侧,另一滴熔滴过渡到坡口右侧。熔滴过渡到坡口两侧的具体位置视间隙和钝边的大小而定,收尾时将熔滴引向坡口的任意一侧并填满弧坑。

2.3 电焊条

手工电弧焊使用的焊接材料是焊条,焊条一方面与母材间形成电弧,另一方面熔化过渡到熔池与熔化母材组合,冷却后形成焊缝。

2.3.1 电焊条的组成

电焊条由焊芯和涂料药皮两部分组成。根据药皮与焊芯的重量比,即药皮重量系数(K),可分为厚药皮焊条($K=30\%\sim50\%$)和薄药皮焊条($K=1\%\sim2\%$)。

一、焊芯

焊芯采用焊接专用的金属丝。除铸造焊芯外,通常冶炼成钢锭热轧后拉拔成所需尺寸焊丝。焊芯牌号首位字母"H"代表焊,后面数字代表含碳量,其它合金元素含量表示方法与钢材表示法相同,尾部"A"表示优质钢,"E"表示特优质钢。常用焊芯化学成分见表2-3。

表 2-3 常用焊芯的化学成分(GB/T3429-94)

钢类	序号	牌号	化学成分(%)										
			C	Mn	Si	Cr	Ni	Cu	Mo	V	其它	S	P
非合金钢	1	H08A	≤0.10	0.30~0.60	≤0.07	≤0.20	≤0.30	≤0.20				≤0.030	≤0.030
	2	H08E	≤0.10	0.30~0.60	≤0.03	≤0.20	≤0.30	≤0.20				≤0.020	≤0.020
	3	H08C	≤0.10	0.30~0.60	≤0.03	≤0.10	≤0.10	0.10				≤0.015	≤0.015
	4	H08MnA	≤0.10	0.30~1.10	≤0.07	≤0.20	≤0.30	≤0.20				≤0.030	≤0.030
	5	H15A	0.11~0.18	0.35~0.65	≤0.03	≤0.20	0.30	0.20				≤0.030	≤0.030
	6	H15Mn	0.11~0.18	0.80~1.10	≤0.03	≤0.20	≤0.30	≤0.20				≤0.035	≤0.035
低合金钢	7	H08MnSi	≤0.11	1.20~1.50	0.04~0.70	≤0.20	≤0.30	≤0.20				≤0.035	≤0.035
	8	H10MnSi	≤0.14	0.80~1.10	0.60~0.90	≤0.20	≤0.30	≤0.20				≤0.035	≤0.035
	9	H11MnSiA	0.07~0.15	1.00~1.50	0.65~0.95	≤0.20	≤0.30	≤0.20				≤0.025	≤0.025
合金钢	10	H08Mn2Si	≤0.11	1.70~2.10	0.65~0.95	≤0.20	≤0.30	≤0.20				≤0.035	≤0.035
	11	H08Mn2SiA	≤0.11	1.80~2.10	0.65~0.95	≤0.20	≤0.30	≤0.20				≤0.030	≤0.030
	12	H08MnMoA	≤0.10	1.20~1.60	≤0.25	≤0.20	≤0.30	0.20	0.30~0.50		Ti0.15加入量	≤0.030	≤0.030
	13	H08Mn2MoA	0.06~0.11	1.60~1.90	≤0.25	≤0.20	≤0.30	≤0.20	0.50~0.70		Ti0.15加入量	≤0.030	≤0.030
	14	H08Mn2MoVA	0.06~0.11	1.60~1.90	≤0.25	≤0.20	≤0.30	≤0.20	0.50~0.70	0.06~0.12	Ti0.15加入量	≤0.030	≤0.030
	15	H08CrMoA	≤0.10	0.40~0.70	0.15~0.35	0.80~1.10	≤0.30	≤0.20	0.40~0.60			≤0.030	≤0.030
	16	H08CrMoVA	≤0.10	0.40~0.70	0.15~0.35	1.00~1.30	≤0.30	≤0.20	0.50~0.70	0.15~0.35		≤0.030	≤0.030
	17	H08CrNi2MoA	0.05~0.10	0.50~0.85	0.10~0.30	0.70~1.00	1.40~1.80	≤0.20	0.20~0.40			≤0.025	≤0.030
	18	H10Mn2	≤0.12	1.50~1.90	≤0.07	≤0.20	≤0.30	≤0.20	0.15~0.25			≤0.035	≤0.035
	19	H10MnSiMo	≤0.14	0.90~1.20	0.70~1.10	≤0.20	≤0.30	≤0.20	0.20~0.40			≤0.035	≤0.035
	20	H10MnSiMoTiA	0.08~0.12	1.00~1.30	0.40~0.70	≤0.20	≤0.30	≤0.20	0.20~0.40		Ti0.05~0.15	≤0.025	≤0.030
	21	H10Mn2MoA	0.08~0.13	1.70~2.00	≤0.40	≤0.20	≤0.30	≤0.20	0.60~0.80		Ti0.15加入量	≤0.030	≤0.030
	22	H10Mn2MoVA	0.08~0.13	1.70~2.00	≤0.40	≤0.20	≤0.30	≤0.20	0.60~0.80	0.06~0.12	Ti0.15加入量	≤0.030	≤0.030
	23	H10MoCrA	≤0.12	0.40~0.70	0.15~0.35	0.45~0.65	≤0.30	≤0.20	0.40~0.60			≤0.030	≤0.030
	24	H11Mn2SiA	0.07~0.15	1.40~1.85	0.85~1.15	≤0.20	≤0.30	≤0.20				≤0.025	≤0.025
	25	H13CrMoA	0.11~0.16	0.40~0.70	0.15~0.35	0.80~1.10	≤0.30	≤0.20	0.40~0.60			≤0.030	≤0.030
	26	H18CrMoA	0.15~0.22	0.40~0.70	0.15~0.35	0.80~1.10	≤0.30	≤0.20	0.15~0.25			≤0.030	≤0.030
	27	H30CrMnSiA	0.25~0.35	0.80~1.10	0.90~1.20	0.80~1.10	≤0.30	≤0.20				≤0.025	≤0.025

二、药皮

焊芯表面涂层称作药皮，药皮在焊接过程中起重要作用。

1. 稳弧

一般含低电离势元素的物质都有不同程度的稳弧作用，如碳酸钾、钾水玻璃、钠水玻璃等，这些物质通常称作稳弧剂。

2. 造渣

药皮中某些物质在焊接时，熔化形成具有一定物理和化学性能的熔渣，如金红石、大理石、钛铁矿等，这些物质通常称作造渣剂。

3. 造气

药皮中某些碳酸盐或有机物在焊接时，产生气体，可隔绝空气保护焊接区，如白云石、淀粉等，这些物质通常称作造气剂。

4. 脱氧

药皮中某些对氧的亲和力比铁对氧亲和力大的合金，如锰铁、硅铁、钼铁等，这些物质通常称作脱氧剂。

5. 合金化

用以补偿焊接时烧损的合金元素，如锰铁、硅铁、钼铁等，这些物质通常称作渗合金剂。

6. 稀渣

用于降低熔渣的粘度，增强其流动性的物质，如萤石、钛白粉、锰矿等，这类物质通常称作稀释剂。

7. 粘结

能把药皮牢固地粘结到焊芯上，并使药皮具有一定强度，如钠水玻璃、钾水玻璃或钠水玻璃及钾水玻璃的混合溶液，这类物质通常称作粘结剂。

8. 成形

药皮中加入一些改善涂料压制时塑性和滑性的物质，如云母、白泥、钛白粉等，这类物质通常称作增塑剂。

2.3.2 焊条的分类和牌号

一、焊条的分类

焊条的分类方法很多，可按其用途、熔渣的酸碱度和药皮的主要成分等从不同角度对其进行分类。

1. 按用途分类

根据国家标准和原机械工业部《焊接材料产品样本》焊条按用途可分十大类，见表2-4。

表2-4 焊条按用途分类表

焊条牌号			焊条型号		
序号	焊条分类	代号 汉字(字母)	焊条分类	代号	国家标准
1	结构钢焊条	结(J)	碳钢焊条	E	GB/T5117-95
2	钼及铬钼耐热钢焊条	热(R)	低合金钢焊条	E	GB/T5118-95

表 2－4(续)

3	低温钢焊条	温(W)			
4	不锈钢焊条		不锈钢焊条	E	GB/T983－95
	①铬不锈钢焊条	铬(G)			
	②铬镍不锈钢焊条	奥(A)			
5	堆焊焊条	堆(D)	堆焊焊条	ED	GB984－85
6	铸铁焊条	铸(Z)	铸铁焊条	EZ	GB10044－88
7	镍及镍合金焊条	镍(NI)	镍及镍合金焊条	ENi	GB/T13814－92
8	铜及铜合金焊条	铜(T)	铜及铜合金焊条	TCu	GB3670－95
9	铝及铝合金焊条	铝(L)	铝及铝合金焊条	TAl	GB3669－83
10	特殊用途焊条	特(TS)			

2．按熔渣酸碱度分类

(1)酸性焊条

药皮中含有大量的二氧化钛、二氧化硅等酸性造渣物和一定量的碳酸盐等，熔渣碱度系数小于1。

(2)碱性焊条(低氢型)

药皮中含有大量大理石、萤石等碱性造渣物，并含有一定量的脱氧剂和渗合金剂。萤石中的氟化钙在高温与氢结合成氟化氢，降低了焊缝中的含氢量，碱性焊条又称低氢型焊条。用甘油法测定100g熔敷金属中的扩散氢含量，碱性焊条为1mL～8mL，酸性焊条为17mL～50mL。

3．按药皮主要成分分类

按药皮的主要成分确定焊条药皮类型，见表2－5。

表2－5　焊条药皮成分类型

药皮类型	药皮主要成分	焊接电源
钛　型	氧化钛≥35%	DC或AC
钛钙型	氧化钛≥30%，碳酸盐＜20%	DC或AC
钛铁矿型	钛铁碳≥30%	DC或AC
氧化铁型	多量氧化铁及较多锰铁脱氧剂	DC或AC
纤维素型	有机物≥15%，氧化钛30%左右	DC或AC
低氢型	钙、镁的碳酸盐和萤石	DC
石墨型	多量石墨	DC或AC
盐基型	氯化物和氟化物	DC

二、电焊条牌号

焊条型号根据熔敷金属的抗拉强度、焊接位置、药皮类型和焊接电流的种类划分。

1．碳钢焊条型号

字母“E”表示焊条；前两位数字为熔敷金属抗拉强度的最小值，单位为MPa(1kgf/mm^2

=9.81MPa);第三位数字表示焊条焊接位置,“0”和“1”表示焊条适用于全位置焊(平焊、立焊、仰焊和横焊),“2”表示焊条适用于平焊及平角焊,“4”表示焊条适用于向下立焊;第三位和第四位数字组合表示焊接电流的种类及药皮类型。碳钢焊条如:

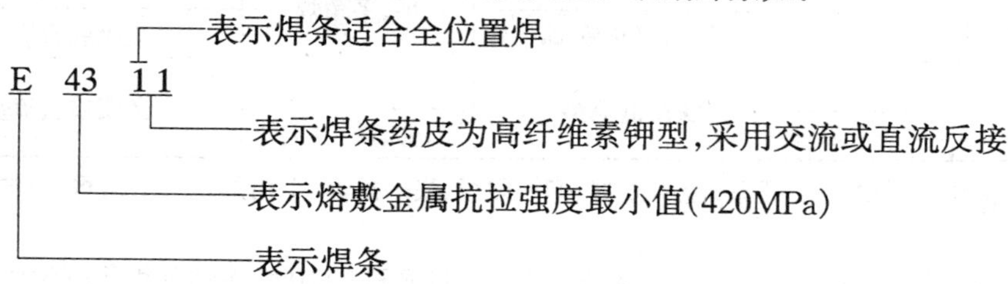

表 2-6 碳钢焊条型号 (GB/T5117-95)

<table>
<tr><th>焊条型号</th><th>对应牌号</th><th>焊条药皮</th><th>焊接位置</th><th>电流种类</th></tr>
<tr><td colspan="5">E43 系列—熔敷金属抗拉强度≥420MPa(43kgf/mm^2)</td></tr>
<tr><td>E4300</td><td>J420</td><td>特殊型</td><td rowspan="9">平、立、仰、横</td><td>交流或直流正、反接</td></tr>
<tr><td>E4301</td><td>J423</td><td>钛铁矿型</td><td>交流或直流正、反接</td></tr>
<tr><td>E4303</td><td>J422</td><td>钛钙型</td><td>交流或直流正、反接</td></tr>
<tr><td>E4310</td><td>J425</td><td>高纤维素钠型</td><td>直流反接</td></tr>
<tr><td>E4311</td><td></td><td>高纤维素钾型</td><td>交流或直流反接</td></tr>
<tr><td>E4312</td><td></td><td>高钛钠型</td><td>交流或直流正接</td></tr>
<tr><td>E4313</td><td>J421</td><td>高钛钾型</td><td>交流或直流正、反接</td></tr>
<tr><td>E4315</td><td>J427</td><td>低氢钠型</td><td>直流反接</td></tr>
<tr><td>E4316</td><td>J426</td><td>低氢钾型</td><td>交流或直流反接</td></tr>
<tr><td rowspan="2">E4320</td><td rowspan="2"></td><td rowspan="3">氧化铁型</td><td>平</td><td>交流或直流正、反接</td></tr>
<tr><td>平角焊</td><td>交流或直流正接</td></tr>
<tr><td>E4322</td><td>J424</td><td>平</td><td>交流或直流正接</td></tr>
<tr><td>E4323</td><td>J422Fe</td><td>铁粉钛钙型</td><td rowspan="2">平、平角焊</td><td rowspan="2">交流或直流正、反接</td></tr>
<tr><td>E4324</td><td></td><td>钛粉钛型</td></tr>
<tr><td rowspan="2">E4327</td><td rowspan="2"></td><td rowspan="2"></td><td>平</td><td>交流或直流正、反接</td></tr>
<tr><td>平角焊</td><td>交流或直流正接</td></tr>
<tr><td>E4328</td><td></td><td>铁粉低氢型</td><td>平、平角焊</td><td>交流或直流反接</td></tr>
<tr><td colspan="5">E50 系列—熔敷金属抗拉强度≥490MPa(50kgf/mm^2)</td></tr>
<tr><td>E5001</td><td>J503</td><td>钛铁矿型</td><td rowspan="9">平、立、仰、横</td><td rowspan="2">交流或直流正、反接</td></tr>
<tr><td>E5003</td><td>J502</td><td>钛钙型</td></tr>
<tr><td>E5010</td><td></td><td>高纤维素钠型</td><td>直流反接</td></tr>
<tr><td>E5011</td><td>J505</td><td>高纤维素钾型</td><td>交流或直流反接</td></tr>
<tr><td>E5014</td><td></td><td>铁粉钛型</td><td>交流或直流正、反接</td></tr>
<tr><td>E5015</td><td>J507</td><td>低氢钠型</td><td>直流反接</td></tr>
<tr><td>E5016</td><td>J506</td><td>低氢钾型</td><td rowspan="2">交流或直流反接</td></tr>
<tr><td>E5018</td><td>J506Fe</td><td>铁粉低氢钾型</td></tr>
<tr><td>E5018M</td><td></td><td>铁粉低氢型</td><td>直流反接</td></tr>
</table>

表 2-6(续)

<table>
<tr><td>E5023</td><td></td><td>铁粉钛钙型</td><td rowspan="4">平、平角焊</td><td rowspan="2"></td></tr>
<tr><td>E5024</td><td></td><td>铁粉钛型</td></tr>
<tr><td>E5027</td><td></td><td>铁粉氧化铁型</td><td>交流或直流正接</td></tr>
<tr><td>E5028</td><td></td><td rowspan="2">铁粉低氢型</td><td rowspan="2">交流或直流反接</td></tr>
<tr><td>E5048</td><td></td><td>平、仰、横、立向下</td></tr>
</table>

注:①焊接位置栏中:平—平焊、立—立焊、仰—仰焊、横—横焊、平角焊—水平角焊、立向下—向下立焊。

②直径不大于 4.0mm 的 E5014、E5015、E5016、E5018 和 E5018M 型焊条和直径不大于 5.0mm 的其它型号焊条适用于立焊和仰焊。

③E4322 型焊条适宜单道焊。

2. 低合金钢焊条型号

低合金钢焊条型号编制方法与碳钢焊条型号编制基本相同,其后缀字母为熔敷金属化学成分的分类代号,以短划"-"与前面数字分开,如还有附加化学成分时,附加化学成分直接用元素符号表示,并以短划与前面后缀字母分开。低合金钢焊条如:

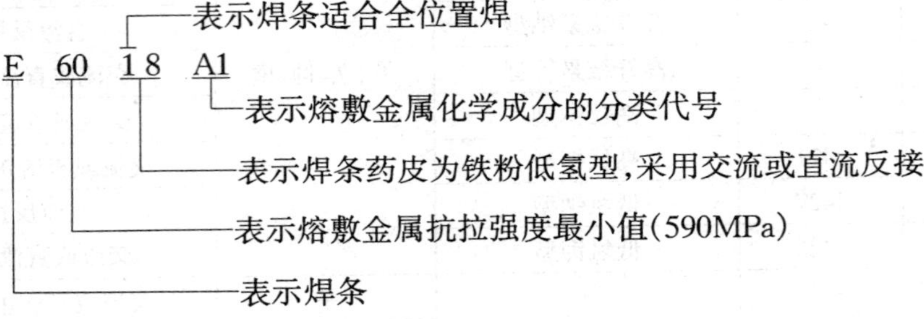

表 2-7 低合金钢焊条型号(GB/T5118-95)

<table>
<tr><th>焊条型号</th><th>对应牌号</th><th>焊条药皮</th><th>焊接位置</th><th>电流种类</th></tr>
<tr><td colspan="5">E50 系列—熔敷金属抗拉强度≥490MPa(50kgf/mm^2)</td></tr>
<tr><td>E5003-X</td><td>J502</td><td>钛钙型</td><td rowspan="6">平、立、仰、横</td><td>交流或直流正、反接</td></tr>
<tr><td>E5010-X</td><td></td><td>高纤维素钠型</td><td>直流反接</td></tr>
<tr><td>E5011-X</td><td>J505</td><td>高纤维素钾型</td><td>交流或直流反接</td></tr>
<tr><td>E5015-X</td><td>J507</td><td>低氢钠型</td><td>直流反接</td></tr>
<tr><td>E5016-X</td><td>J506</td><td>低氢钾型</td><td rowspan="2">交流或直流反接</td></tr>
<tr><td>E5018-X</td><td>J506Fe</td><td>铁粉低氢型</td></tr>
<tr><td rowspan="2">E5020-X</td><td rowspan="2"></td><td rowspan="2">高氧化铁型</td><td>平角焊</td><td>交流或直流正接</td></tr>
<tr><td>平</td><td>交流或直流正、反接</td></tr>
<tr><td rowspan="2">E5027-X</td><td rowspan="2"></td><td rowspan="2">铁粉氧化铁型</td><td>平角焊</td><td>交流或直流正接</td></tr>
<tr><td>平</td><td>交流或直流正、反接</td></tr>
</table>

表 2-7(续)

E55 系列—熔敷金属抗拉强度≥540MPa(55kgf/mm²)				
E5500-X		特殊型	平、立、仰、横	交流或直流正、反接
E5503-X		钛钙型		
E5510-X		高纤维素钠型		直流反接
E5511-X	J555	高纤维素钾型		交流或直流反接
E5513-X		高钛钾型		交流或直流正、反接
E5515-X	J557	低氢钠型		直流反接
E5516-X	J556	低氢钾型		交流或直流反接
E5518-X	J556Fe	铁粉低氢型		
E60 系列—熔敷金属抗拉强度≥590MPa(60kgf/mm²)				
E6000-X		特殊型	平、立、仰、横	交流或直流正、反接
E6010-X		高纤维素钠型		直流反接
E6011-X	J605	高纤维素钾型		交流或直流反接
E6013-X		高钛钾型		交流或直流正、反接
E6015-X	J607	低氢钠型		直流反接
E6016-X	J606	低氢钾型		交流或直流反接
E6018-X	J606Fe	铁粉低氢型		
E70 系列—熔敷金属抗拉强度≥690MPa(70kgf/mm²)				
E7010-X		高纤维素钠型	平、立、仰、横	直流反接
E7011-X	J705	高纤维素钾型		交流或直流反接
E7013-X		高钛钾型		交流或直流正、反接
E7015-X	J707	低氢钠型		直流反接
E7016-X	J706	低氢钾型		交流或直流反接
E7018-X	J706Fe	铁粉低氢型		
E75 系列—熔敷金属抗拉强度≥740MPa(75kgf/mm²)				
E7515-X	J807	低氢钠型	平、立、仰、横	直流反接
E7516-X	J806	低氢钾型		交流或直流反接
E7518-X	J806Fe	铁粉低氢型		

注:低合金钢焊条还有 E80 系列、E85 系列、E90 系列、E100 系列,这些系统参见 E75 系列。

3. 船舶与海洋平台用焊条

(1)船用焊条

船用焊条应按《钢质海船入级与建造规范》(1983)规定验收,并要求经我国国家船舶检验局的认可。如果建造出口船舶还必须通过持证国的船级社认可。

用于一般强度船体结构钢和高强度船体结构钢的电焊条按强度 分 σ_b ≥402MPa 和 σ_b

≥461MPa 两个等级，每一等级中按冲击韧性又分为三个级别，见表 2－8、表 2－9。

表 2－8　船用焊条

焊条级别	屈服强度 σ_s 不小于 kgf/mm²(MPa)	抗拉强度 σ_b kgf/mm²(MPa)	伸长率 δ_5 不小于 %	V 缺口冲击试验	
				温度 ℃	VE 不小于 kgf·m (J)
Ⅰ41	31(303.8)	41～57 (401.8～558.6)	22	20	4.8 (47)
Ⅱ41				0	
Ⅲ41				－20	
Ⅱ47	38(372.4)	47～67 (460.6～656.6)	22	0	4.8 (47)
Ⅲ47				－20	

注：一组 3 个冲击试样中，允许有一个值小于平均值，但不得小于平均值的 70%。

表 2－8、表 2－9 中，Ⅰ41(1 级)，Ⅱ41(2 级)，Ⅲ41(3 级)，Ⅱ47(2Y 级)，Ⅲ47(3Y 级)。所有低氢焊条在满足机械性能要求后，还要进行扩散氢测定，并在焊条级别后加“H”标志，Ⅲ47H(3YH 级)。

近年来，我国已有十多家电焊条厂生产的焊条得到以下船检局、船级社的认可：中国国家船舶检验局(ZC)、英国劳埃德船级社(LR)、西德劳氏船级社(GL)、法国船级社(BV)、日本海事协会(NK)、挪威船级社(D_nV)、美国船级社(ABS)等。被认可的焊条级别和标记如下：

E4313(J421)—2 级；(E4303、E4323)(J422)—3H 级；E4315(J427)—3H 级；E5015－G、E5015)(J507)—3YH 级等。

表 2－9　船用焊条

焊条级别	抗拉强度 σ_b(横向拉力试验)不小于 kgf/mm² (MPa)	V 缺口冲击试验		
		温度 ℃	平均功不小于 kgf·m(J)	
			平焊、横焊	立　焊
Ⅰ41	41 (401.8)	20	4.8 (47)	3.5 (34.3)
Ⅱ41		0		
Ⅲ41		－20		
Ⅱ47	47 (460.6)	0	4.8 (47)	3.5 (34.3)
Ⅲ47		－20		

注：一组 3 个冲击试样中，允许有一个值小于平均值，但不得小于平均值的 70%。

(2)海洋平台用焊条

海洋平台焊接材料级别，熔敷金属和焊接接头的机械性能，见表 2－10。

表 2－10　平台焊接材料级别和焊接接头金属机械性能

焊接材料分类(注 1)	适用钢材	拉力试验		δ_5 不小于 %	冷弯试验(注 2)	V 型缺口冲击试验	
		σ_S 不小于 kgf/mm^2(MPa)	σ_b kgf/mm^2(MPa)			温度 ℃	kgf·m(J)
1P	A	24 (235.2)	41～50 (401.8～490.0)	22	不裂		
2P	A					0	2.8 (27.44)
	B						
3P	A					－20	
	B						
	D						
4P	A					－40	
	B						
	D						
	E						
1P32	A32	32 (313.6)	45～50 (441～490)	22	不裂	0	3.2 (31.36)
3P32	A32					－20	
	D32						
4P32	A32					－40	
	D32						
	E32						
1P36	A36	36 (352.8)	50～63 (490～617.4)	21	不裂	0	3.5 (34.3)
3P36	A36					－20	
	D36						
4P36	A36					－40	
	D36						
	E36						

注:1. 对比 E、E32、E36 级钢性能更高要求的钢材,其焊接材料应与母材相匹配,并经验船部门认可。

2. 焊接接头正弯和反弯试样的受拉面在达到弯曲规定角度后,如无超过 3mm 的裂纹或其它缺陷者则认为合格。

三、焊条的选用

1. 根据母材的物理、机械性能和化学成分

(1)低碳钢、中碳钢和低合金钢等结构钢,可按母材与焊条等强度选取相匹配的焊条。一般焊缝强度不宜高于母材强度,否则往往由于焊缝抗裂性差或应力集中等原因使焊接接头质量下降。但对刚性大、受力复杂的结构,在设计条件允许下可选用比母材强度稍低的焊条。此外还应考虑焊缝化学成分与母材化学成分不同,因焊后热处理引起的机械性能变化。

(2)合金结构钢与不锈钢异种材料的焊接应选用相适应的焊条,或采用过渡层办法来匹

配焊条。

(3)母材中C、S、P等杂质含量高时,应选用抗裂性、抗气孔性好的焊条。

(4)焊缝金属要求具有高塑性、韧性,并具有相应的强度指标时,宜选用碱性低氢型焊条。

(5)不等强度的异种材料焊接时,宜偏向强度低的母材选配焊条。

2. 根据工作条件和使用要求

(1)对工作环境有特殊要求的焊接结构(如低温钢、水下焊接),应选用与之匹配的特种焊条。

(2)在腐蚀介质中工作的焊件,应根据介质情况、工作环境、工作期限来选用专用焊条。

(3)堆焊时,应按综合磨损情况来选配堆焊焊条。

(4)珠光体耐热钢通常选用与母材成分相似的耐热钢焊条,但也要对工作条件、腐蚀介质等全面考虑。

3. 根据焊接结构的特点

(1)对仰焊、立焊较多的焊件,宜选用立向下等专用焊条。

(2)因条件限制无法清理焊件坡口或坡口处存在油污、水、锈等,应选用抗油污、水、锈较好的酸性焊条。

(3)几何形状复杂、刚性大的结构,宜选用抗裂性能好的焊条。

4. 根据焊接施工场地和设备情况

(1)当焊件焊前、焊后需要进行热处理,现场不具备条件时,宜选用特殊焊条以补偿。

(2)根据现场的设备情况选用相应焊条。

5. 根据劳动条件和生产效益

(1)酸性焊条和碱性低氢型焊条都能满足设计要求时,宜选用酸性焊条。

(2)当几种焊条都能满足产品的设计要求时,宜选用价格低廉的焊条。

(3)在保证产品质量的前提下,宜选用大规格焊条,以提高生产率。

2.4 手工电弧焊电源设备

由于电弧焊本身特性,对弧焊电源设备有一定的特殊要求。

2.4.1 对弧焊电源的要求

弧焊电源的负载是电弧,它的电气性能要适应电弧的特性。因此,弧焊电源需要具备以下工艺性能和电气性能。

1. 保证引弧容易。

2. 保证电弧稳定,焊接规范稳定。

3. 对弧焊电源外特性有一定要求。

4. 对弧焊电源的调节性能、动特性有一定要求。

一、一定的空载电压

焊接时,焊件上往往存在一些油污、锈或其它杂质,为保证引弧容易,弧焊设备应具备较高空载电压。另一方面空载电压不能太高,弧焊设备的额定功率($S_e = U_o I_e$)与U_o成正比，U_o 越高 S_e 越大，所需铜铁材料越多，能量损耗越多。此外，为确保操作人员的安全对空载电压必须加以限制。

为了确保交流电弧稳定燃烧，要求 $U_0 \geqslant (1.8 \sim 2.25)\ U_h$ 。

为了保证交流电弧功率稳定，要求 $2.5 > \frac{U_o}{U_h} > 1.57$。

综上所述，对手工电弧焊电源的空载电压要求如下。

交流手工电弧焊电源：$U_0 = 55\text{V} \sim 70\text{V}$；

直流手工电弧焊电源：$U_0 = 45\text{V} \sim 70\text{V}$。

二、下降的外特性

弧焊电源是指对电弧供电的装置。如弧焊变压器、弧焊发电机、弧焊整流器和弧焊逆变器等。

一定电源，改变负载，电压与电流间的关系（$U_m = f(I_m)$）称作电源的外特性。对直流电源 U_m 和 I_m 为平均值；对交流电源 U_m 和 I_m 为有效值。

对于一般负载（电灯、电炉、电动机等），要求在并联运行时电源的输出电压稳定不变，（即随电流的变化电压基本不变），其外特性为平特性。

焊接时，要经常引弧（短路）、燃烧、熄弧、电源供电，电弧作供电对象而用电，从而构成了“电源—电弧”系统。该系统在焊接过程中是稳定的，稳定系统应满足以下两方面。

1. 无外界干扰时，在给定的电弧电压和电流下，维持长时间连续放电，保持静态平衡。

此时有

$$U_h = U_m$$

$$I_h = I_m$$

满足此关系电源的外特性 $U_m = f(I_m)$ 与电弧的静特性 $U_h = f(I_h)$ 必须相交，相交则电源的外特性应该是下降的，见图 2－10。

2. 系统一旦受到瞬时的外界干扰，就破坏了原来的静态平衡，引起了焊接规范变化。干扰消失后，系统能自动达到新的稳定平衡。

现分析满足系统稳定要求的条件，不考虑电弧的自身调节作用，只考虑焊接回路的电感影响，系统的平衡方程为

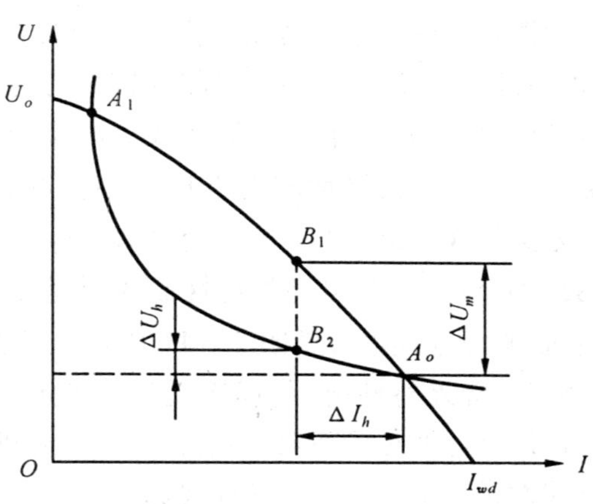

图 2－10 “电源—电弧”系统工作状态图

$$U_m(I) = U_h(I) + L\frac{\mathrm{d}I}{\mathrm{d}t} \tag{2-1}$$

假定在 $t = 0$ 时，由于某种干扰引起电流变化 ΔI_h，则 $t > 0$ 时，电路中电流关系：

$$I = I_h + \Delta I_h$$

此时，(2－1)式应写成

$$U_m(I_h + \Delta I_h) = U_h(I_h + \Delta I_h) + L\frac{\mathrm{d}(I_h + \Delta I_h)}{\mathrm{d}t} \tag{2-2}$$

在 ΔI_h 变化范围内，近似认为电源外特性曲线和电弧静特性曲线为直线，并在 A_0 点处

两曲线的切线相重合。对应于 B_1、B_2 的电压分别为

$$U_m(I_h+\Delta I_h)=U_h+\Delta U_m=U_h+(\frac{\partial U_m}{\partial I})_{I_h}\Delta I_h \qquad (2-3)$$

$$U_h(I_h+\Delta I_h)=U_h+\Delta U_h=U_h+(\frac{\partial U_h}{\partial I})_{I_h}\Delta I_h \qquad (2-4)$$

将(2-3)、(2-4)代入(2-2)中得

$$\Delta I_h(\frac{\partial U_m}{\partial I})_{I_h}=\Delta I_h(\frac{\partial U_h}{\partial I})_{I_h}+L\frac{\mathrm{d}(\Delta I_h)}{\mathrm{d}t} \qquad (2-5)$$

令 $(\frac{\partial U_h}{\partial I}-\frac{\partial U_m}{\partial I})_{I_h}=K_W$，$K_W$ 称作系统的稳定系数。于是(2-5)变成

$$L\frac{\mathrm{d}(\Delta I_h)}{\mathrm{d}t}+\Delta I_h K_W=0$$

考虑到此系数一阶线性微分方程初始条件：当 $t=0$ 时，$\Delta I_h=\Delta I_{ho}$，此方程的解为

$$\Delta I_h=\Delta I_{ho}\mathrm{e}^{-\frac{K_W}{L}t} \qquad (2-6)$$

由(2-6)式可见，因 L 为正值，只有当 $K_W>0$，电流 ΔI_h 在干扰消失后才能随时间的增加而消失。由图 2-10 可见，只有 A_0 点符合条件，所以 A_0 点是稳定工作点。

3. 对外特性的要求

手工电弧焊中，一般工作于电弧静特性的水平段上，采用下降外特性的弧焊电源便可以满足系统的稳定性。

由图 2-11 可见，当弧长由 l_1 变化到 l_2 时，电弧静特性曲线 l_2 与下降陡度较大的电源外特性曲线 1 的交点由 A_0 移至 A_1，电流变化为 ΔI_1。而与下降陡度较小的电源外特性曲线 2 的交点由 A_0 移至 A_2，电流变化为 ΔI_2。显然 $\Delta I_2>\Delta I_1$，可见电源外特性曲线下降的陡度越大，则 K_W 越大，见图 2-11 中曲线 3 所示，垂直下降外特性电源，焊接规范最稳定，电弧弹性最好。但是稳态短路电流 I_{wd} 过小，将造成引弧困难、熔深浅、熔滴过渡困难。但电源外特性过于平缓，稳态短路电流 I_{wd} 过大，飞溅将增加，并会使焊机过热而损坏。因此，手工电弧焊机应采用缓降外特性的弧焊电源，稳态短路电流 I_{wd} 与焊接电流 I_h 的比值范围为

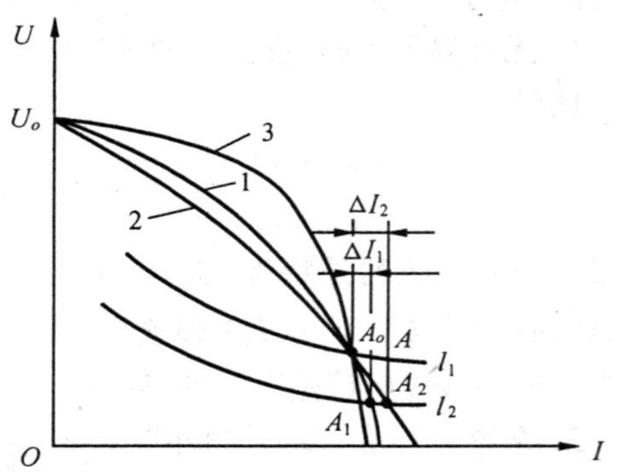

图 2-11 弧长变化时引起的电流偏移

1、2—缓降外特性电源；3—恒流特性电源

$$1.25<\frac{I_{wd}}{I_h}<2$$

三、电源的调节性能

电弧电压和电流是由电源外特性曲线与电弧静特性曲线相交的稳定工作点所决定。一定电源在给定弧长条件下，只有一个稳定工作点。在稳态工作条件下，电弧电流 I_h、电压 U_h、空载电压 U_o 和等效阻抗 Z 之间关系如下。

$$\dot{U}_h=\dot{U}_0-\dot{I}_h Z \qquad (2-7)$$

由式(2－7)可以看出，电源的调节性能可通过调节弧焊电源的空载电压 U_0 或等效阻抗 Z 来实现。

1．调节方法

调节方法有三种：当 U_0 不变改变 Z，可得到一族外特性曲线，见图 2－12(a)。当 Z 不变改变 U_0 也可得到一族外特性曲线，见图 2－12(b)。同时改变 U_0 和 Z 得到的外特性曲线，见图 2－12(c)。

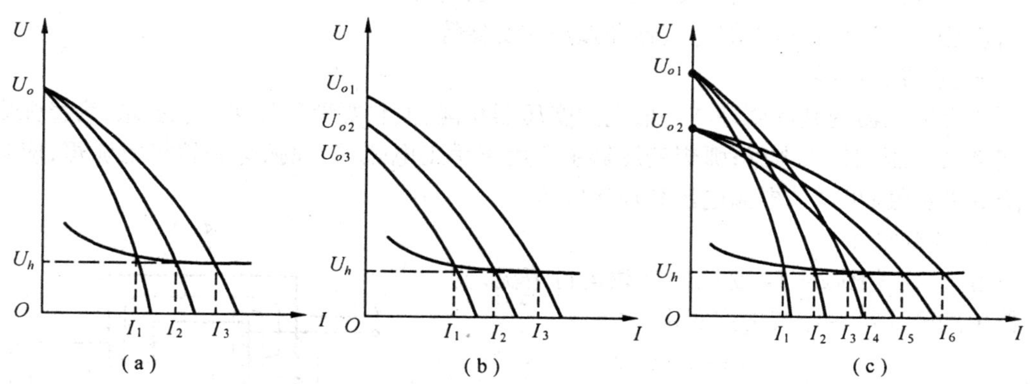

图 2－12　弧焊电源外特性调节变化

(a)改变等效阻抗；(b)改变空载电压；(c)同时改变空载电压和等效阻抗

2．调节参数

电源的可调参数包括焊接电流 I_h 和弧焊电源的输出负载电压。负载电压包括电弧电压和焊接回路中电缆上的电压降。随着焊接电流的增大电缆上的电压降亦增大，为保证一定的电弧电压，要求焊接电压随电流增大而增大，根据生产经验国家标准规定了电压与电流负载特性为一缓升直线。

手工电弧焊和埋弧焊的负载特性为

当 $I_h<600$A 时，$U_h=20+0.04I_h$ (V)；

当 $I_h>600$A 时，$U_h=44$(V)。

电流的调节范围，见图 2－13。$I_{h\max}$、$I_{h\min}$、I_e(I_e 为额定焊接电流)调节范围如下。

$$I_{h\max}/I_e\geqslant 1.0;$$

$$I_{h\min}/I_e\leqslant 0.20。$$

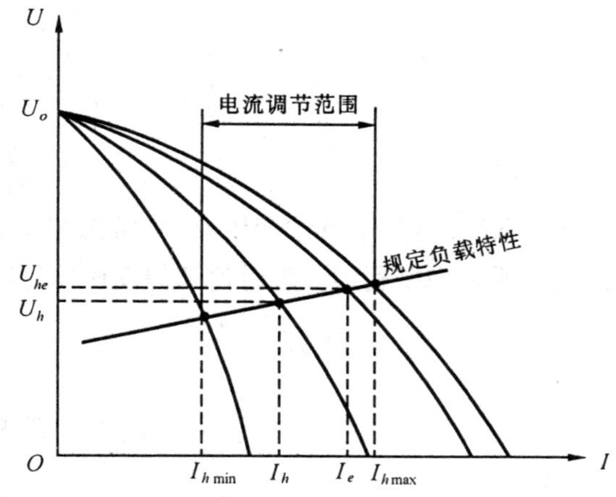

图 2－13　下降外特性电源的可调参数

四、电源的动特性

一般来说，弧焊变压器的动特性都没有问题，故不考核其动特性。

对弧焊发电机来说，考核其动特性包括以下方面。

1．瞬时短路电流 I_{sd} 太小，不利于热电离和热发射，使引弧困难；若 I_{sd} 太大，则造成飞溅大。

2. 由负载到短路的短路电流 I_{hd} 太大,会使飞溅严重,焊缝成形变坏,电弧不稳定,甚至引起焊件烧穿。I_{hd} 太小,功率不够,熔滴过渡困难。

3. U_{min} 过小,不利于电子发射,熔滴过渡后重新引弧困难。

2.4.2 手工电弧焊机种类

手工电弧焊机,按供电种类可分为交流焊机和直流焊机;按其工作原理可分为弧焊变压器、直流弧焊发电机、硅弧焊整流器和弧焊逆变器等。

一、弧焊变压器

弧焊变压器的基本原理与一般电力变压器相同,但它要满足焊接工艺要求,为稳弧要有一定空载电压和较大电感;弧焊变压器主要用于手工电弧焊、埋弧焊和钨极氩弧焊,应具有下降的外特性;可调节电弧电压和焊接电流。

1. 基本原理

首先,讨论图 2-14 变压器空载运行情况,变压器中的磁通可看作按正弦变化,故有

$$e_{10} = -N_1\frac{d\phi_0}{dt} = -N_1\frac{d(\phi_{om}\sin wt)}{dt}$$

$$= -N_1 w\phi_{om}\cos wt = N_1 w\phi_{om}\sin(wt - 90°)$$

由上式可知,$N_1 w\phi_{om}$ 是 e_{10} 的最大值,且感生电动势总是滞后磁通 90°,按正弦变化,其有效值为

$$E_{10} = \frac{N_1 w\phi_{om}}{\sqrt{2}} = 4.44fN_1\phi_{om} \tag{2-8}$$

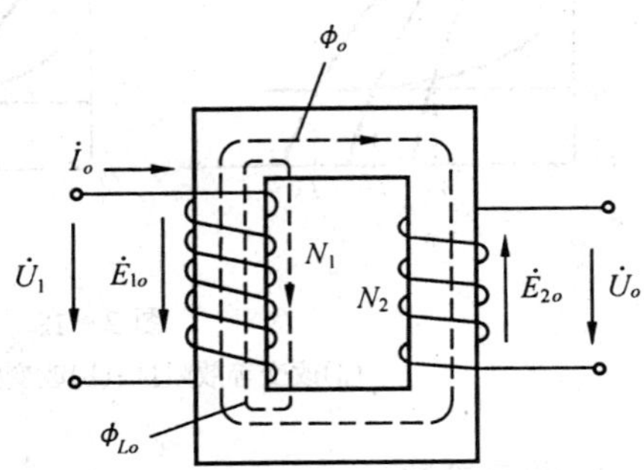

图 2-14 变压器空载运行情况

其中,ϕ_{om} 为 ϕ_0 的最大值,单位 Wb。

同理

$$E_{20} = 4.44fN_2\phi_{om}$$

$$U_1 \approx 4.44fN_1\phi_{1m}$$

又

$$\frac{E_{20}}{E_{10}} = \frac{N_2}{N_1} \tag{2-9}$$

$$\frac{E_{10}}{U_1} = \frac{\phi_{om}}{\phi_{om} + \phi_{Lom}} = \frac{\phi_o}{\phi_o + \phi_{Lo}}$$

所以

$$U_0 = E_{20} = \frac{N_2}{N_1}U_1\frac{\phi_0}{\phi_0 + \phi_{Lo}} \tag{2-10}$$

在一般变压器(平特性变压器)中常忽略漏磁通(ϕ_{Lo}),而在弧焊变压器中往往要人为增大漏磁通来加以利用。现讨论弧焊变压器外特性方程,见图 2-15。根据变压器原理有

$$\dot{U}_1 = j\dot{I}_1X_1 + \dot{I}_1R_1 - \dot{E}_1 \quad 即\ \dot{E}_1 = -\dot{U}_1 + j\dot{I}_1X_1 + \dot{I}_1R_1 \tag{2-11}$$

$$\frac{\dot{E}_1}{\dot{E}_2} = \frac{N_1}{N_2} \quad 即\ \dot{E}_2 = \dot{E}_1\frac{N_2}{N_1} \tag{2-12}$$

$$\dot{I}_0N_1 = \dot{I}_1N_1 + \dot{I}_2N_2 \quad 即\ \dot{I}_1 = \dot{I}_0 - \dot{I}_2\frac{N_2}{N_1} \tag{2-13}$$

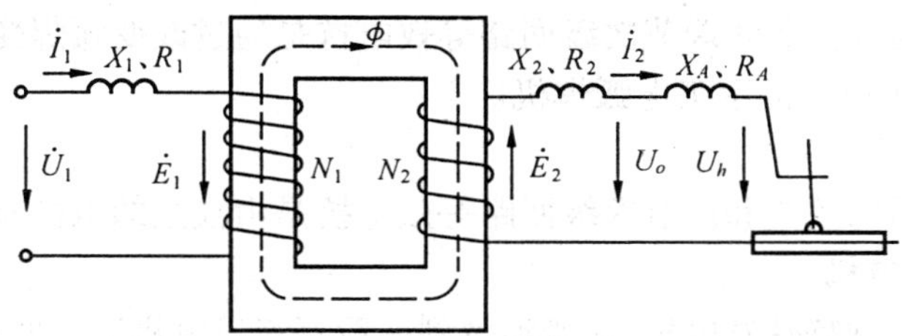

图 2－15　接有电抗器的弧焊变压器

将(2－11)、(2－13)代入(2－12)中得

$$\dot{E}_2 = (-\dot{U}_1 + j\dot{I}_0X_1 + \dot{I}_oR_1)\frac{N_2}{N_1} - j\dot{I}_2X_1(\frac{N_2}{N_1})^2 - \dot{I}_2R_1(\frac{N_2}{N_1})^2 \qquad (2-14)$$

令　$X_1(\frac{N_2}{N_1})^2 = X'_1, R_1(\frac{N_2}{N_1})^2 = R'_1$，则(2－14)可变成

$$\dot{E}_2 = \dot{E}_{10}\frac{N_2}{N_1} - j\dot{I}_2X'_1 - \dot{I}_2R'_1 \qquad (2-15)$$

因为 $\dot{E}_{10}\frac{N_2}{N_1} = \dot{E}_{20} = \dot{U}_0$，故

$$\dot{E}_2 = \dot{U}_0 - j\dot{I}_2X'_1 - \dot{I}_2R'_1 \qquad (2-16)$$

若次级回路负载具有感抗 X_A 的电抗器和电弧，见图 2－15，则有

$$\dot{U}_h = \dot{E}_2 - j\dot{I}_2(X_2 + X_A) - \dot{I}_2(R_2 + R_A) \qquad (2-17)$$

将(2－16)代入(2－17)中得

$$\dot{U}_h = \dot{U}_0 - j\dot{I}_2(X'_1 + X_2 + X_A) - \dot{I}_2(R'_1 + R_2 + R_A) \qquad (2-18)$$

令 $X'_1 + X_2 = X_L$ (变压器的总漏抗)，而 R'_1、R_2、R_A，较 X_L、X_A 小得多可忽略，且 $I_2 = I_h$。故有

$$\dot{U}_h = \dot{U}_0 - j\dot{I}_h(X_L + X_A)$$

2. 弧焊变压器种类

从以上分析可知，欲获得下降的外特性，可采取增强漏磁或串联一较大电抗器。

表 2－11　常用弧焊变压器分类

类　型	型　式	国产型号举例
增强漏磁类	动　铁　式	BX1－135，BX1－330
	动　圈　式	BX3－120，BX3－300－1
	抽　头　式	BX6－120－1
串联电抗器类	分体动铁式(包括多站式)	BP－3×500
	同体动铁式	BX2－500，BX2－1000
	饱和电抗器式	BX10－$\frac{100}{500}$

(1)增强漏磁式

这类弧焊变压器的控制和调节次级回路等效电抗是通过改变弧焊变压器自身的漏磁来完成,一般用于400A以下的手工电弧焊机。

(2)串联电抗器式

这类弧焊变压器的控制和调节次级回路等效电抗是由独立的电抗器完成。

二、直流弧焊发电机

弧焊发电机是一种特殊发电机,它既涉及到一般直流发电机工作原理,又要获得下降的外特性。

1. 基本原理

(1)电枢反应

图2-16(a)所示,电机处于空载,仅有激磁绕组磁势建立的主磁场。当电机处于负载运行时,电枢绕组中有电流通过,于是电枢绕组磁势会产生电枢磁场,见图2-16(b)。这两个磁场叠加,见图2-16(c),即负载时电枢的磁场影响了电机绕组产生的磁场,这种作用称作电枢反应。

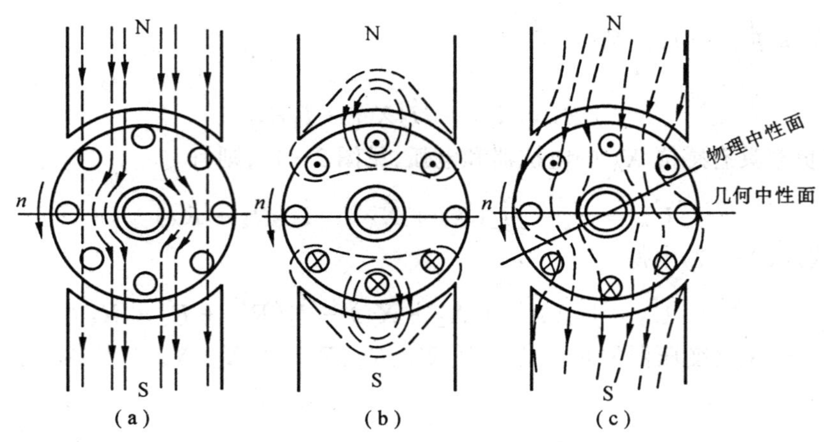

图2-16 电枢反应示意图

(a)主磁场;(b)电枢磁场;(c)合成磁场

(2)换向

发电机电枢中每匝线圈中产生的电动势是交变的,当处于图2-17(b)位置时,换向器

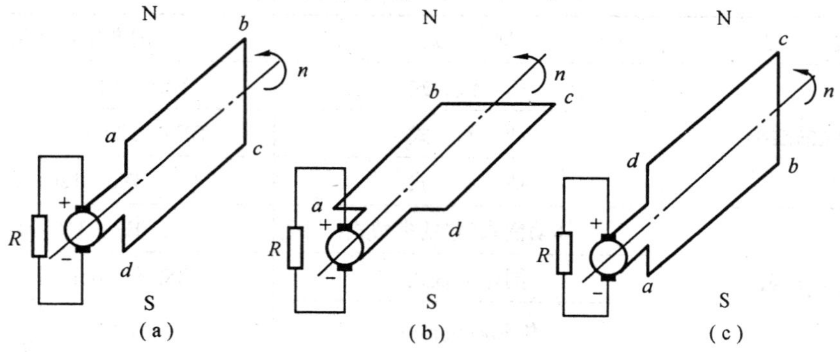

图2-17 直流发电机的换向过程

被短路，回路中出现短路电流（这是由于电枢反应使合成磁场的中性面不在几何中性面处，见图 2－16，故在几何中性面处切割磁场产生感生电动势 e，线圈中电流要从正变负产生感生电动势 $e_L = L\dfrac{di}{dt}$），消除短路电流是将电刷的位置放在合成磁场的物理中性面处，设换向磁极 N_h、S_h，使线圈切割 N_h、S_h 产生的感生电动势与 e_L 抵消。

（3）直流发电机的外特性

电枢导体切割磁极的电枢之间空气隙内的磁力线产生感应电动势 E

$$E = K\phi$$

其中，ϕ——主磁极磁通量；

K——常数，与电枢转数和结构有关。

发电机的电枢电压 U_S 为

$$U_S = E - I_S R_S$$

其中，I_S——发电机电枢电流；

R_S——发电机电枢电阻。

一般发电机 ϕ 与 I_S 无关，且 R_S 很小可以忽略，故其外特性为平特性。

2．弧焊发电机外特性

（1）串联电阻

电枢回路中串联镇定电阻，见图2－18。R_Z 为镇定电阻器，发电机本身的外特性为平特性。即，$U_S \approx E \approx U_0$。此时有以下关系

$$U_h = U_S - I_h R_Z = E - I_h(R_S + R_Z)$$
$$= U_0 - I_h(R_S + R_Z)$$

由上式可知，当焊接电流 I_h 增大，引起的电阻压降亦增大，使 U_h 减小，从而得到下降的外特性。

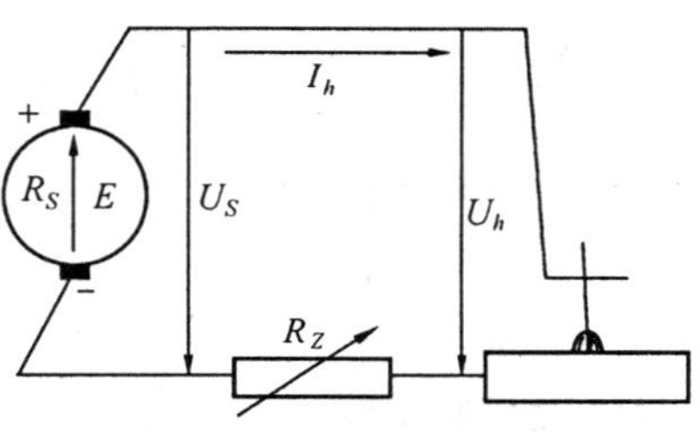

图 2－18　串联镇定电阻的电路

（2）改变激磁磁通

对差复激式发电机，见图 2－19。

$$\phi = \phi_m - \phi_h = \frac{I_m N_m}{R_m} - \frac{I_h N_h}{R_h}$$

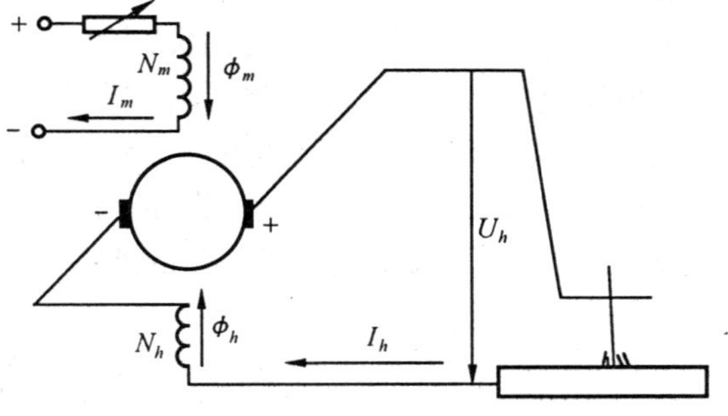

图 2－19　差复激发电机原理

其中，I_m、N_m——激磁绕组的电流和匝数；

R_m——激磁磁路的磁阻；

I_h、N_h——焊接电流和去磁绕组匝数；

R_h——去磁磁路的磁阻。

于是得

$$U_h = E - I_h R_s = K\left(\frac{I_m N_m}{R_m} - \frac{I_h N_h}{R_h}\right) - I_h R_s$$
$$= K\frac{I_m N_m}{R_m} - I_h\left(\frac{K N_h}{R_h} + R_s\right)$$

由于 $K\dfrac{I_mN_m}{R_m}=U_0$，R_s 很小可以忽略；令 $\dfrac{KN_h}{R_h}=R_r$，R_r 是考虑去磁作用的等效电阻。于是得

$$U_h = U_0 - I_hR_r$$

由此可见，该去磁作用可等效于在电枢中串联电阻。这样既可获得下降的外特性又不增加能量损耗。

(3)电枢反应(裂极式)

裂极式弧焊发电机电路原理见图 2－20。有两个并激绕组 N_m、N_c，它们从主电刷 a 和辅助电刷 c 上获得激磁电压。

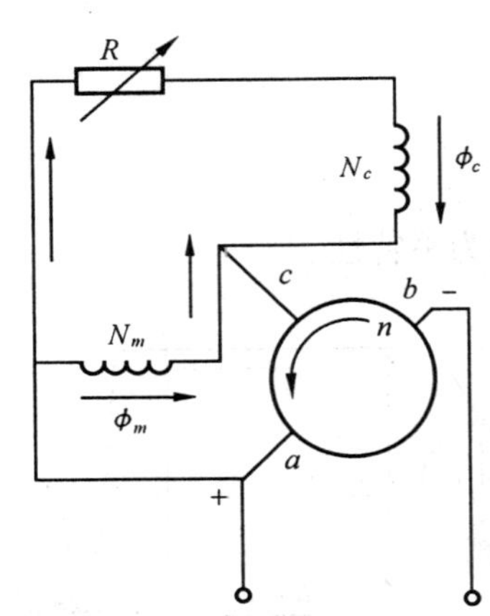

图 2－20　裂极式弧焊电机原理电路

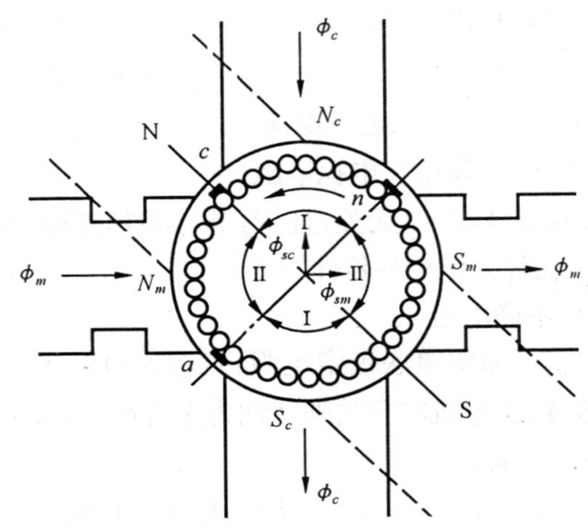

图 2－21　裂极式弧焊电机结构示意图

图 2－21 为裂极式弧焊发电机结构示意图，垂直方向的 N_C 和 S_C 称作交极，其上有 N_C 绕组，产生磁通 ϕ_C；水平方向的 N_m 和 S_m 称作主极，其上有 N_m 绕组，产生磁通 ϕ_m。该结构表面上看有两对磁极，但四个磁极的排列顺序是 N－N－S－S，实质上相当于图 2－21 虚线所示的一对磁极。只是交极为前尖，主极为后尖，前后尖之间分裂开，故称作裂极式。

电枢反应中已介绍了电枢磁通对前极尖起去磁作用，裂极式发电机的交极面积很大，磁通不致饱和，电枢反应的去磁作用可得到充分发挥；电枢磁通对后极尖起加磁作用，后极尖(主极)开槽后截面积小，磁通处于饱和状态，电枢磁通的加磁作用受到抑制，这样就保证了电枢反应的去磁作用，从而获得下降的外特性。

表 2－12　常用直流弧焊发电机分类

类　型	型　式		国产型号举例
加强电极反应类	裂　极　式		AX－320
利用电枢反应和串联去磁绕组类	换　向　极　式		AX3－300；AX4－300
	差复激式	并激绕组	AX－250；AX1－165
		它激绕组	AX7－250；AX9－500
在焊接回路中串联镇定电阻	多站式(加复激式)		AP－1000

三、硅弧焊整流器

硅整流焊机是一种直流弧焊电源，它以二极管作整流元件，将交流电整流成直流电。硅整流焊机与直流弧焊发电机相比有以下优点。

(1)节省材料、减轻重量、降低成本、提高效率。

(2)易获得不同的外特性，以满足不同焊接工艺要求。

(3)动特性及输出波形易控制，适应性强。

(4)噪音小。

由于硅整流焊机有以上优点发展很快，已成为我国普及推广的一种直流弧焊电源。为获得较平稳的直流电，以及使电网三相负荷均衡，通常都采用三相整流电路，见图 2－22。

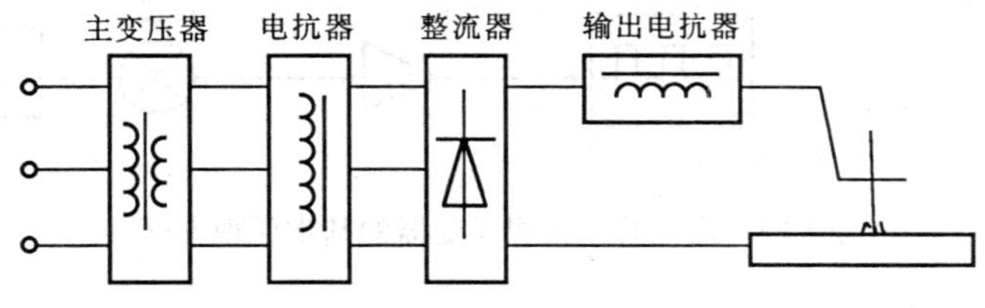

图 2－22　硅弧焊整流器

1. 主变压器是把三相 380V 电压降至所要求的空载电压。

2. 电抗器可以是交流电抗器或磁饱和电抗器。当主变压器为增强漏磁式或当要求平外特性时，可不用电抗器。

3. 整流器把三相交流整流成直流，常采用三相桥式电路。

4. 输出电抗器是接在直流焊接电路中的直流电感(由带空气隙的铁芯和线圈构成)，其作用是改善控制动特性和滤波。

表 2－13　硅弧焊整流器的分类

<table>
<tr><th colspan="3">型　式</th><th>外特性</th><th>国产型号举例</th></tr>
<tr><td rowspan="5">磁放大器式</td><td colspan="2">无反馈</td><td>下</td><td>ZXG7－500，ZXG7－300－1</td></tr>
<tr><td rowspan="3">内反馈</td><td>全部</td><td>平</td><td>ZPG1－500</td></tr>
<tr><td rowspan="2">部分</td><td>下</td><td>ZXG－400</td></tr>
<tr><td>平、下</td><td>ZDG－500－1，ZDG－1000R</td></tr>
<tr><td colspan="2">外反馈</td><td></td><td></td></tr>
<tr><td colspan="3">动铁式(或动圈式)</td><td>下</td><td>ZXG1－160，ZXG6－300－1</td></tr>
<tr><td colspan="3">交直流两用式</td><td>下</td><td>ZXG3－300－1</td></tr>
<tr><td colspan="3">抽头式</td><td>平</td><td>ZPG8－250</td></tr>
<tr><td colspan="3">多站式</td><td>平</td><td>ZPG6－1000</td></tr>
<tr><td colspan="3">高压引弧式</td><td>下</td><td>ZXG12－165</td></tr>
<tr><td colspan="3">硅闸流管式</td><td>平、下</td><td>ZDK－500</td></tr>
<tr><td colspan="3">脉冲式</td><td>平、下</td><td>ZPG3－200</td></tr>
<tr><td colspan="3">晶体管式</td><td>下</td><td>ZD4－160</td></tr>
</table>

四、弧焊逆变器

弧焊逆变器是一种新型弧焊电源，它具有省料和节能的显著优点。

1. 弧焊逆变器的基本原理和优点

弧焊逆变器有晶闸管式、晶体管式和场效应管式三种，见图 2－23。

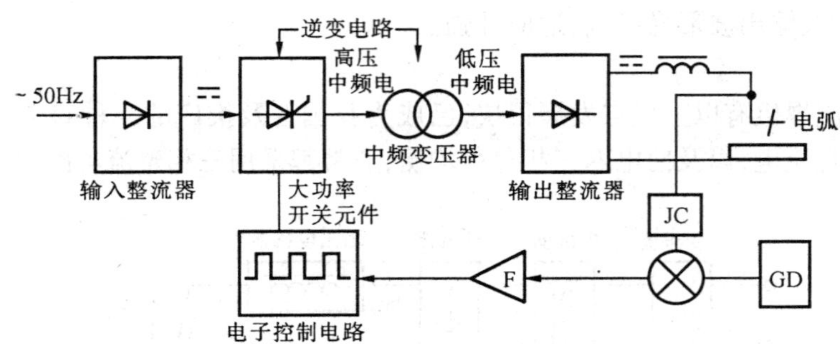

图 2－23　晶闸管式弧焊逆变器的基本原理方框图

弧焊逆变器是把单相或三相 50Hz 的交流网路电压先输入整流器整流和滤波，然后经过大功率开关电子元件(晶闸管、晶体管和场效应管)的交替开关作用变成几百 Hz 到几千 Hz 的中频电压，然后经中频变压器降至合适于焊接的几十伏电压。若再次用输出整流器整流并经电抗器滤波，则可把中频交流变成直流输出。弧焊逆变器可采用以下两种体制。

(1)AC—DC—AC

(2)AC—DC—AC—DC

按正弦波分析变压器(见 2.4.2)有

$$U = 4.44fNSB_{max}$$

其中，S ——铁芯的截面积；

B_{max} ——磁感应强度的最大值。

显然，变压器的电压 U 与 fNS 有关，而变压器的体积和重量与 NS 有关，若使频率从工频提高到 500Hz，则 NS 就减小到原来的$\frac{1}{10}$。同时铜和铁的电能损耗将随材料的减少而降低。由上述分析，弧焊逆变器有以下优点。

(1)体积小、重量轻

整机的体积只有传统弧焊电源体积的$\frac{1}{3}$左右，主变压器的重量仅为传统弧焊变压器重量的几十分之一，整机重量仅为传统弧焊电源重量的$\frac{1}{5}$～$\frac{1}{10}$。

(2)高效节能

弧焊逆变器的效率可达 80%～90%，功率因数可提高到 0.99，空载损耗极小，是一种节能效果显著的电源。

(3)具有良好的动特性和弧焊工艺性能

弧焊逆变器采用电子控制电路，可根据不同的焊接工艺要求设计出合适的外特性形状，见图 2－24，并保证具有良好的动特性。

2. 逆变原理

弧焊逆变器控制电路复杂，这里不作介绍，以下介绍晶闸管式弧焊逆变器原理，见图 2－25。

逆变电路由换向电容 C_1、C_2；主变压器 B；晶闸管 SCR_1、SCR_2；二极管 BZ_1、BZ_2 组成。当 SCR_1 被触发导通而 SCR_2 关断时，首先 C_1 经过 SCR_1、N_1 放电，电流为 I'_1，电压 U_{C1} 逐渐下降为零，C_1 中的电场能变为变压器的磁场能；接着磁场释放能量向 C_1 反向充电，U_{C1} 出现负值。与此同时，输入整流器经 SCR_1、N_1 给 C_2 充电，充电电流为 I''_1，I'_1 和 I''_1 构成了变压器 B 的绕组 N_1 中的正半波电流 I_1($I_1 = I'_1 + I''_1$)。在 C_1 被反向充电后又经 N_1、BZ_1 反向放电，放电完毕由变压器释放磁场能量对其正向充电，I'_1 的方向与前相反，构成 I_1 的负半波。随着 C_1 的反向放电及正向充电，U_{C1} 由负值变为正值 U_T（在 U_{C1} 出现负值阶段促使 SCR_1 关断）。因此，N_1 中电流 I_1 只振荡一周。

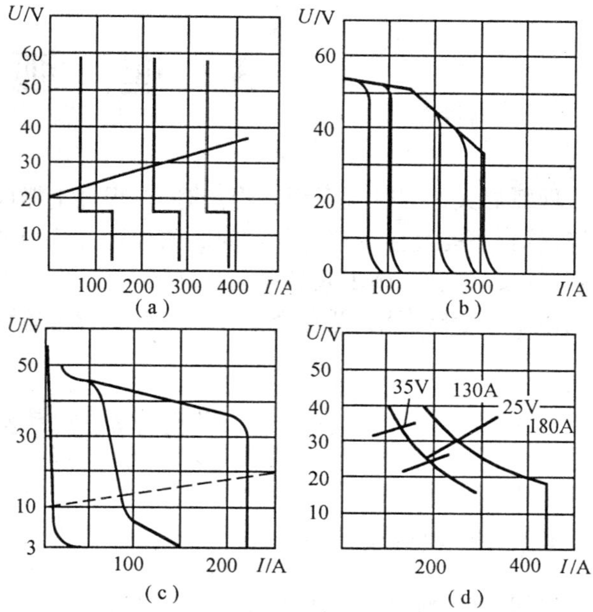

图 2－24　弧焊逆变器常用的几种外特性

到 SCR_2 被触发导通时 SCR_1 是关断的。此时首先 C_2 经 SCR_2、N_1 放电，电流为 I'_2，接着变压器 B 释放磁场能量向 C_2 反向充电，U_{C2} 出现负值。与此同时，输入整流器向 C_1 充电，电流为 I''_2，I'_2 和 I''_2 的方向与 I'_1、I''_1 相反，因此它们构成了 N_1 中的负半波电流 I_2($I_2 = I'_2 + I''_2$)。同理，C_2 又经 N_1、BZ_2 反向放电和正向充电，I_2 变为正值，U_{C2} 由负值变为正值 U_T（在 U_{C2} 出现负值时促使 SCR_2 关断）。这样重复，每当 SCR_1 和 SCR_2 交替导通、关断一次，主变压器上就出现一个周波电流。

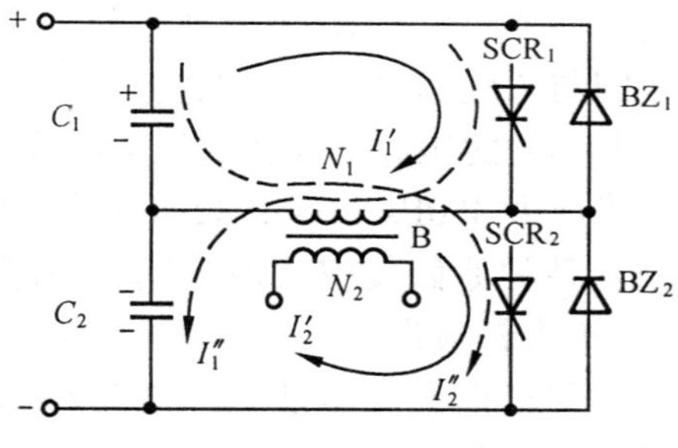

图 2－25　逆变电路原理图

3．外特性调节

(1)定脉宽调频

脉冲电流的宽度不变，通过改变逆变器的开关频率来调节规范，频率越高工作电流越大。

(2)定频率调脉宽

脉冲电流的频率不变，通过改变逆变器开关脉冲的脉宽比（占空比）来调节规范参数，脉宽比越大，工作电流越大。

3 埋 弧 焊

埋弧焊又称焊剂层下焊。焊接时,在焊件上撒(40~60)mm 厚焊剂,电弧是在焊剂下面燃烧,视觉不能直接观察熔化空间。该焊接方法自 1935 年发明以来,由于具有焊接生产效率高、焊接质量好、施工人员劳动强度低等优点,广泛应用于船舶、机车、锅炉、化工设备、重型机械制造中碳素钢、低合金钢、耐热钢、镍合金等材料的焊接及某些材料的堆焊。

3.1 埋弧焊的焊缝形成过程

3.1.1 焊缝的形成

根据试验,埋弧焊的焊缝形成过程见图 3-1。撒在焊件上的焊剂颗粒进入焊接区后,受到弧柱的辐射热而熔化,并被部分蒸发。在焊剂层内形成以熔化焊剂构成弹性外膜的气泡,弹性外膜使整个熔化空间与空气隔离。电弧在空穴内燃烧,气体和蒸气的压力比大气的压力稍高,通常过剩压力 490Pa~686Pa(5gf/cm^2~7gf/cm^2)。某种原因使空穴内过剩压力增高(如焊接生锈或潮湿的金属时,产生大量氢),这些气体会突破液态焊剂膜经焊剂层散入大气中。

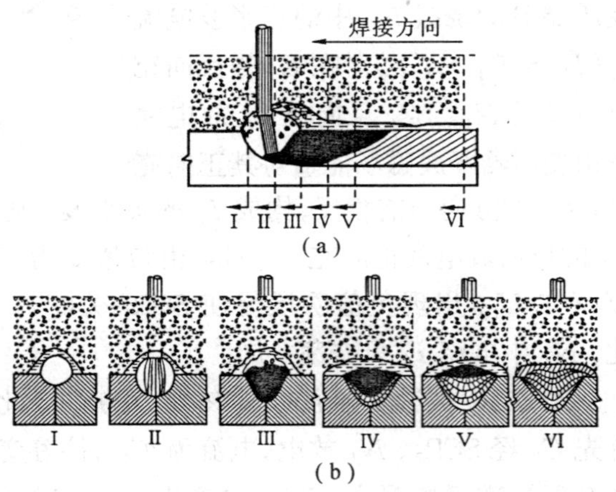

图 3-1 埋弧焊时,焊缝的形成过程

(a)焊接区的纵剖图;(b)焊接区的横剖图

焊接电弧在引弧瞬间弧柱处于垂直位置,待电极沿焊缝开始移动,基本金属上受热最强烈而容易产生弧光放电处就落在电极后面,引起弧柱倾斜,见图 3-1(a)。有焊剂层存在使热能高度集中,电弧将深深熔入基本金属中,并把液态金属向后方排出,使电弧大部分沉入基本金属上的熔腔内。

3.1.2 基本金属的熔化和焊丝金属的过渡

一、基本金属的熔化

埋弧焊焊接熔池前部因电弧的作用而形成的深洼就是火口。基本金属的熔深越大,电弧深入基本金属的程度越大,即火口越深。

一般情况埋弧焊熔池不超过(20~25)ml,熔池前后部位的液态金属液面差为(10~12)mm 左右。造成火口的各种力之和必须与液态金属及部分熔化了的焊剂压力相平衡,即产生 784Pa~980Pa(8gf/cm^2~10gf/cm^2)的压力。产生这项压力是由带电微粒对液态金属表面弹性碰撞产生的电弧压力、电弧吹力和弧柱底下金属蒸气流的反作用力等组成,这些力中电弧的压力起主导作用。

用直流正极性施焊，阳极区的电压降实际与电流无关，这种情况电弧的压力只与焊接电流成正比。用直流反极性施焊，阴极区的电压降随焊接电流的变动而变化很小，因为阴极斑点有扩大尺寸的可能，电弧的压力与电流成直线关系，熔深与电流的大小成正比。

焊缝的熔宽主要取决于电弧的活动性，弧柱的底部只在极短的时间内(只有百分之几秒或千分之几秒)停留在液态金属面上某点，下一瞬间电弧就移至新地点，这种现象称作"游荡现象"。游荡是因电弧对液态金属表面的活性斑点施压使弧柱底部瞬间形成小坑，于是导致弧柱拉长，电弧电压升高。某一定时刻电弧周围液态金属的任何部位都比小坑底部金属更接近电极末端，因为带电微粒力图经最短途径运动，所以电弧就移至新地点。移到新地点瞬间电弧电压下降，此后整个过程又如前重复下去。许多个别小坑合并或一个火口，故电弧活动性越强，游荡现象越剧烈，熔宽也越大。

二、电极金属向熔池的过渡

金属熔滴是在电磁力作用下，在铁水的猛烈沸腾作用下，在重力和电弧的压力作用下脱离电极。

$$FeO + C = Fe + CO$$

埋弧焊常用的焊丝含 0.10%C 和 0.02%O～0.03%O，它们以夹渣形式或固溶体状态存在。假如金属电极端处于液态时能氧化掉 0.01%C，即从 1g 金属中以一氧化碳的形式除去 0.000 1g 碳。标准温度下放出 CO 体积为

$$\frac{0.000\,1 \times 22\,400}{12} = 0.19\text{ml}$$

其中，22 400——1 摩尔容积(ml)；

12——碳的原子量。

当金属熔滴处在 3 000K 时，气体容积为

$$V_t = V_0 \frac{T_t}{T_0} = 0.19 \frac{3\,000}{273} = 2.1\text{ml}$$

在同一温度下，1g 液态金属的容积为$\frac{1}{6.9} = 0.14$ml，放出气体的容积几乎是金属容积的 15 倍。电极端液态金属的沸腾引起了猛烈的起泡，致使熔滴脱离。

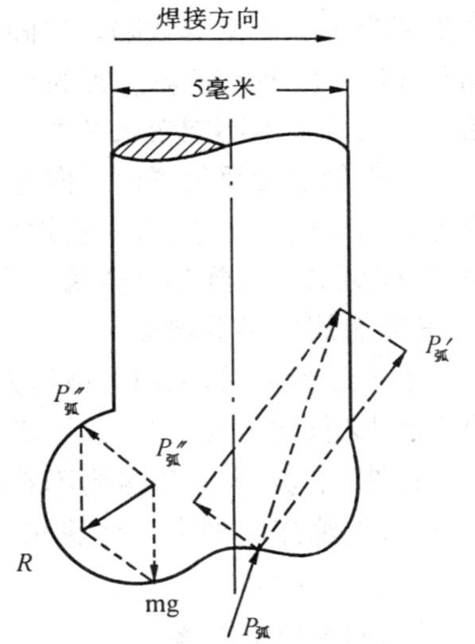

图 3－2　作用在电极末端液态金属熔滴上的力

作用在电极端液态金属熔滴上的力，见图 3－2。

电弧的压力 $P_{弧}$ 有两个分力：$P_{弧}'$ 使电极末端偏向，$P_{弧}''$ 迫使液态金属熔滴向后、向上移动。重力 mg 与分力 $P''_{弧}$ 的合力为 R，R 与电磁力 $P_{电磁}$ 同方向作用使熔滴脱离电极。

3.1.3　各种焊接条件下焊缝成形特征

焊缝成形过程取决于：电弧的压力与液态金属压力的配合；电弧的压力与液态金属和焊剂流动的配合；电弧压力与弧柱活动性配合。

一、在倾斜面上焊接

工件倾斜由上向下焊接(下坡焊)，熔池前后两部分液态金属液面差减小见图 3－3(a)。

焊接熔池凝结部分的液面降低，弧柱下方的金属液面升高。此时电弧压力虽然不变，但火口内液态金属层加厚，电弧露出在金属面上，电弧的游荡作用加剧，熔池表面扩大使熔宽增加；电弧下方的液态金属层增厚使熔深减小。

下坡焊法大多用于圆筒形容器的内外环状焊缝及管子的外面环焊缝的焊接。电极总不处于最高位置，焊接工件以下坡焊可减少烧穿的危险，并能大大改善焊道成形。下坡焊倾角对焊道成形的影响，见图 3－3(e)。应当注意，下坡焊当倾角等于 6°～8°时会使熔深显著减小，倾角继续增大会产生未焊透和流溢等缺陷。当倾角增加到 14°～16°时，液态金属的流溢作用会加强到根本不能熔入基本金属，即发生熔化电极金属与基本金属不相熔合。

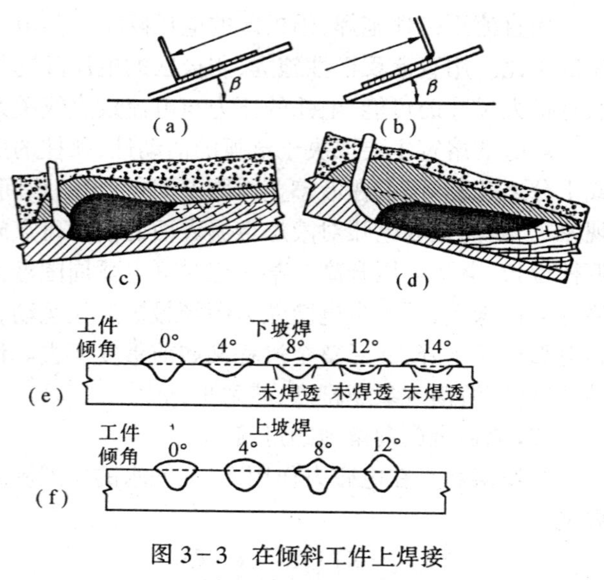

图 3－3　在倾斜工件上焊接

(a)下坡焊；(b)上坡焊

(I_h =750A，U_h =30～32V，V_h =20m/h，d =5mm)

工件处于相反位置由下向上焊接(上坡焊)，液体的静压力减小，电弧压力与重力一起使液态金属从电弧下方流出，使焊接熔池凝结部分的液面升高。电弧下方液态金属层厚度减小，弧柱更加深入到基本金属中去，见图 3－3(d)。电弧的活动性降低，焊缝的宽度显著减小，基本金属的熔深增加。

生产经验证明，采用上坡焊方式作为增加熔入深度是不合适的。倾角为 6°～8°时，咬肉现象已出现；倾角为 12°～14°，熔入深度增加不多而焊道的形状却显著恶化。

此外，上坡焊焊接熔池不在电弧的正下方，熔池深度加大气体逸出困难，加重了产生气孔的倾向。

二、倾斜电极焊接

电极沿焊缝向后倾斜或向前倾斜焊接称作后倾焊或前倾焊，见图 3－4。

采用后倾角施焊时，焊缝的形成过程如垂直电极施焊一样。随着弧柱倾角增大液态金属的排出作用加强，熔入深度少许增加，焊接熔池的过热情况比电弧处于垂直位置时轻，熔池宽度减小而深度增加，因此加重了产生气孔或未焊透现象。

前倾角施焊时，弧柱的位置与电极的中心线重合，弧柱的大部分处于基本金属上方，电弧的活动性提高，焊件坡口

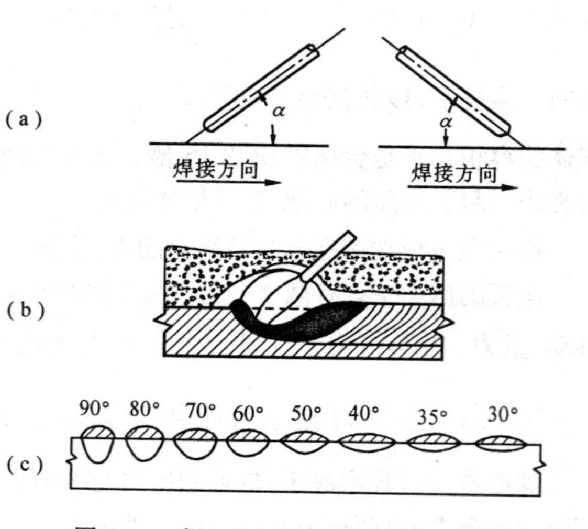

图 3－4　焊丝的倾斜对焊缝形状的影响

(a)后倾；(b)前倾

(I_h =1 000A，U_h =34～36V，V_h =60m/h，d =6mm)

边缘预热情况改善，电弧下方的液态金属层增厚。前倾角焊与竖直电极焊相比，熔入深度显著减小，熔化宽度明显增大，见图 3－4(c)。

前倾角施焊时，弧柱倾斜，火口的形成和液态金属的排出都在电弧的垂直分力作用下进行，故与电极倾角的正弦成正比。

三、高速焊接

电弧的功率保持不变，提高焊接速度会使熔宽减小，电弧的活动性降低，焊接熔池壁到基本金属内部温差梯度增大，电弧对熔池周围的热影响减弱，因此造成狭而高耸的焊缝。焊速为(20～40)m/h，焊速对熔入深度没有多大影响，继续提高焊速会使弧柱倾斜加剧，活性斑点落在倾斜的熔池上，使基本金属的熔入深度减小。焊速过分提高或焊速中等而电流密度极大时，在焊缝上部会形成未熔合地带。试验证明，焊接电流为 500A～700A，当竖直电极以大于 80m/h 的速度焊接时，基本金属甚至被加热到 600℃～700℃，而未熔合地带还是不能消除。

为了保证高速焊时焊缝成形良好，在不减小熔深的情况下不致产生未熔合地带，须运用两个电弧焊接(一个电弧成竖直方向，另一个电弧成后倾角)，见图 3－5(a)。这两个电弧作用不同，第一个竖直电弧熔入基本金属，几乎达到所需全部深度；第二个倾斜电弧并不妨碍深火口的形成，但却限制了竖直电弧对焊缝成形的坏作用。

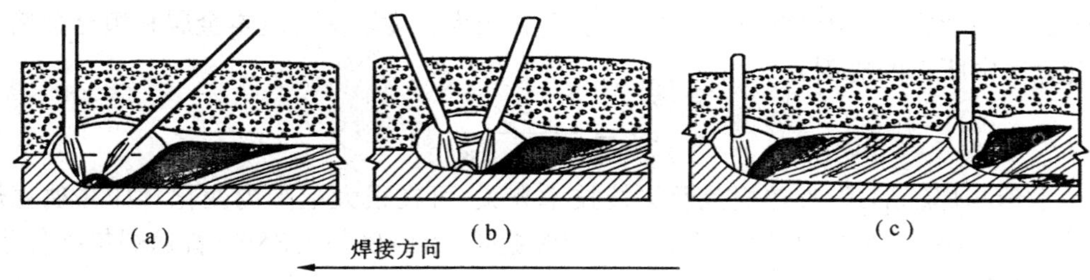

图 3－5　焊接区简图

(a)高速双弧焊接法；(b)三相电弧焊接法；(c)分离电弧焊接法

四、三相电弧焊接

三相电弧焊时，两个电弧间有第三个电弧相联，故熔化电极的金属量比双弧焊接法熔化电极金属量增加很多。第一个电弧底部的液态金属层增加使熔入深度减小；在第三个电弧的热辐射作用下熔化焊剂数量增加，改善了液态金属的流动性，形成宽阔的焊缝。

三个电弧处于图 3－5(b)位置时，第三个电弧妨碍了后面第二个电弧向前倾斜，使其近乎处于竖直位置，不能显著提高焊接速度。

五、分离电弧焊接

分立两个或多个电弧焊接时，电极位置排列可以是并列也可以是纵列，通常电极排列为纵列，即电极位于通过焊缝纵轴的一个平面里，见图 3－5(c)。

各电弧间的距离不大则诸电弧形成一个焊接熔池。这时焊缝的成形不仅取决于各电弧的相对位置、各电弧对焊缝的倾角，而且取决于各电弧的电压和电流数值。为了获得良好的焊缝，后面的焊极最好向后倾斜，见图 3－5(a)。

各电弧间距离较大，每个电弧有自己的熔化空间，各电弧之间不存在相互热力联系，见

图 3－5(c)。后继电弧不是作用在基本金属上，而是作用在前面电弧已熔积好的焊道上，同时各后继电弧还必须冲开已被前一个电弧熔化而尚未凝结的熔渣层。

3.2 埋弧焊焊接工艺

埋弧自动焊的电弧是在焊剂层下，焊接时沿焊接方向行进和送丝均是自动控制的一种焊接方法，见图 3－6。它是船舶建造中最广泛使用的一种机械化焊接方法。埋弧半自动焊的焊接行进是靠人工控制，埋弧半自动焊通常用于短焊缝或圆弧形不易机械化控制的焊缝。

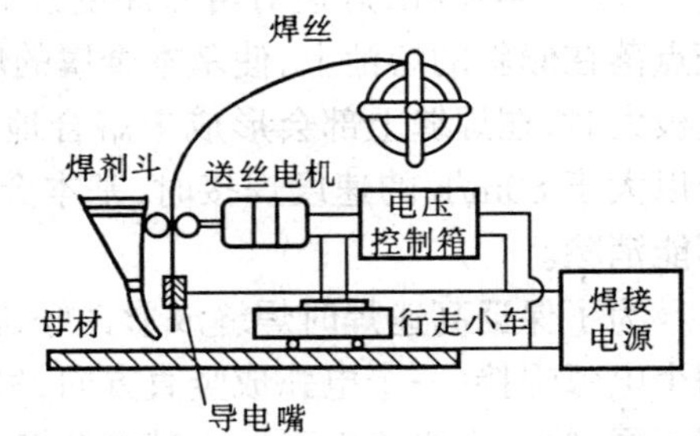

图 3－6　埋弧自动焊构成示意图

3.2.1 焊缝的形状和焊接规范对焊缝成形的影响

一、焊缝的形状

埋弧焊焊缝的成形系数 φ 可能在 0.5～10 之间变化，但最适宜的数值 $\varphi=1.3\sim2$。

焊缝的化学成分、金相组织和机械性能等，在很大程度取决于基本金属和填充金属在整个焊缝金属中所占的比例。

$$\gamma=\frac{F_{基}}{F_{基}+F_{熔}}$$

γ 数值与焊缝形式、加热规范及焊接技术有关，可在很大范围内变化。如在独立焊道堆焊时，$\gamma=10\%\sim20\%$；高速双弧焊接对接焊缝时，$\gamma=80\%\sim85\%$；普通焊接条件下，$\gamma=60\%\sim70\%$。

二、焊接规范对埋弧焊焊缝成形的影响

埋弧焊时，焊接电流、焊接电压、焊接速度和电流密度对焊缝尺寸的影响，见图 3－7。随着焊接电流的增加，焊缝熔深和余高均有较大增加，而熔宽稍微增加；随着焊接电压的增大，熔宽有较大增大，熔深和余高开始时稍微增大，继续提高焊接电压，熔深和余高均减小；随着电流密度的增大，熔宽、熔深和余高均有增大。

3.2.2 单面焊缝焊接技术

板材厚度在 20mm 以下，通常以单面焊缝形式焊成。如船舶底部平面分段，油罐的壁和底等。

一、焊前准备

1．边缘加工与清理

焊前钢板边缘应加工平直且间隙一致。需要在板缘加工坡口，坡口选择为

$$F_{坡}=\frac{F_{熔}}{K_P}$$

其中，$F_{坡}$——坡口的剖面积；

$F_{熔}$——熔积金属的剖面积；

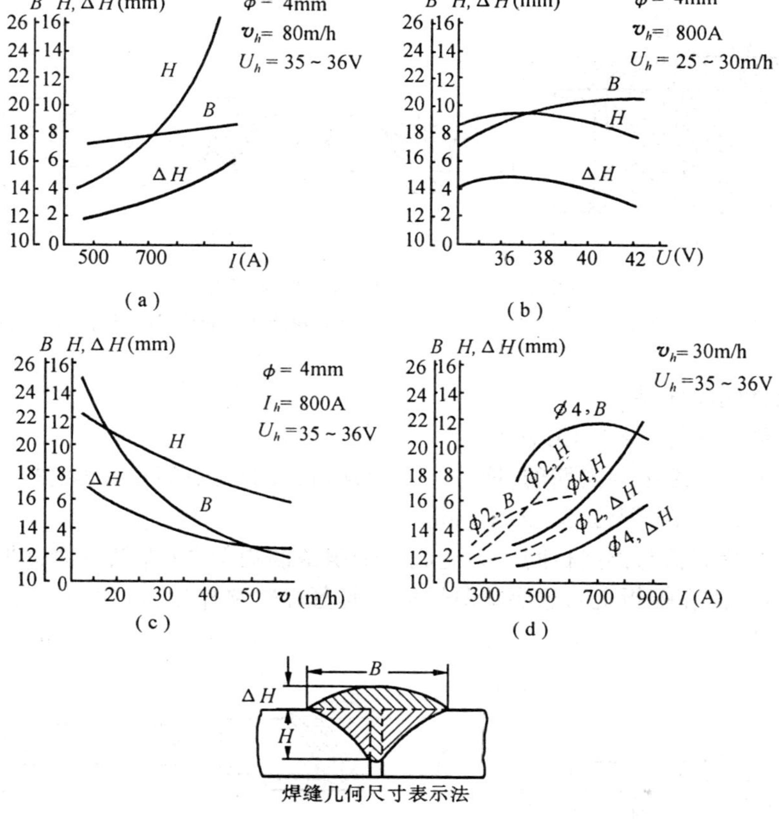

图 3-7　焊接规范对焊缝几何尺寸的影响

K_P ——考虑焊缝加强部分系数,1.1～1.2。

在接缝区域内要进行清理,除锈、油、水等杂质。

2. 钢板的装配

经清理后的钢板应立即装配、焊接。装配时除保证一定间隙,错位在一定范围内外,焊缝端部应装上150mm长的引弧板和熄弧板,以除去开始引弧和结束熄弧时焊接质量差的部分。

3. 装配间隙

板厚在20mm以下的单面对接可一个焊程完成,板缘可不开坡口,但必须在对接缝中留有(5～6)mm间隙。不留间隙,板厚超过(14～16)mm必须开坡口才能进行单面焊。

二、焊剂垫上单面焊(RF法)

焊剂垫的作用是从下方托住待焊板的焊缝处,防止焊接熔池中的熔化金属流出,见图3-8(a)。焊接时电弧熔入板缘达到全部板厚,紧贴板缘下方的焊剂在熔化金属的热作用下开始熔化,板缘的下方形成液态焊剂层,此焊剂层把熔化空间与空气隔开,冷凝后在焊缝背面形成渣壳。焊缝的质量、成形,在很大程度上取决于焊剂承托力的均匀性和焊缝中间隙宽度的一致性。焊接规范合适,则能获得优质焊缝,并具有良好的背面成形。通常,板材越薄,电弧功率越大,焊接熔池容积越大,焊剂的压力应越低。

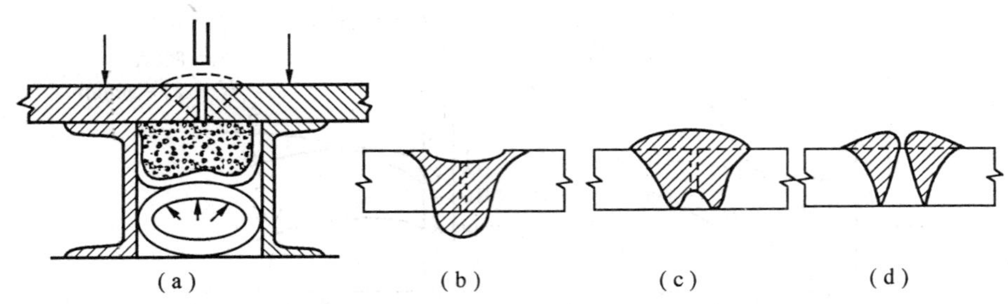

图 3-8 在焊剂垫上焊接对接焊缝

(a)焊剂垫上施焊简图;(b)焊剂的承托力不足;(c)焊剂的承托力过大;(d)焊剂的承托力很大

三、垫板上的单面焊

1. 焊剂铜垫板上焊接(FCB 法)

该法是 1947～1948 年发明的,铜垫板由紫铜制成,沿其中部开有焊缝根部成形槽,通常成形槽宽(12～20)mm,深(1.5～2.5)mm。

焊接时,在待焊板与铜垫板间人为造成一个很薄的焊剂层(焊剂可通过板缘间隙撒下,也可预先把焊剂撒在铜板上),这层很薄焊剂层起薄焊剂垫作用,以便形成背面焊道和保护铜垫板,见图 3-9。

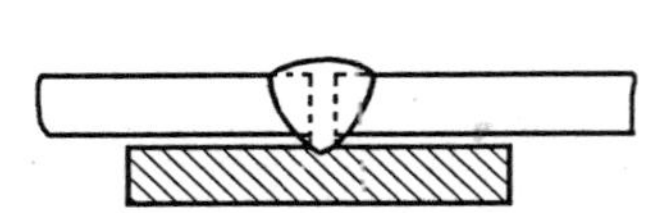

图 3-9 焊剂铜垫板上焊接示意图

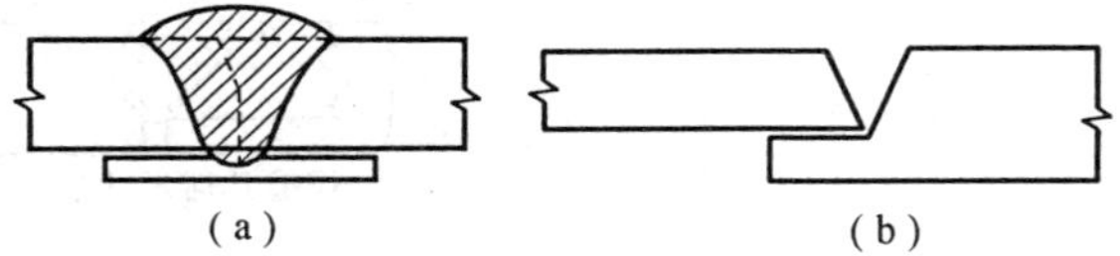

图 3-10

(a)永久钢垫板焊接;(b)锁口焊接

2. 钢垫板焊接

焊接 10mm 以下的薄板时,大多采用永久钢垫板焊接法,见图 3-10。垫板须紧密配合在待焊板缘上,间隙不得超过(0.5～1)mm,对接焊缝垫板被部分熔入,与板缘背面焊牢。

3. 锁口焊接

锁口焊接与永久钢垫板焊接有许多相同处,它是待焊两板之一备有突缘,另一板搁在其上,见图 3-10。在焊接小直径厚壁圆筒形容器上的环焊缝时,锁口焊接用处很大。

四、柔性焊剂垫上焊接

柔性焊剂垫(见图 3-11)是一种硅砂系烧结型条块,上面置有玻璃纤维带,衬垫表面具有一定柔性(既能与钢板紧贴又能起保护焊缝反面成形),焊剂垫下有石棉条(起隔热和保护作用),为防止焊剂垫吸潮用薄膜包装成一整体。

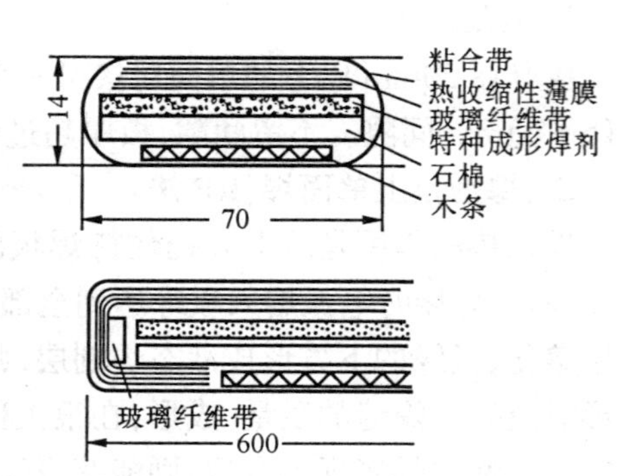

图 3-11 柔性焊剂垫

五、强制成形焊接

1946～1948 年创立了一种新式强制成形埋弧焊,第一次使竖位、斜位和仰位焊缝可用埋弧焊进行焊接。

强制成形埋弧是用人工方法强制冷却焊接熔池的一个或两个表面，焊接熔池金属的层状结晶发生变化，形成的杯形晶层成为一种盛有液态金属的容器，见图 3－12。由于立体温度场以焊接速度向前移动，使柱状晶体不在焊缝中心会合，减少了产生缩孔、裂纹及其它焊接缺陷产生的可能性。

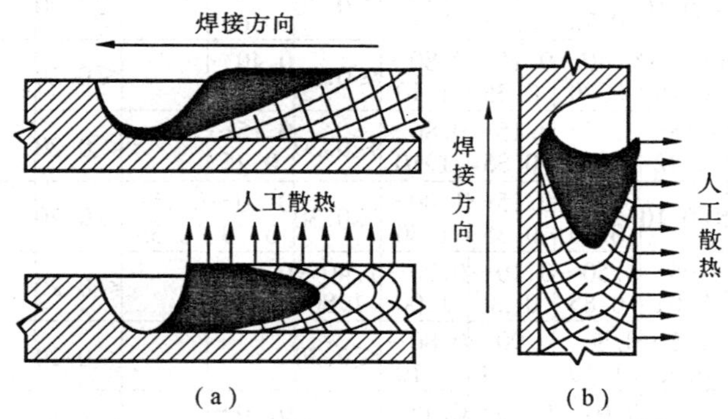

图 3－12　人工冷却焊接熔池表面时的结晶情况
(a)俯焊；(b)立焊

3.3　埋弧焊焊接材料

埋弧焊用焊接材料包括焊丝和焊剂。

3.3.1　焊丝

碳素结构钢实芯焊丝的成分见 2.3 节非合金钢(GB/T3429－94)。合金结构钢实芯焊丝的主要成分(GB/T14957－95)，见表 3－1。

表 3－1　国产实芯焊丝牌号和成分(GB/T14957－95)

钢种	序号	牌　号	化学成分(%)										
			C	Mn	Si	Cr	Ni	Mo	V	Cu	其它	S	P
	1	H10Mn2	≤0.12	1.50～1.90	≤0.07	≤0.20	≤0.30			≤0.20		≤0.035	≤0.035
	2	H08Mn2Si	≤0.11	1.70～2.10	0.65～0.95	≤0.20	≤0.30			≤0.20		≤0.035	≤0.035
	3	H08Mn2SiA	≤0.11	1.80～2.10	0.65～0.95	≤0.20	≤0.30			≤0.20		≤0.030	≤0.030
	4	H10MnSi	≤0.14	0.80～1.10	0.60～0.90	≤0.20	≤0.30			≤0.20		≤0.035	≤0.035
	5	H10MnSiMo	≤0.14	0.90～1.20	0.70～1.10	≤0.20	≤0.30	0.15～0.25		≤0.20		≤0.035	≤0.035
	6	H10MnSiMoTiA	0.08～0.12	1.00～1.30	0.40～0.70	≤0.20	≤0.30	0.20～0.40		≤0.20	Ti0.05～0.15	≤0.025	≤0.030
	7	H08MnMoA	≤0.10	1.20～1.60	≤0.25	≤0.20	≤0.30	0.30～0.50		≤0.20	Ti0.15加入量	≤0.030	≤0.030

表 3-1(续)

8	H08Mn2MoA	0.06~0.11	1.60~1.90	≤0.25	≤0.20	≤0.30	0.50~0.70		≤0.20	Ti0.15加入量	≤0.030	≤0.030
9	H08Mn2MoVA	0.06~0.11	1.60~1.90	≤0.25	≤0.20	≤0.30	0.50~0.70	0.06~0.12	≤0.20	Ti0.15加入量	≤0.030	≤0.030
10	H10Mn2MoVA	0.08~0.13	1.70~2.00	≤0.40	≤0.20	≤0.30	0.60~0.80	0.06~0.12	≤0.20	Ti0.15加入量	≤0.030	≤0.030
11	H08CrMoA	≤0.10	0.40~0.70	0.15~0.35	0.80~1.10	≤0.30	0.40~0.60		≤0.20		≤0.030	≤0.030
12	H13CrMoA	0.11~0.16	0.40~0.70	0.15~0.35	0.80~1.10	≤0.30	0.40~0.60		≤0.20		≤0.030	≤0.030
13	H18CrMoA	0.15~0.22	0.40~0.70	0.15~0.35	0.80~1.10	≤0.30	0.15~0.25		≤0.20		≤0.025	≤0.030
14	H08CrMoVA	≤0.10	0.40~0.70	0.15~0.35	1.00~1.30	≤0.30	0.50~0.70	0.15~0.35	≤0.20		≤0.030	≤0.030
15	H08CrNi2MoA	0.05~0.01	0.50~0.85	0.10~0.30	0.70~1.00	1.40~1.80	0.20~0.40		≤0.20		≤0.025	≤0.030
16	H30CrMnSiA	0.25~0.35	0.80~1.10	0.90~1.20	0.80~1.10	≤0.30			≤0.20		≤0.025	≤0.025
17	H10MoCrA	≤0.12	0.04~0.70	0.15~0.35	0.45~0.65	≤0.30	0.40~0.60		≤0.20		≤0.030	≤0.030
18	H10Mn2MoA	0.08~0.13	1.70~2.00	≤0.40	≤0.20	≤0.30	0.60~0.80		≤0.20	Ti0.15加入量	≤0.030	≤0.030

3.3.2 焊剂

一、焊剂的作用

1. 稳弧作用

焊剂中含有碱金属氧化物时,在电弧的作用下能产生很多钾、钠离子,使弧腔的导电性改善,电弧特别容易重新引燃。焊剂中含有降低电弧稳定物质(SiF_4),氟化物一方面降低电弧稳定性,另一方面能防止焊缝中形成气孔。

焊剂中含有较多 CaO、MnO、TiO_2,稳定电弧性能即可达到要求。因 TiO_2 是良好稳弧剂,能提高焊丝的熔化速度,降低熔渣的表面张力,适合高速焊接,同时能提高焊缝金属的低温冲击韧性。

2. 保护作用

熔渣覆盖焊接区,可防止氧、氮等有害气体的侵入。焊后熔渣覆盖在焊缝金属上可减缓焊缝金属的冷却速度,改善气体的逸出条件和焊缝金属的冷却结晶情况。

3. 参加冶金反应

熔化了的焊剂可与 FeO 反应,使铁还原。还参加某些冶金反应,完成渗合金作用和去硫、磷作用。

二、焊剂分类

1. 按用途分类

按用途可分为埋弧焊剂、堆焊焊剂、电渣焊剂。这种分类不是绝对的,有些焊剂既可用于焊接又可用于堆焊,有时又可作为电渣焊剂。

2. 按焊接材料分

按焊接材料可分成低碳钢用焊剂、低合金钢用焊剂、高合金钢用焊剂、镍及镍合金用焊剂、铜及铜合金用焊剂、钛及钛合金用焊剂等。

3. 按制造方法分

按制造方法可分熔炼型焊剂、非熔炼型焊剂和混合型焊剂。

把各种原料按需要配成炉料，在电炉或火焰炉中进行熔炼，此后进行粒化处理。熔炼型焊剂按颗粒结构不同又可分为玻璃状焊剂、浮石状焊剂、结晶状焊剂和混合颗粒结构焊剂等。

把矿石粉、化工制品粉剂、铁合金及金属粉按要求称量，经干混后加入水玻璃粘结剂制成小颗粒，在 400℃以下温度烘干获得焊剂称作粘结焊剂（以前称作陶质焊剂）；经过 600℃～1 000℃高温烧结获得的焊剂称作烧结焊剂，经高温烧结后，颗粒强度有所提高，吸湿性大大降低。

4. 按化学成分分

按 SiO_2 含量可分成高硅焊剂（$SiO_2>30\%$），中硅焊剂（$SiO_2=10\%\sim30\%$），低硅焊剂（$SiO_2<10\%$）和无硅焊剂。按 MnO 含量可分成高锰焊剂（$MnO>30\%$），中锰焊剂（$MnO=15\%\sim30\%$），低锰焊剂（$MnO=2\%\sim15\%$）和无锰焊剂（$MnO<2\%$）。按 CaF_2 含量可分成高氟焊剂（$CaF_2>30\%$），中氟焊剂（$CaF=10\%\sim30\%$）和低氟焊剂（$CaF_2<10\%$）。

5. 按化学性质分

焊剂的碱度的计算应用较广泛的是国际焊接学会（IIW）推荐公式：

$$B=\frac{CaO+MgO+BaO+Na_2O+K_2O+CaF_2+0.5(MnO+FeO)}{SiO_2+0.5(Al_2O_3+TiO_2+ZrO_2)}$$

酸性焊剂（$B<1.0$）通常具有良好焊接工艺性能，焊缝成形美观，但焊缝金属含氧量高，冲击韧性较低。中性焊剂（$B=1.0\sim1.5$）熔敷金属的化学成分与焊丝的化学成分相近，焊缝金属含氧量有所降低。碱性焊剂（$B>1.5$）熔敷金属的含氧量较低，焊缝金属冲击韧性较高，但焊接工艺性能较差。

此外，还可按渣系分成 $MnO-SiO_2$ 系（$MnO+SiO_2>50\%$），$CaO-SiO_2$ 系（$CaO+MgO+SiO_2>60\%$），$Al_2O_3-CaO-MgO$ 系（$Al_2O_3+CaO+MgO>45\%$；$Al_2O_3>20\%$），$CaO-MgO-MnO-CaF_2$ 系（$CaO+MgO+MnO+CaF_2>50\%$；$SiO_2\leqslant20\%$；$CaF_2>15\%$）等。按焊剂的特殊性能可分成：单道焊剂；多道焊剂；高速焊剂；超低氢焊剂；抗锈焊剂；高韧性焊剂；单面焊双面成形焊剂等。

三、焊剂型号

我国埋弧焊和电渣焊焊剂分熔炼焊剂和烧结焊剂两大类。根据 GB12470－90 规定，我国埋弧焊剂型号根据焊缝金属力学性能和渣系来划分，表示方法如下：

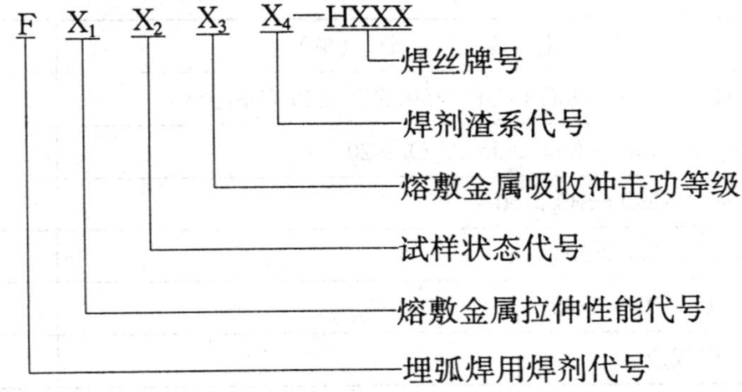

“F”表示埋弧焊用焊剂；X_1 表示熔敷金属拉伸性能，见表 3－2；X_2 表示试样状态：0 表示焊态，1 表示焊后热处理状态；X_3 表示熔敷金属冲击功≥27J 的试验温度，见表 3－3；X_4 表示焊剂渣系，见表 3－4；HXXX 表示焊丝牌号按 GB/T14957－94 规定。

表 3－2　焊剂型号第一位 X_1 的含意

X_1	σ_b （MPa）	$\sigma_{0.2}$ （MPa）	δ_5 （%）
3	410～550	≥300	≥22.0
4		≥330	
5	480～650	≥380	
6	550～690	≥460	≥20.0
7	620～760	≥540	≥17.0
8	690～820	≥610	≥16.0
9	760～900	≥680	≥15.0
10	820～970	≥750	≥14.0

表 3－3　焊剂型号第三位数字 X_3 的含意

X_3	温度（℃）	冲　击　功（J）
0		无要求
1	0	≥27
2	－20	
3	－30	
4	－40	
5	－50	
6	－60	
8	－80	
10	－100	

表 3－4　焊剂型号第四位 X_4 的含意

X_4	主　要　组　分（%）	渣　系
1	$CaO+MgO+MnO+CaF_2>50$，$SiO_2\leqslant 20$，$CaF_2\geqslant 15$	氟碱型
2	$Al_2O_3+CaO+MgO>45$，$Al_2O_3\geqslant 20$	高铝型
3	$CaO+MgO+SiO_s>60$	硅钙型
4	$MnO+SiO_2>50$	硅锰型
5	$Al_2O_3+TiO_2>45$	铝钛型
6	不作规定	其它型

3.4 埋弧焊设备

手工电弧焊时，焊接设备除了向电弧提供电能外，引燃电弧、焊接时，沿焊缝移动、送进焊条控制电弧长度、焊接速度、焊接完填满弧坑并熄灭电弧都是靠手工操作来完成的。当这些动作和控制由机器来完成就成为自动埋弧焊，自动埋弧焊主要适合焊接长而且规则的焊缝(如直焊缝或环焊缝)。短而规则的焊缝可用半自动埋弧焊，半自动埋弧焊的送丝由机器控制，而焊接行进由人工控制。

埋弧自动焊焊接速度的微小变化对焊缝质量的影响并不显著，所以对焊接速度不作自动调节。

电弧电压和焊接电流对焊缝质量影响很大，焊接过程中常受到外界的干扰，为保持电弧电压和焊接电流的稳定，要根据送丝原理和控制方法保证。

3.4.1 等速送丝

细丝埋弧焊电流密度大，电弧的静特性是上升的。电源的外特性是下降、平、微升(上升的陡度小于电弧静特性上升的陡度)都可以满足“电源—电弧”系统稳定条件。

当 $K_W > 0$ 时，就存在自身调节作用(2.4.1)。电源的外特性对电弧自身调节特性的影响，见图 3－13。曲线 1 和 2 各为近于平的电源外特性和下降的电源外特性，曲线 3 为某一定弧长时的电弧静特性。设这两种电源焊接时的稳定工作点都是 A_0，假设外界干扰使电弧变短，电弧的静特性曲线变为 4，于是稳定工作点移至 A_1 和 A_2，电流的增量为 ΔI_1 和 ΔI_2。电流增大会使焊丝熔化加快，使电弧恢复到原来的长度，但 $\Delta I_1 > \Delta I_2$，故平特性电源较下降外特性电源弧长恢复得快，等速送丝应尽可能采用平外特性电源。

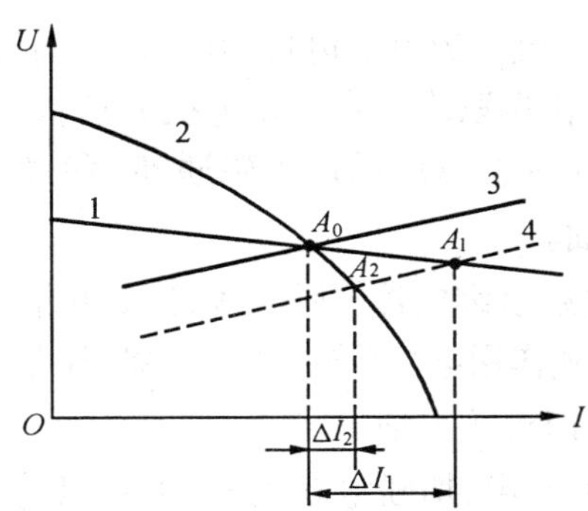

图 3－13　电弧静特性为上升形状时，电源外特性对电流偏差的影响

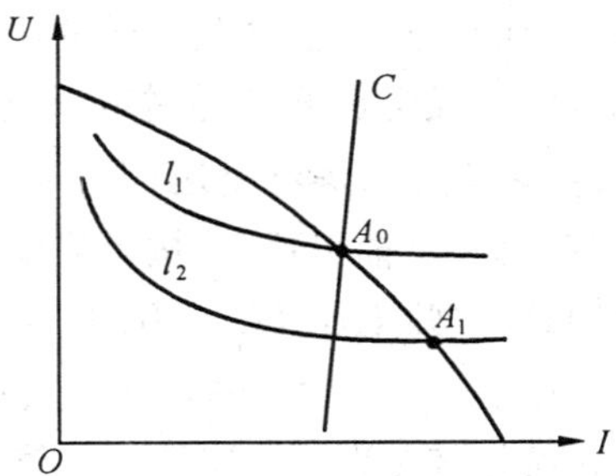

图 3－14　等速送丝焊机的自身调节

电弧的自身调节可用一条直线来表示，见图 3－14。该图为一定材料和直径的焊丝，一定伸出长度，在一定的电弧气氛中，一定送丝速度的电压电流曲线，称作该系统自身调节的静特性曲线。该线 C 与电源外特性曲线的交点 A_0 就是在该条件下的电弧稳定工作点。

其它条件不变，随着送丝速度增大 C 线向右移，这说明电流值也在增大。这种焊机电流的调节是通过调节送丝速度实现的，电弧电压的高低则取决于电源的外特性。

3.4.2 变速送丝

通常焊丝直径大于3mm的埋弧焊电弧静特性是平的，为满足 $K_W>0$，只能采用下降外特性电源，见图3－15所示。

这类焊接方法焊丝中电流密度较小，自身调节作用不强，它是通过电压的反馈来调节送丝速度。变速送丝弧焊电源与电弧静特性，见图3－15。弧长增加时，电弧电压增大致使送丝加快，因而弧长得到恢复。

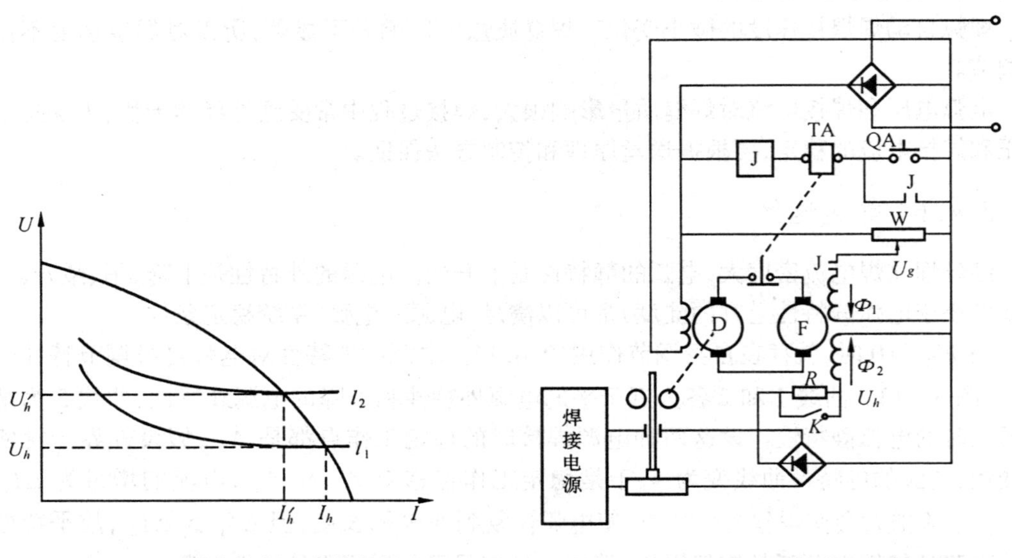

图3－15　弧焊电源与电弧静特性　　　图3－16　变速送丝部分电气原理图

变速送丝电气原理图，见图3－16。D为驱动送丝机构的直流电机，其旋转方向和快慢决定着焊丝的下送或上抽及送丝的快慢，电动机旋转快慢取决于直流发电机F所供电压的大小和方向。发电机F是通过电弧电压和给定电压加在激磁线圈产生磁通 Φ_2 和 Φ_1 叠加结果，$\Phi_2>\Phi_1$ 时，焊丝下送；$\Phi_2<\Phi_1$ 时，焊丝上抽。

该控制为“反抽引弧”。按下启动按钮QA，电路接通（继电器J通电，触头J闭合），焊丝与工件短路，电弧电压 $U_h=0$，$\Phi_2=0$，此时 Φ_1 单独作用电机反转，焊丝上抽，引燃电弧。随着 U_h 建立，Φ_2 增大，焊丝上抽减慢，到 $\Phi_2=\Phi_1$ 时停止上抽。

停止按钮TA为一双层按钮。停止焊接时先按下一半，切断电动机D的供电回路使送丝停止，电弧自身燃烧、拉长，到填满弧坑时，电弧自行熄灭。此时再把TA按到底，切断焊接电源，线路回到初始状态。

表3-5　常用埋弧焊机种类、型号和技术数据

种　　类	自　动　埋　弧　焊			半自动埋弧焊
型　　号	MZ-1000	MZ1-1000	MZ2-1 500	MB-400
电源电压,V	380	220/380	220/380	220
焊接电流,A	400～1 200	200～1 000	400～1 500	400
焊丝直径,mm	3～6	1.6～5	3～6	1.6～2
焊接速度,m/h	15～70	16～126	13.5～112	
送丝速度,m/h	30～120	52～403	28.5～225	
送丝方式	变　速	等　速	等　速	等　速

4　其它焊接方法

船舶与海洋工程结构建造中，除手工电弧焊和埋弧焊外，还应用一些其它焊接方法，如氩弧焊、CO_2 气体保护焊、电渣焊、爆炸焊、电子束焊、重力焊、气焊和水下焊接等。

4.1　氩 弧 焊

随着生产的发展，工业中应用新的合金钢、有色金属及其合金越来越多，对焊接接头质量的要求越来越高，为了寻求高效率的焊接方法，解决渣保护难于解决的问题。

1. 焊接化学性质活泼的金属及合金，如铝、钛、镁、钒和高合金钢等。

2. 解决渣保护难于使焊接过程自动化的困难，如输送焊剂、回收焊剂和焊完每层后打渣等。

3. 渣保护不能在空间任何位置上都能很好地覆盖焊缝。此外，渣保护看不到电弧，给操作带来困难。

氩弧焊就是为解决这些问题，发展的用氩气保护的一种焊接方法。

氩气是一种无色、无味的惰性气体，它既不与金属起化学作用也不溶于金属，对操作者身体无有害影响。氩气比空气重 25%；天然存在于空气中，容积占 0.935%；沸点为 －185.7℃，介于氧（－183℃）和氮（－195.8℃）之间。

焊接对氩气纯度的要求视被焊金属的性质而定。化学活泼性弱的金属对氩气纯度要求低，化学活泼性强的金属对氩气纯度要求高，见表 4－1。

表 4－1　几种金属及其合金对氩气纯度的要求

被焊金属种类	要求氩气纯度（%）	允许含氧量（%）	允许含氮量（%）	允许含氢量	备　　注
18－8 型不锈钢		1	20	0.5	厚度＞1mm
镁及镁合金		＜0.5	20	＜0.20	厚度＞1mm
铝及铝合金	99.7				厚度＞1mm
钛及钛合金	99.94～99.99				

氩气通常为制氧过程中的副产品。目前，我国工业纯氩已达 99.99%，焊接各种金属及合金纯度均达到要求，可不必要提纯。对要求纯度不高的金属及合金，可在氩气中加入一些在允许量范围内的其它气体，以降低成本。

氩气的电离势较高，燃弧需要较高能量，应采取特殊的引弧措施解决燃弧困难。

氩气是单原子气体，高温时不分解，没有吸热作用，与其它气体相比，比热容和热传导值都很小，在氩气中燃烧电弧热能损失最小。采用交流电源，电流瞬时经过零氩气的冷却作用小,电弧的温度不会显著下降,为次半波重复燃弧创造了有利条件。

4.1.1 钨极氩弧焊(TIG)

钨极氩弧焊,见图 4-1。电极是由耐高温的钨棒做成,在氩气保护下钨极与被焊金属间产生电弧,利用电弧的热量熔化填充金属焊丝,在电弧中钨极只起发射电子和导电作用,不熔化。

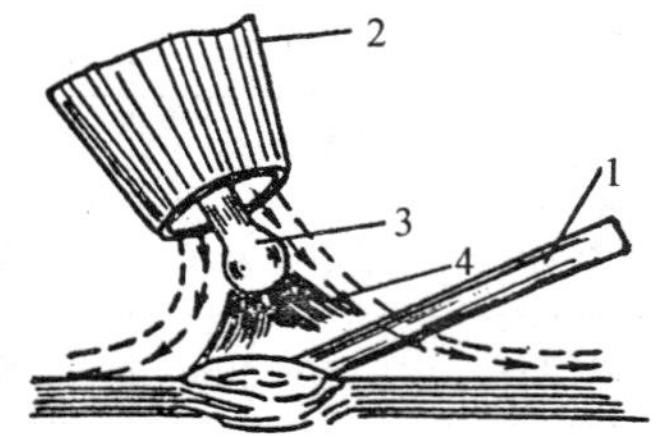

图 4-1 氩弧焊

1—填加金属;2—焊炬;3—钨极;4—在保护气体中的电弧

一、电极材料

电极材料对电弧的稳定燃烧和焊缝的质量有很大影响。钨极氩弧焊在焊接过程中钨极不熔化,要求它能承受高温和具有较强的电子发射能力,钨的熔点高达 3 500℃左右,沸点高达 5 900℃,能承受很高的温度,因此采用钨作为电极。但钨的电子发射逸出功较高,故通常在钨中加入一定量的 ThO_2 或 CeO,见表 4-2、表 4-3、表 4-4。

表 4-2 钍钨极和铈钨极的化学成分

牌号 \ 成分	W	ThO_2	CeO	`SiO_2	$Fe_2O_3+Al_2O_3$	Mo	CaO
WTh-7	余 量	0.7~0.99		0.06	0.02	0.01	0.01
WTh-15	余 量	1.5~2.0		0.06	0.02	0.01	0.01
WTh-30	余 量	3.0~3.5		0.06	0.02	0.01	0.01
WCe-20	余 量		20	0.06	0.02	0.01	0.01

表 4-3 引燃焊接电弧所需的空载电压 (V)

电极成分 \ 焊接金属	铜	不 锈 钢
纯 钨	95	95
WTh-10	40~65	55~70
WTh-15	35	40

表 4-4 不同成分钨极的最大许用电流(直流正极性)

钨极直径(mm)		1.0	1.6	2.4	3.2	4.0	5.0	6.4
最大许用电流(A)	W	30	80	130	180	240	300	400
	WTh	60	120	180	250	300	390	525

此外,由于电极极性的不同将影响钨极的电流容量。钨极为负极时,发射电子会带走能量对钨极起冷却作用,电流容量大,见表 4-5。

表 4－5　不同极性、成分和直径钨极的使用电流　(A)

直径 mm	直流正接	直流反接	交流不平衡		交流平衡	
	钨和钍钨	钨和钍钨	钨	钍钨	钨	钍钨
0.508	5～20		5～15	5～20	10～20	5～20
1.016	15～80		10～60	15～80	20～30	20～60
1.59	70～150	10～20	50～100	70～150	30～80	60～120
2.4	150～250	15～30	100～160	140～235	60～130	100～180
3.26	250～400	25～40	150～210	225～325	100～180	160～250
4.0	400～500	40～55	200～275	300～400	160～240	200～320
4.8	500～700	55～80	250～350	400～500	190～300	209～390
6.35	750～1 000	80～125	325～450	500～630	250～400	340～525

二、钨极氩弧焊的电弧特点

1．直流钨极氩弧焊

钨极接负时，发射大量电子对钨极有较强的冷却作用，此时电容量大；钨极接正时，钨极允许的电流大约是钨极接负时的十分之一，见表 4－5。小电流由于斑点的跳动电弧不稳，不能满足焊接的要求。因此，生产中除特别小电流情况外，钨极不允许长时间接正。

但是，钨极接正时电弧中动能大的正离子对阴极的碰撞和斑点的蒸发，在焊缝区和其两侧会形成一条干净的亮带，此区域内的氧化膜被除掉，可以保证焊缝质量，这种作用称作“阴极清理”作用。焊接铝及铝合金时，阴极清理作用很重要。

2．交流钨极氩弧焊

上述可见，采用直流钨极氩弧焊接铝及其合金时，钨极和铝材都要求接负，直流满足不了这一要求。通常焊接铝及其合金都采用交流，在一个周波内有一半时间是铝材接负，可以满足阴极清理作用；另一半时间钨极接负，使其有较大电容量防止烧损。

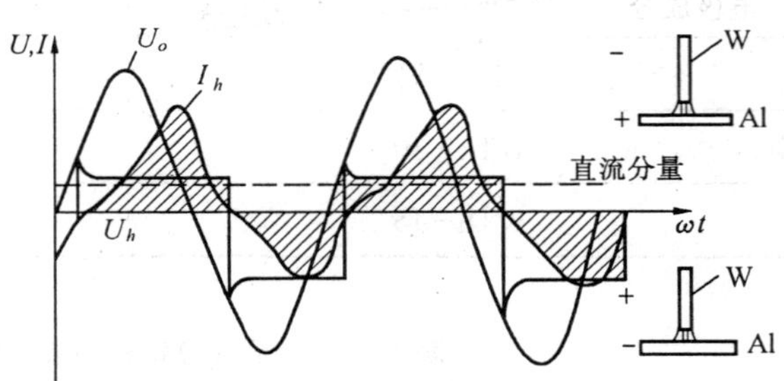

图 4－2　TIG 焊铝时电压、电流和产生直流分量图

铝及其合金采用交流钨极氩弧焊的电压、电流波形，见图 4－2。当钨极为阴极半波时，电弧电压低、电流大；工件为阴极的半波电弧电压高、电流小。这样在焊接回路中就出现了直流分量，这种现象称作电弧的整流作用。

焊接回路中出现直流分量后，当钨极为负时相当于回路中存在由工件流向电极的直流电源，此正极性直流电源会显著减弱阴极清理作用，使焊接金属易形成氧化膜，焊缝成形不良。消除直流分量通常采用以下方法。

(1)串联与回路中直流分量电流大小相等，方向相反直流电源，电压约为 6V，容量约为

(300～400)A·h。

(2)串联电容。

(3)串联电阻增加直流分量的消耗。

三、氩弧焊的引弧

开始焊接处于室温，加之氩气的电离势很高，因此引弧困难。采用交流氩弧焊接有色金属时，当电流通过零点时电弧熄灭，下半周必须重新引弧，瞬时再引弧要求高电压引燃电弧；此外钨极氩弧焊引弧不允许采用接触法(手工电弧焊那种引弧法)引弧，钨极与焊件接触，钨极易烧损的同时还会造成焊缝夹钨缺陷。

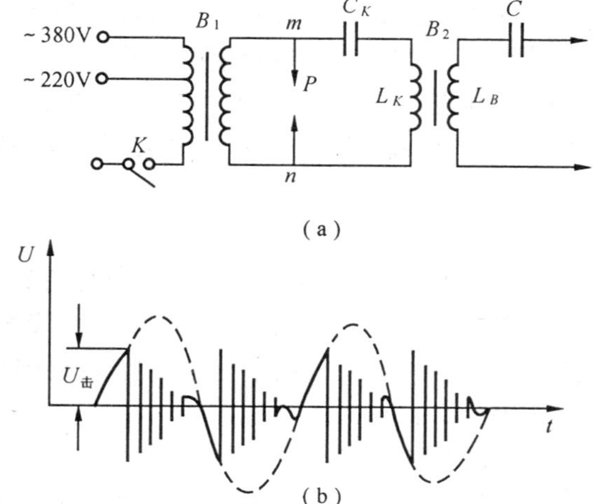

图4－3　高频振荡器电路原理及振荡电压波形

生产中，钨极氩弧焊多采用高频振荡器和脉冲引弧器引弧。高频振荡引弧器一般功率为(100～200)W，工作原理见图4－3。该振荡器由升压变压器 B_1，火花放电器 P，振荡电容 C_K，振荡电感 L_K 和高频耦合变压器 B_2 组成，为了安全设有开关 K 和保护电容 C。

开关 K 闭合时，升压变压器 B_1 的二次电压可达(2 500～3 000)V。升压过程中电容 C_K 充电，当电压达到 P 的击穿电压时，火花放电器被击穿发生火花放电，此时 m、n 两点短路，C_K 和 L_K 通过短路构成振荡电路。与此同时 B_1 的次级也被短路，但 B_1 是高漏抗变压器，可限制短路电流而不致把变压器烧毁。振荡频率与 C_K 和 L_K 有以下关系：

$$f=\frac{1}{2\pi\sqrt{L_K C_K}}$$

一般电容为0.002 5μF，电感为1.6μH，振荡频率为(150～260)kHz。振荡器中的开关 K 和保护电容 C 是为安全而设置的，只有振荡器的门关上后 K 才能接通。正常工作虽然电压很高，但由于高频强烈的集肤效应，此时对人体是安全的。一旦振荡电容 C_K 被击穿，这时输出50Hz低频高压，对人体很危险，这时利用保护电容 C (1μF，1 000V)对低频阻抗大，阻止低频电流通过，保证安全。

四、旋转电弧焊

旋转电弧焊是利用不熔化钨极发射电子，电子在磁场内运动时在洛仑兹力的作用下会改变方向的原理，使电弧在磁场内自己旋转，见图4－4。

欲将一小直径管焊到一块板上，先在焊嘴外部绕上线圈，通过直流电使线圈产生一个与电极平行的磁场。电弧引燃后，电子横过磁场受到切向洛仑兹力，将以钨极为轴自动旋转把管缘熔化，使其与平板焊在一起。该法可严格控制焊接规范，焊接质量稳定可靠。

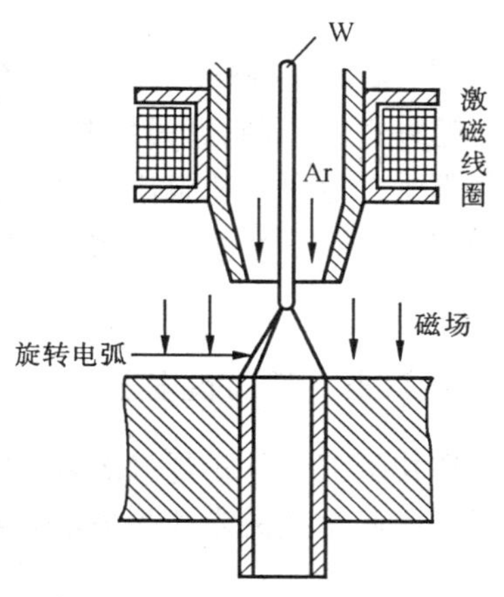

图4－4　旋转电弧氩弧焊

五、钨极氩弧焊机

1．直流钨极氩弧焊机

直流钨极氩弧焊机由焊炬、控制箱、直流弧焊电源和氩气供给系统等组成。弧焊电源一般采用垂直下降外特性，空载电压不低于70V，上限不超过标准允许的安全电压为限。

这类焊机主要用于焊接不锈钢、耐热钢、钛及其合金、铜及其合金的薄板结构。采用直流反接可焊铝、镁及其合金的薄板结构。我国这类焊机有：NSA－300、NSA1－300－2、NSA4－300等。

2．交流钨极氩弧焊机

交流钨极氩弧焊机由供气、焊炬、电源消除直流分量装置、引弧及稳弧等装置组成。交流氩弧焊机主要用于焊接铝、镁及其合金的薄板结构。我国这类焊机很多，采用高频引弧的焊机有：NSA－300－1、NZA－300－1等；采用高压脉冲引弧的焊机有：NSA－400、NZA－500－1等。

3．方波交流焊机

方波交流焊机是近十几年来发展的一种新型焊机，也称交、直流两用电源，现已有不同型号产品，见图4－5。

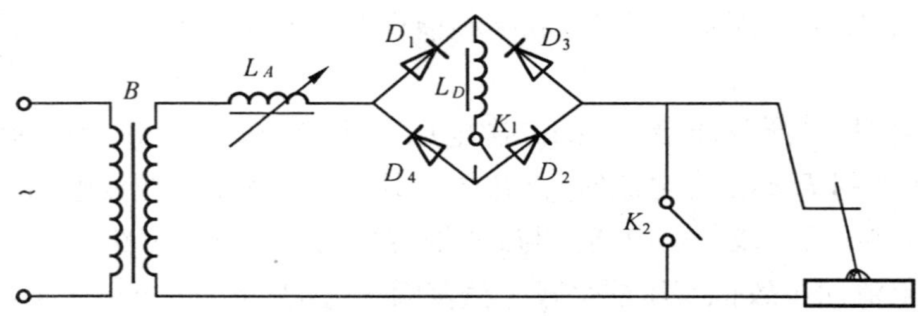

图4－5　交、直流电源原理示意图

该焊机在主回路中多加了一个直流电抗器 L_D，也称记忆电抗器，该电抗器电感很大，具有储能和续流作用。电流过零时，由于电感上的电流不能突变，可得到带尖峰的电压波形；电流过零较快，可得到近似方波的交流电流。

这种焊机可作交直流两用，若联动开关 K_1 合上，K_2 打开，电弧负载流过交流；若 K_2 合上，负载接于 K_1 两端，交流电经记忆电抗器、二极管整流并经电感 L_D 滤波，输出为直流。

这种焊接电源，通过控制可控硅的形式可得低频脉冲输出，可进行交、直流低频钨极脉冲氩弧焊。这种焊机输出方波交流，增加了交流电弧的稳定性，使焊接过程稳定，减小或消除磁偏吹，兼有交、直流焊接的优点。此外，这种焊机还可以进行等离子切割，做到一机多用。

4.1.2　熔化极氩弧焊

熔化极气体保护焊(GMAW)是用外加气体作为电弧介质，保护金属熔滴、焊接熔池和焊接区高温金属的电弧焊方法。根据焊丝和保护气体的不同，熔化极气体保护焊可分成以下几种。

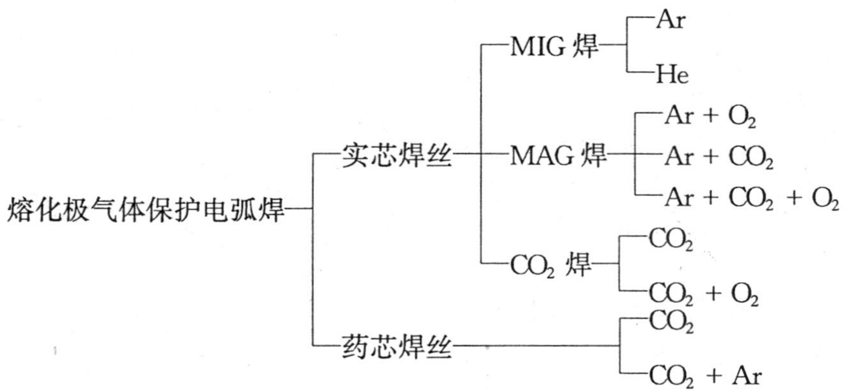

一、焊接方法与保护气体的关系

熔化电极气体保护焊根据保护气体的不同特点，可采用不同的熔滴过渡形式。大电流弧焊法是用3.2mm以上的粗丝和500A以上大电流的气体保护焊，包括MIG焊接铝及铝合金、铜及铜合金、不锈钢和钛及钛合金等，以及MAG焊和CO_2气体保护焊接各种钢材。

表4－6　焊接方法与保护气体关系

焊接方法＼气体种类	氩　　气（Ar）	富氩混合气体（Ar+O_2，Ar+CO_2，Ar+CO_2+O_2）	二氧化碳（CO_2）
短路过渡	不使用	宜　用	最宜使用
射流过渡	最宜使用	最宜使用	不使用
脉冲电弧焊	最宜使用	宜　用	不使用
大电流弧焊	最宜使用	最宜使用	最宜使用

二、冶金特点

惰性气体（Ar和He）非常稳定，与高温的液态金属既不发生化学反应也不溶解于金属中。此外，氩气是空气重量的1.4倍，对电弧和熔池金属有较好的保护作用。

1. 合金元素蒸发

氩弧焊在理想情况下元素几乎不烧损，但实际电弧温度高达几千度，达到或超过被焊金属及合金元素的沸点，一些沸点低，液态金属中饱和蒸气压高的合金元素极易蒸发。几种常见元素物理性质，见表4－7。

表4－7　几种常见元素的物理性质

金　属　元　素	Zn	Mg	Mn	Al	Cu	Fe
沸　点　（℃）	907	1 103	2 200	2 500	2 590	2 750
1 600℃时熔池中的饱和蒸气压（atm）	76	23	0.035	0.40	0.001 1	0.000 2

2. 氩气纯度的影响

氩气的纯度有一定限度，其中含有氧、氮、水等杂质。焊接时发生如下反应：

$$2H_2O = 2H_2 + O_2$$

$$4Al + 3O_2 = 2Al_2O_3$$

$$4Fe + 3O_2 = 2Fe_2O_3$$

反应结果可能引起合金元素烧损，产生夹渣或气孔等。以($Ar + CO_2$)为例，改变气体混合比时，合金元素的过渡系数也发生变化见图4－6。不同合金元素的烧损程度不同，对氧亲合力较强的锆、钛、铝的过渡系数仅为10%～20%。

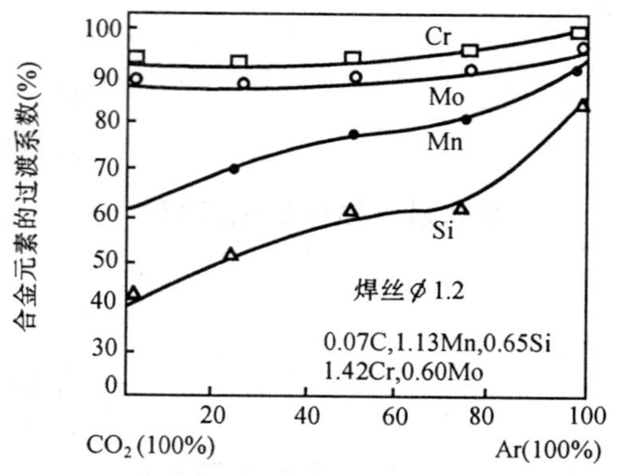

图4－6　Ar混合比与合金元素过渡系数的关系

合金元素的烧损将直接影响焊缝金属的机械性能。随着CO_2含量的增加，不论热输入大或小，焊缝金属的抗拉强度都呈下降趋势。当CO_2含量小于20%时，低温冲击韧性最好。

焊接不锈钢时，使用Ar+(1%～2%)O_2，不使用$Ar + CO_2$，如果使用含CO_2气体将会引起不锈钢奥氏体增碳，这会破坏不锈钢抗晶间腐蚀能力。焊接低碳钢或低合金钢时，使用Ar+(15%～20%)CO_2混合气体。

三、工艺因素的影响

焊接电流、电弧电压和焊接速度对熔滴的过渡和熔池的结晶条件有重大影响。对铝合金而言，随着电弧电压的升高和焊接电流的增大，产生气孔的敏感性增大；随着焊接速度的增大，产生气孔的敏感性降低。

四、熔化极氩弧焊机

熔化极氩弧焊机有：半自动熔化极氩弧焊机、自动熔化极氩弧焊机和自动熔化极脉冲氩弧焊机。半自动熔化极氩弧焊机，适于焊铝及铝合金NBA1－500；适合焊铝及铝合金和不锈钢NBA7－400等。自动熔化极氩弧焊机，适于焊接铝及铝合金NAZ19－500－1等；适于焊接铝及铝合金和铜及铜合金NZA－1000等。自动熔化极脉冲氩弧焊机，适于焊接(1～2.5)mm薄板铝及铝合金NBA6－150等；适合焊接不锈钢半自动焊机NBA2－200，自动焊机NZA11－200等。

4.1.3　脉冲氩弧焊

脉冲氩弧焊可分成钨极脉冲氩弧焊和熔化极脉冲氩弧焊。根据脉冲电流的频率可分成：低频脉冲氩弧焊，(0.1～10)Hz；中频脉冲氩弧焊，(10～500)Hz；高频脉冲氩弧焊，(1～20)kHz。

一、钨极脉冲氩弧焊

钨极脉冲氩弧焊可分成直流和交流钨极脉冲氩弧焊。直流主要用于焊接钢、耐热合金等；交流用于焊接铝合金及轻金属。

电流较小时，直流脉冲电弧呈下降特性；到峰值电流时，随着电流的增大电弧可能变成平特性或上升特性。

钨极脉冲氩弧焊的电流虽小但电流密度很大，可达$10^4 A/cm^2$，电弧可以稳定燃烧。通常钨极脉冲氩弧焊用于焊接(0.1～0.3)mm薄片或1mm的薄板和10mm的管板。

二、工艺参数的选择

1．频率的选择

经研究发现,焊缝金属的结晶不是连续的而是步进式的。如以 120mm/min 的速度焊接不锈钢时,焊缝金属的结晶频率为(14～15)次/min。如果利用频率控制结晶过程及焊缝成形,显然脉冲电流的频率不能高于金属的结晶频率。手工电弧焊和不同速度自动焊选用频率,见表 4－8。

表 4－8　钨极脉冲氩弧焊常用的频率

焊　接　方　法	手工电弧焊	采用下列速度的自动焊　mm/min			
		200	283	366	500
脉冲频率　(Hz)	1～2	3	4	5	6

此外,一种高频脉冲氩弧焊其频率通常为(10 000～30 000)Hz。随着脉冲电流频率的增加,电弧的压力和挺度也增加,所以高频电弧焊在高速焊接时电弧挺直,而一般连续电流在高速焊接时电弧易偏移。

2. 电流的选择

脉冲焊规范通常有二种:强规范,使用高脉冲峰值电流、低基值电流和短脉冲持续时间;弱规范,使用低脉冲峰值电流、稍高些的基值电流和较长的脉冲持续时间。

通常随着脉冲电流峰值的增加和脉冲电流持续时间的增加,焊缝的熔深和熔宽都增加;而随着脉冲频率的增加,焊缝的熔深和熔宽反而下降。

3. 脉冲电流波形的选择

钨极脉冲氩弧焊的脉冲电流频率较低,通过电源控制很容易获得矩形、梯形、三角形、锯齿形、正弦形和阶梯形等电流波形。典型的脉冲电流波形见图 4－7。第一种为矩形波;第二种带有前沿尖峰的脉冲波形,这种波形在前峰的冲击作用下可获得较大熔深而又不焊漏,因此在同样保证焊接质量的前提下可放松对装配间隙的要求(例如,前脉冲尖峰幅值为平均脉冲的两倍,脉冲尖峰的宽度占整个脉冲宽度的 10%,脉冲频率为 2Hz,焊接不锈钢时可增加熔深 50%);第三种带后沿尖峰的脉冲波形,焊接时在大电流电弧力的作用下可使熔化的铁水被吹成小孔,保证焊缝背面的焊透和良好成形。

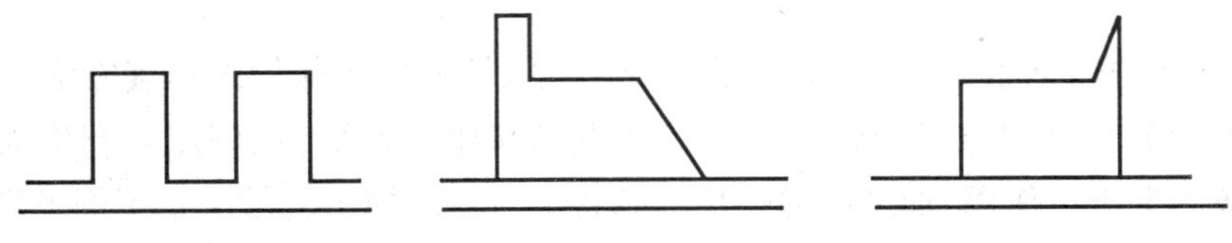

图 4－7　三种典型脉冲电流波形

4.2　CO_2 气体保护焊

20 世纪 30 年代美国学者发明惰性气体保护焊以来,惰性气体保护焊主要用于焊接铝、镁和钛等活泼金属及其合金,它不需要特殊焊剂可获得高质量焊缝。但是惰性气体昂贵难于推广,为此 1950～1952 年间前苏联和日本学者研究了一种在 CO_2 气体保护中使用焊丝的焊接方法,并提出了焊接钢材的新冶金方案。我国 1957～1958 年间江南造船厂与一机部机械研究院首先开始研究 CO_2 气体保护焊，这种焊接方法目前我国在机车制造、船舶与海洋工程制造、压力容器制造和采掘机械制造等已获得广泛的应用。

一、CO_2 气体保护焊优点

CO_2 气体保护焊能迅速发展是由于其具有许多优点。

1. 成本低廉

CO_2 气体是酒精厂的副产品，成本低，来源广，其成本仅为手工电弧焊或埋弧焊成本的30%～50%。

2. 效率高

粗丝(焊丝直径＞1.6mm)焊接时，电流密度可达(100～300)A/mm^2，熔化系数可达(15～26)g/(A·h)。生产效率是手工电弧焊的1～5倍。

3. 明弧，气体保护

CO_2 气体保护焊是明弧，焊接时便于观察电弧和熔池。不须要特殊焊剂，便于进行全位置焊接。

4. 不易产生冷裂纹

CO_2 气体保护焊是一种低氢焊接方法，焊接低合金钢时焊缝金属的含氢量很低，不易产生冷裂纹。

二、CO_2 气体保护焊缺点

CO_2 气体保护焊除有以上优点外，也有以下需要解决的问题。

1. 飞溅

CO_2 气体保护焊(尤其是粗丝焊)飞溅较大，成形不美观。

2. 保护

该焊接方法为气体保护，受到周围环境、侧向气流等因素的影响。

3. 设备

CO_2 气体保护焊的设备包括弧焊电源、控制箱、供气系统等，较手工电弧焊的设备复杂。

4.2.1 电弧和熔滴过渡的特点

CO_2 气体保护焊见图4－8，该焊法是一种熔化极活性气体保护的焊接方法。它与MIG焊不同，由于 CO_2 气体对电弧的强冷作用致使电弧和斑点收缩，在斑点处产生大量的金属蒸气，对熔滴产生排斥作用，加之电磁作用力和带电质点的撞击力就决定了焊丝端熔滴的受力特点，见图4－9。

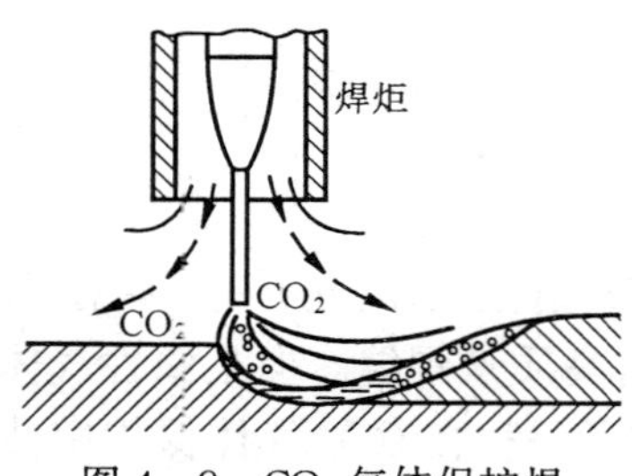

图4－8 CO_2 气体保护焊

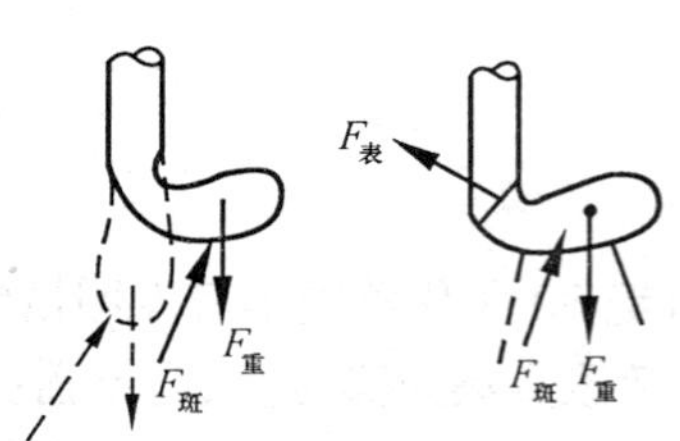

图4－9 CO_2 保护焊熔滴受力

一、短路过渡

CO_2 气体保护焊熔滴短路过渡见图4－10。这种熔滴过渡形式主要适合(0.8～1.2)mm的细丝，这时焊接规范区间大，焊接过程稳定。除焊丝直径外，焊接电流对短路过渡影响很大，短路过渡的电流通常在250A以下，见表4－9。

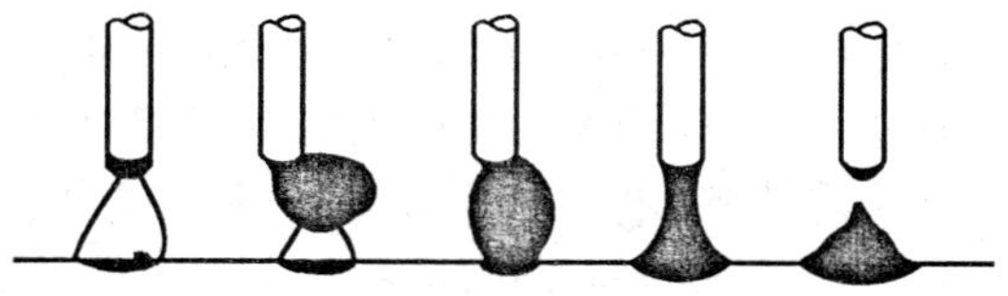

图4－10 CO_2 气体保护焊短路过渡示意图

表4－9 CO_2 气体保护焊短路过渡的允许电流和最佳电流

焊丝直径 (mm)	允许电流 (A)	最佳电流 (A)
0.8	60～160	60～100
1.0	70～240	70～120
1.2	90～260	90～175
1.6	110～290	110～200
2.0	120～350	120～250

短路过渡在最佳电流范围时飞溅较小，但焊缝成形不好。通常为了提高生产率和改善焊缝成形，常采用较大的焊接电流。这时可采取以下措施减少飞溅。

1. 限制短路峰值电流

电路中采用大电感或降低电源的短路输出电压。

2. 送丝均匀

等速送丝恒压电源系统中，电流的大小直接与送丝速度有关(3.4节)。

3. 防止瞬时短路

CO_2 气体保护焊熔滴过渡是自然短路过程，为此近年来采用脉动送丝和横向振动送丝等使短路频率与脉动频率或振动频率一致，以增加短路时间，防止瞬间短路。

二、射流过渡

射流过渡是(1.6～3.2)mm中丝的主要过渡形式。这是因为中丝的短路过渡规范区间很窄，难以实现稳定的焊接过程，此外中丝可在较大的允许电流实现稳定过渡(一般 CO_2 气体保护焊采用钢焊丝焊接时，欲达到熔滴过渡50滴/min的速度就需要约500A的电流)。

表4－10 射流过渡的焊丝和电流

焊丝直径 (mm)	1.2	1.6	2.0	2.4	3.0
焊接电流 (A)	250～350	300～500	350～550	400～650	500～700

三、电弧的特点

CO_2 气体保护焊使用细丝焊时，是小电流短路过渡，这时电弧电压的极限值为16V，低于16V是一种不稳定条件不能产生稳定电弧。

随着电流增大，熔滴过渡进入射流状态。当电流与焊接速度之比保持常值时(A/v =

10)，熔深与电流的大小成正比。

大电流时(400A 以上)，电弧开始改变其形状，焊丝末端变尖，熔池内的扰动增加，使焊珠形状恶化，这种结果与使用大电流焊铝时产生"皱折"所遇到的困难一样。在 650A、30V 时电弧呈漏斗状；电压增至 40V 时，弧根更扩散；电流增加到 900A 时，电弧的压力已达到即使增加电压也不能使其降低，故 CO_2 气体保护焊的电流不能超过极限值 900A。

4.2.2 冶金特点

一、CO_2 气体的氧化性

CO_2 气体保护焊中的保护气体在电弧的高温作用下将进行分解。

$$CO_2 = CO + \frac{1}{2}O_2$$

CO_2 气体的热分解温度关系见图 4－11。由图 4－11 可以看出：随着温度的升高，CO_2 气体的分解增加，在电弧的温度下几乎全部分解。当温度为 3 100K时，CO_2 保护气氛中将含有 20% 的氧，这时保护气氛的氧化性已超过了空气的氧化性。

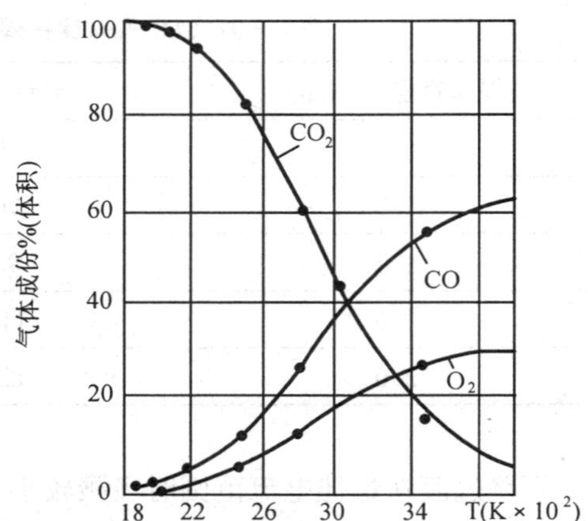

图 4－11 CO_2 热分解的平稀成份与温度的关系 (P ＝1atm)

CO 气体在焊接条件下，既不溶解于金属也不与金属发生作用。但 CO_2 和 O_2 却能与铁和其它合金元素发生化学反应，并且在不同的温度区域将发生不同的化学反应。

电弧空间和接近电弧的焊接熔池区将发生以下反应。

Fe(液) + CO_2(气) ⇌ FeO(液) + CO(气)↑ (进入大气中)

Fe(液) + O(气) ⇌ FeO(液)↓ (进入渣中)

Si(液) + 2O(气) ⇌ SiO_2(液) (进入渣中)

Mn(液) + O(气) ⇌ MnO(液) (进入渣中)

C(液) + O(气) ⇌ CO(气)↑ (进入大气中)

远离电弧的低温焊接熔池区，合金元素进一步被氧化。

2FeO(液) + Si(液) ⇌ 2Fe(液) + SiO_2(液)↓ (进入渣中)

FeO(液) + Mn(液) ⇌ Fe(液) + MnO(液)↓ (进入渣中)

FeO(液) + C(液) ⇌ Fe(液) + CO(气)↑ (进入大气中)

二、CO_2 气体保护焊的脱氧

CO_2 是一种氧化性很强的气体，高温时不仅能与钢材中的合金元素起反应使其烧损，而且能生成大量的 CO，CO 激烈析出使熔池发生"沸腾"现象形成气孔破坏焊缝金属的致密性。脱氧是利用与氧亲和力比铁大的元素优先氧化，以保护铁使其不生成或少生成 FeO。金属元素对氧亲和力按递减次序如下：

在 2 000 ℃，

Al、Zr、C、Ti、Si、Mn、Fe。

在 1 700 ℃，

Ca、Mg、Al、Zr、Ti、C、Si、Mn、Cr、Mo、Fe、Ni。

可见 CO_2 气体保护焊首先利用 Zr、Ti 等在高温先期脱氧，然后是 Si、Mn 在较低温度下脱氧。

1. 硅脱氧

经研究，脱氧是否完全不仅与熔池中的硅有关而且与碳的含量有关。当 $Y>0.4$ 时，脱氧不完全。

$$Y=\frac{C}{\sqrt{Si}}$$

其中，C——熔化金属中的碳含量(%)；

Si——熔化金属中的硅含量(%)。

2. 硅、锰联合脱氧

SiO_2 的熔点为 1 700℃，在液态钢中以细小针状的固体形式析出，不易浮出熔池，以夹渣的形式存留于焊缝金属中。MnO 的密度 5.11g/cm³，比重大不易浮出熔池，在焊缝中成为夹渣。为了减少夹渣，总希望脱氧生成物能容易浮到熔池金属表面。

在低温反应区生成物是 $FeO-MnO-SiO_2$，该渣系熔点为 1 270℃，密度为 3.6g/cm³，而且流动性好易凝聚，故易浮出熔池表面。

提高硅、锰的含量可减少焊缝金属中的含氧量，但却使焊缝金属变硬和脆化。为了获得含氧量低和机械性能好的焊缝金属，经研究常以二者的综合值考虑，[Mn]/[Si]=2.0～4.5。目前各国使用的焊丝[Mn]/[Si]=1.5～3.0。

此外，为了防止生成 CO 和减少 FeO，应限制熔池中碳的含量，所以实际生产中焊丝的含碳量都小于 0.1%。

三、焊缝金属的合金化

CO_2 气体保护焊时，电弧温度高，CO_2 分解度大氧化性强，合金元素的烧损大大超过焊接熔池中合金元素的烧损。焊丝金属要经过电弧区过渡到焊接熔池中，故焊丝中合金元素的烧损大于母材金属中合金元素的烧损。根据焊丝金属成分和母材金属成分可按下式计算焊缝金属成分。

$$C_W=\mu_e m C_e+\mu_b n C_b$$

其中，μ_e、μ_b ——分别为焊丝金属和母材金属的过渡系数；

C_W、C_e、C_b ——分别为焊缝金属、焊丝金属和母材金属中某元素的含量；

m、n ——分别为焊丝金属和母材金属占焊缝金属的比例。

焊丝中元素向焊缝金属中的过渡系数 μ_e 是根据在水冷铜板上堆焊金属的化学成分分析确定；元素的总过渡系数 μ 是根据焊缝金属的化学成分分析确定。几种焊丝和母材金属的过渡系数见表 4-11。

表 4-11　几种焊丝和母材金属的过渡系数 μ_e、μ_b、μ

钢材牌号	焊丝牌号	过渡系数	元素				
			C	Mn	Si	Cr	Ti
Cr18Ni9Ti	H06Cr9Ni9Ti	μ_e	0.92	0.60	0.73	0.89	0.20
		μ_b	1.00	1.00	0.81	0.98	0.78
		μ	0.96	0.78	0.78	0.94	0.42

表 4-11(续)

30CrMnSiA	H18CrMnSiA	μ_e	0.55	0.64	0.69	0.89	
		μ_b	0.92	0.93	0.97	0.97	
		μ	0.79	0.80	0.81	0.94	
低碳钢	H18CrMnSiA	μ_e	0.55	0.67	0.68	0.87	
		μ_b	0.92	0.97	0.96	0.94	
		μ	0.74	0.78	0.73	0.87	
低碳钢	H10MnSi	μ_e	0.51	0.35	0.23		
		μ_b	0.86	0.85	0.73		
		μ	0.71	0.55	0.37		

四、焊缝金属中的气孔

1.CO气孔

CO_2 气体保护焊如果焊丝中的脱氧元素含量不足,熔池金属中的 FeO 与碳发生反应生成大量的 CO(3.1 节),由于 CO 的激烈析出使熔池金属发生"沸腾"现象。熔池金属结晶时一些 CO 逸出熔池表面,另一些 CO 来不及逸出而残存在焊缝金属内形成气孔。CO 气孔产生在焊缝内部时,多数是沿晶界分布,表面光滑呈条虫状。如果焊丝中脱氧元素不足,CO 还可形成表面气孔。

一般焊缝金属中含硅量大于 0.20%时,就可以防止 CO 气体引起的气孔,这是由于焊接熔池金属在接近凝固温度时硅具有强烈的脱氧作用。

2.氢、氮气孔

焊接时坡口处有一定数量的铁锈,铁锈中含有结晶水($Fe_2O_3 \cdot mH_2O$),在电弧的高温作用下水发生分解。

$$H_2O \rightleftharpoons 2H + O$$

由于熔池金属中溶氢量增加,冷却时将增加产生氢气孔的可能性(1.3 节)。但是,电弧中 CO_2 和 O 的浓度很高时,将阻止水的分解。

$$CO_2 + H \rightleftharpoons CO + OH$$

$$O + H \rightleftharpoons OH$$

这时反应向右进行,从而减弱了氢的有害作用。同理,CO_2 气体保护焊对油污和水分也不像其它焊接方法那么敏感。

为了避免氮气孔主要是增加 CO_2 的保护作用,如采取合适的 CO_2 流量,合适的喷嘴直径及喷嘴到焊件间的距离,焊接场所不要有风等。

4.2.3 焊接材料

为了防止产生气孔,减少飞溅,保证焊接质量,需选用含硅、锰元素的焊丝。

一、实芯焊丝

气体保护焊实芯焊丝的化学成分及力学性能,见表 4-12。

表 4－12 常用气体保护焊丝化学成分及力学性能 （GB/T14958－94）

序号	牌 号	化 学 成 分 （%）									
		C	Mn	Si	P	S	Cr	Ni	Cu	Mo	V
1	H08MnSi	≤0.11	1.20～1.50	0.40～0.70	≤0.035	≤0.035	≤0.20	≤0.30	≤0.20		
2	H08Mn2Si	≤0.11	1.70～2.10	0.65～0.75	≤0.035	≤0.035	≤0.20	≤0.30	≤0.20		
3	H08Mn2SiA	≤0.11	1.80～2.10	0.65～0.95	≤0.030	≤0.030	≤0.20	≤0.30	≤0.20		
4	H11MnSi	0.07～0.15	1.00～1.50	0.65～0.95	≤0.025	≤0.035		≤0.15		≤0.15	≤0.05
5	H11MnSiA	0.07～0.15	1.40～1.85	0.85～1.15	≤0.025	≤0.025		≤0.15		≤0.15	≤0.05

序号	牌 号	抗拉强度 σ_b （MPa）	屈服应力 $\sigma_{0.2}$ （MPa）	伸长率 δ_5 （%）	室温冲击功 A_{KV} （J）
1	H08MnSi	420～520	≥320	≥22	≥27
2	H08Mn2Si	≥500	≥420	≥22	≥27
3	H08Mn2SiA	≥500	≥420	≥22	≥47
4	H11MnSi	≥500	≥420	≥22	
5	H11Mn2SiA	≥500	≥420	≥22	≥27

二、药芯焊丝

1. 药芯焊丝的种类及特性

药芯焊丝是由 08A 冷轧薄钢带经光亮退火后，由轧机纵向折叠，加入焊剂拉拔而成。其截面形状如下：

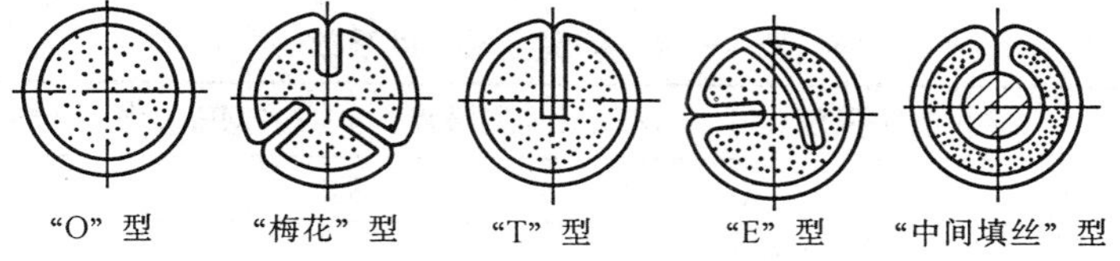

图 4－12 药芯焊丝断面形状

“O”形焊丝又称管状焊丝，焊丝芯部的焊剂不导电，电弧易沿四周导电钢皮旋转，致使电弧的稳定性较差，折叠焊丝的钢皮在横截面上分布比较均匀，所以电弧稳定，焊丝熔化均匀，冶金反应充分。

药芯焊丝在国外发展很快，日本船厂 CO_2 气体保护焊在 20 世纪 80 年代初使用药芯焊丝占 75%，实芯焊丝占 25%。

2. 药芯焊丝型号

药芯焊丝根据药芯类型、是否采用外部保护气体、焊接电流及对单道焊和多道焊适用性分类。

GB10045－88 规定药芯焊丝型号由焊丝类型代号和焊缝金属力学性能两部分组成。

第一部分 EF 表示药芯焊丝代号，代号后第一位数字“0”表示用于平焊和横焊，“1”表示用于全位置焊。代号后第二位数字为分类代号，见表 4－13。短线后前两位数字表示最小抗拉强度，见表 4－14。后两位数字表示吸收冲击功，见表 4－15。

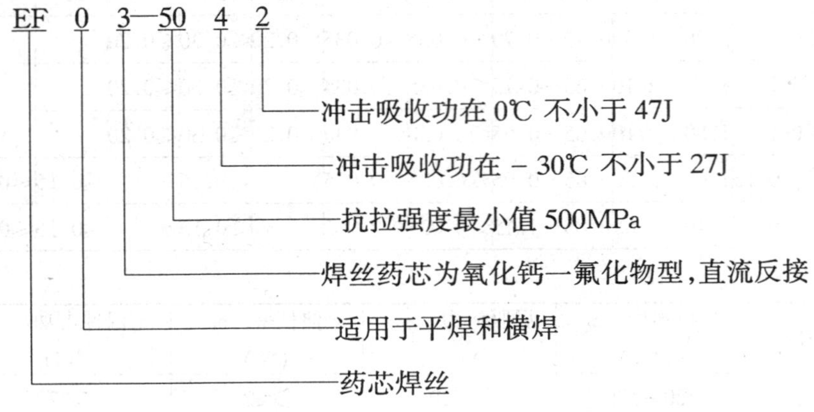

表 4－13 药芯焊丝分类及类型代号 （GB10045－88）

焊丝类型	药芯类型	保护气体	电源种类	适 用 性
EF×1－	氧化钛型	二氧化碳	直流反接	单道焊和多道焊
EF×2－	氧化钛型	二氧化碳	直流正接	单道焊
EF×3－	氧化钙—氟化物型	二氧化碳	直流反接	单道焊和多道焊
EF×4－		自保护	直流反接	单道焊和多道焊
EF×5－		自保护	直流正接	单道焊和多道焊
EF×G				单道焊和多道焊
EF×GS				单道焊

表 4－14 焊缝金属强度系数

强度系列	抗拉强度 σ_b （MPa）	屈服点 $\sigma_{0.2}$ （MPa）	伸长率 δ （%）
43	430	340	22
50	500	410	22

表 4－15 焊缝金属吸收冲击功（V 型缺口）

第一位数	吸收冲击功 （J）		第二位数	吸收冲击功 （J）	
	温度（℃）	冲击功		温度（℃）	冲击功
0	没有规定		0	没有规定	
1	＋20	≥27	1	＋20	≥47
2	0		2	0	
3	－20		3	－20	
4	－30		4	－30	
5	－40		5	－40	

4.2.4 焊接工艺

为了获得优质的焊接接头和较高的生产效率，应该正确选择操作方法、焊接规范和做好焊前准备工作。

一、焊炬位置

1. 焊炬角度

根据焊炬的倾角与移动方向分左焊法和右焊法，见图 4－13。CO_2 气体保护焊多用左焊法，亦称后倾角焊法。

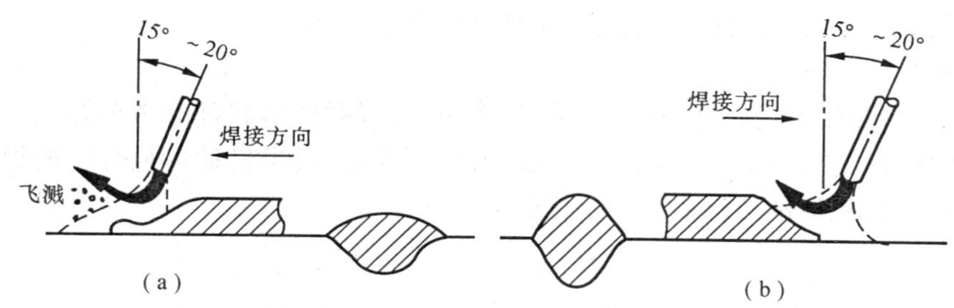

图 4－13　平焊时焊炬的倾角影响

(a)左焊法；(b)右焊法

左焊法焊炬后倾 15°～20°，在电弧力的作用下把熔化金属吹向前方，此时焊缝的宽度稍增加但不均匀，熔深变浅，同时还产生较大飞溅。

2. 焊炬高度

焊炬高度、焊丝干伸长见图 4－14。焊炬的高度对电弧的稳定，气体的保护效果及焊丝干伸长对使用电流都有重大影响。该距离短气体保护好，但飞溅金属易粘附到喷嘴上使保护变坏；距离大可见性好，但易受风等因素的影响，破坏保护。

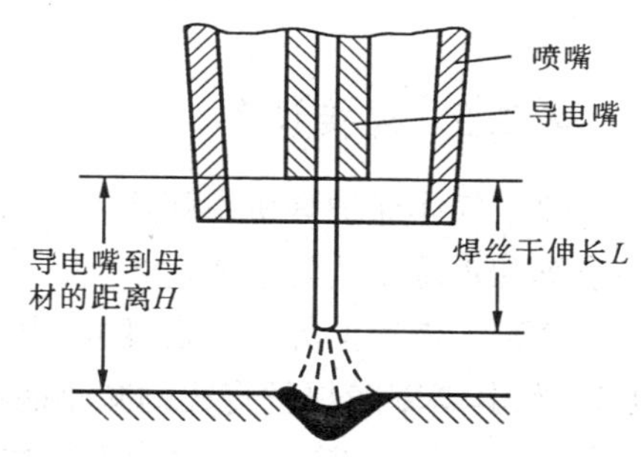

图 4－14　导电嘴到母材的距离与焊丝干伸长示意图

通常短路过渡时，导电嘴到母材的距离应为焊丝直径的 12 倍；射流过渡时，导电嘴到母材的距离为焊丝直径的 15 倍。

二、焊接规范

1. 焊接电流

焊接电流是熔化焊丝及母材和决定熔深的重要因素。CO_2 气体保护焊是采用恒电压—等速送丝系统，电流的调节是通过送丝速度进行控制(3.4 节)。

短路过渡时，焊丝直径为 1.2mm 电流大约 200A 以下，焊丝直径为 1.6mm 电流大约 250A 以下，此时可获得飞溅小、美观的焊缝。当焊丝直径为 1.2mm 电流 200A 以上，焊丝直径为 1.6mm 电流 300A 以上为射流过渡，此时能获得熔深较大的焊缝。

2. 电弧电压

电弧电压的大小说明电弧的长短，同时它又是决定焊缝宽度的主要因素。电弧电压与焊缝截面形状的关系见图 4－15。

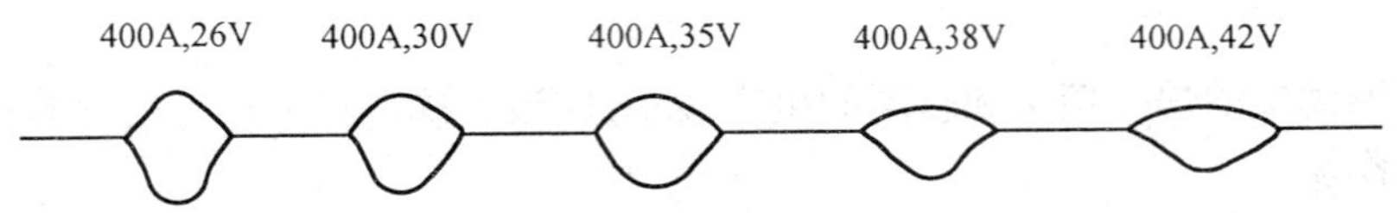

图 4－15　电弧电压与焊缝截面形状

短路过渡区域内的电压范围很小，大约为±0.5～1.5V，电压合适时，电弧发出均匀的“噗、噗”声；电压过低时这种声音不连续，甚至发生焊丝与母材间固体短路和强烈的爆破飞溅。

射流过渡区如将电压逐渐降低，电弧渐渐潜入母材，飞溅降低，焊缝截面呈凸状。进一步降低电压，焊丝会插入熔池而短路，并发出“吧、吧”的飞溅。

3. 焊接速度

焊接速度与焊接电流、电弧电压一样，对熔深、焊缝截面形状都有重要影响。焊接速度过慢易产生满溢；焊接速度过快会产生咬边、未熔合等缺陷，半自动焊最合适的焊接速度是(18～30)m/h。焊接速度与焊截面关系见图 4－16。

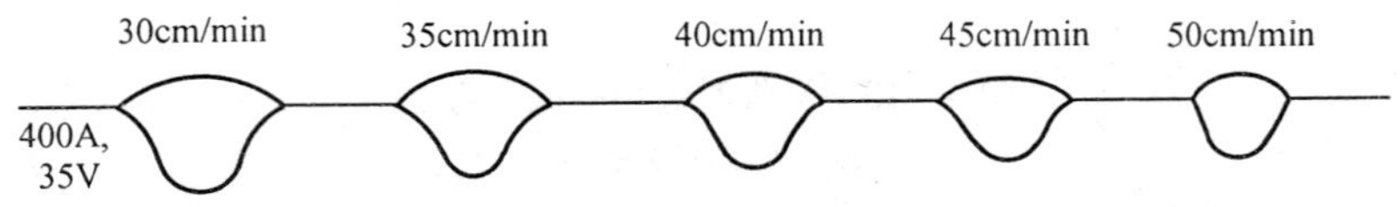

图 4－16　焊接速度与焊缝截面关系

4.2.5　焊接设备

CO_2 气体保护焊机由弧焊电源、控制系统、CO_2 气路系统、送丝机构、焊炬及自动焊的焊接小车和水冷系统等组成。

CO_2 气体保护焊电流密度大，由于 CO_2 对电弧的冷却及压缩作用，电弧的静特性处于上升段，其斜率随焊丝直径的减小而增大。为了满足电弧—电源系统稳定工作的要求，当焊丝直径≤1.6mm 时，选用电源外特性是平的、缓升的或缓降的(电流每增加 100A，电压下降不超过 5V)，并采用等速送丝机构。当焊丝直径≥2.0mm 时，选用下降外特性电源和电弧电压反馈控制送丝机构。

一、引弧性能

CO_2 气体保护焊机大多采用接触引弧，目前生产中使用焊机的一次引弧成功率较低，仅为 20%～60%。CO_2 气体保护焊引弧状态，见图 4－17。

焊机启动后焊丝逐渐接近母材，焊丝一旦与母材接触电源供给较大短路电流，焊丝在 A 点爆断，引弧成功；在 B 处爆断引弧失败。

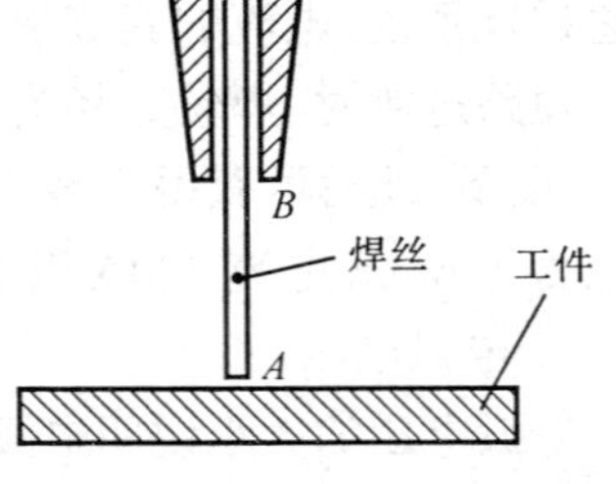

图 4－17　接触引弧时状态

焊丝与工件接触电阻 R_A 、焊丝与导电嘴接触电阻 R_B 和短路电流 I_S ，在引弧时的变化情况，见图 4－18。A、B 两点处焊丝与工件和焊丝与导电嘴间接触电阻热，见图 4－19。

由图 4－19 可见，T_1 为焊丝与工件及焊丝与导电嘴接触电阻热瞬间值相等的时间。当焊丝与工件接触时间小于 T_1，A 点的发热量将大于 B 点的发热量，此时短路电流很大供给充分热量，焊丝将在其与母材接触点处爆断，引弧成功。为了获得在 A 点爆断可采用以下方法。

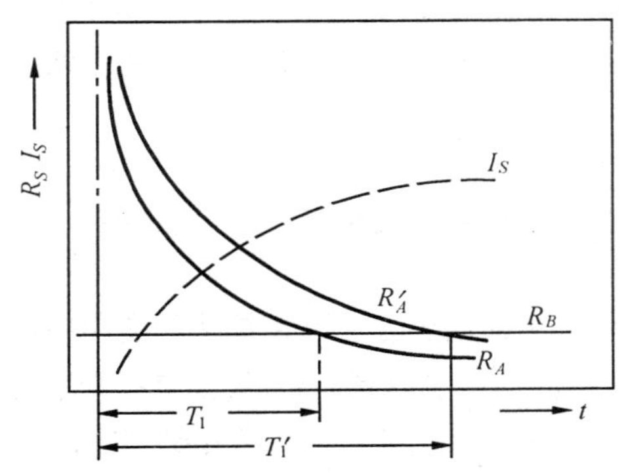

图 4－18　A、B 两点的接触电阻及引弧短路电流

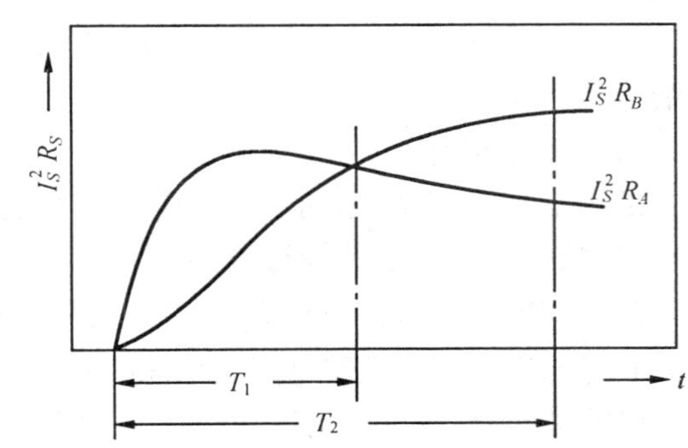

图 4－19　A、B 两点的焦耳热

1. 热启动引弧

为了提高短路时电流的增长速度($\mathrm{d}i/\mathrm{d}t$)，在焊接回路中电感的铁芯上再绕较多圈数的副边绕组，并在副边回路中串联二极管 D、电阻 R 和电容 C，见图 4－20。焊丝与母材接触引弧时，副边受原边的作用也感应出较大电势，从而产生感生电流，并经 D、R 向 C 充电，充电电流逐渐减小，最后变成零。这样，副边感应出充电电流相当于减小电感量和提高焊接回路短路电流上升速度，电弧引燃后电容器充电结束，副边相当于开路，电感 L 又恢复为正常值。

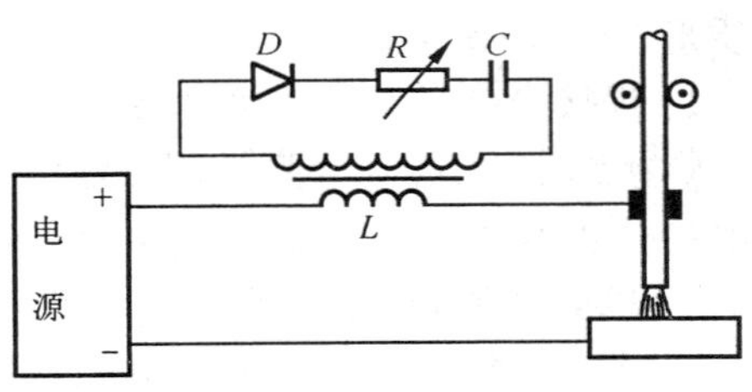

图 4－20　热启动引弧电路

可控硅旁路控制热启动电路，见图 4－21。当焊丝与母材短路时，旁路可控硅全部导通，短路电流上升速度很快，有利于引弧。电弧正常燃烧时，主可控硅按给定控制角导通，而旁路可控硅不导通，于是平衡电抗器、直流电抗器全部接入，焊接回路恢复正常。

2. 慢送丝引弧

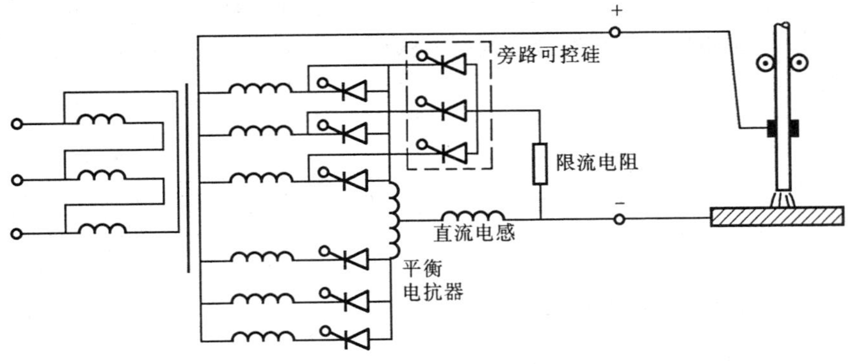

图 4－21　可控硅旁路控制热启动电路

启动时减慢送丝速度，使电阻 R_A 下降缓慢，见图 4－18，R_A 变为 R'_A，T_1 延长为 T'_1，这样有利于焊丝在 A 点爆断。通常慢速送丝的速度以(1.5～3)m/min 为宜。

3．剪断效应引弧

通常 CO_2 气体保护焊结束后，焊丝端头都覆盖一层薄渣，再引弧时与母材接触电阻变得极大，造成引弧失败。以往为了改善引弧性能人工用钳剪断焊丝端头球滴，为模仿此效果，在控制上增加这样功能，焊接结束时降低送丝速度和电弧电压，以便最大限度地减少焊丝端头的残留金属，得到类似剪断的端头。

4．提高空载电压

由于空载电压高，增加了维持电弧的长度，所以会提高引弧成功率。

二、减少飞溅和改善焊缝成形

为了减少 CO_2 气体保护焊的飞溅，到目前各国所采用的主要方法是在焊接回路中串联一个大电流电感，以降低短路电流上升速度和短路峰值电流。这种方法是有效的，如直径为 1.2mm 实芯焊丝在 200A 时，飞溅可达 20%左右，当回路中串联 0.6mH 电感时，飞溅降为 6%左右。

三、收弧性能

焊接结束时，电弧的下方总要产生凹陷，通常称作火口。当焊接电流较大，火口较深时，除了焊缝成形不良和影响焊接接头强度外，还容易产生裂纹、气孔等缺陷。为了保护焊接接头质量，必须填满火口。

1．焊接设备具有收弧控制装置

焊接结束时，接通收弧控制按钮，此时电流减为焊接电流的 60%～70%，电弧电压按电流的最佳匹配减小，弧坑填满时断开按钮。

2．焊接设备无收弧控制装置

这时采取多次停弧，每次停弧(1～2)s，到填满火口为止。

四、CO_2 气体保护焊机种类和用途

CO_2 气体保护焊机型号很多，按其焊接运行方法分为半自动 CO_2 气体保护焊机和自动 CO_2 气体保护焊机。

半自动 CO_2 气体保护焊机通常适于低碳钢、低合金钢的薄板焊接。如 NBC－160、NBC－200 适合焊接(0.6～4)mm 的低碳钢、低合金钢；NBC－250、NBC1－250 适合焊接(1～8)mm 的低碳钢、低合金钢。

自动 CO_2 气体保护焊机既可焊接低碳钢、低合金钢薄板(如 NZC－500－1 可焊 1mm 薄板)，又可焊接较厚的低碳钢、低合金钢(如 NQZCA－400×2 用(1～1.6)mm 焊丝可焊(4～40)mm 低碳钢、低合金钢)。

4.3 电 渣 焊

4.3.1 电渣焊的原理和特点

开始时首先在焊丝或焊极与工件间引燃电弧，利用电弧热使一部分焊剂熔化，当焊剂熔化一定数量时焊丝或焊极立即插入熔化的焊剂中，利用电流通过熔化焊剂的电阻热作热源，并在冷却滑块的作用下强制成形，这种熔焊方法就是电渣焊。电渣焊有以下优点。

1. 效率高

单焊丝电渣焊采用焊丝往复摆动焊法，一次可焊接厚度(150～200)mm金属。当采用多丝、板极和熔嘴电渣焊时，一次可焊成的厚度理论上不受限制，实际上要受电源容量限制。

电渣焊焊件可不开坡口一次焊成，但不宜用其焊接厚度小于30mm的焊件。

2. 成本低

电渣焊供给熔池的焊剂仅为焊缝金属的2%～3%，加上散失也不超过5%，只是埋弧焊焊剂用量的1/15～1/20。单位重量焊缝金属的耗电量仅为埋弧焊的1/3～2/5。

3. 焊缝质量好

电渣焊时热量集中程度不如电弧焊，近缝区受热特点是：加热速度慢，停留在1 000℃以上时间较长，在奥氏体分解的温度区冷却速度慢，焊接易淬火钢时，可显著减少近缝区产生淬火裂纹倾向。

此外，由于金属熔池上方有一定深度熔渣保护，可避免空气的有害作用，减缓熔池金属冷却，有利于熔池中的气体和杂质排出。

电渣焊的缺点是：焊接接头在高温停留时间长，金属晶粒粗大，焊接接头冲击韧性低，对有一定要求的结构需进行焊后热处理。

目前使用的电渣焊有三种。

1. 丝极电渣焊

丝极电渣焊原理，见图4－22。根据焊件的厚度采用一根或多根焊丝。丝极电渣焊可调参数多，质量易控制，焊缝的长度不受限制，但焊件的厚度不宜超过450mm。

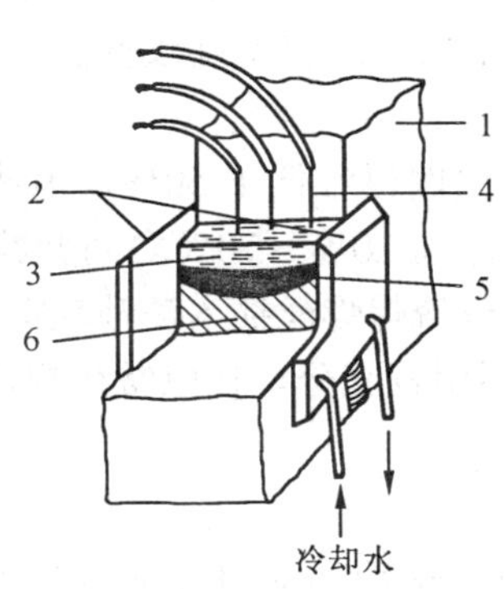

图4－22 丝极电渣焊原理

1—焊件；2—滑块；3—渣池；4—焊丝；
5—金属熔池；6—焊缝金属

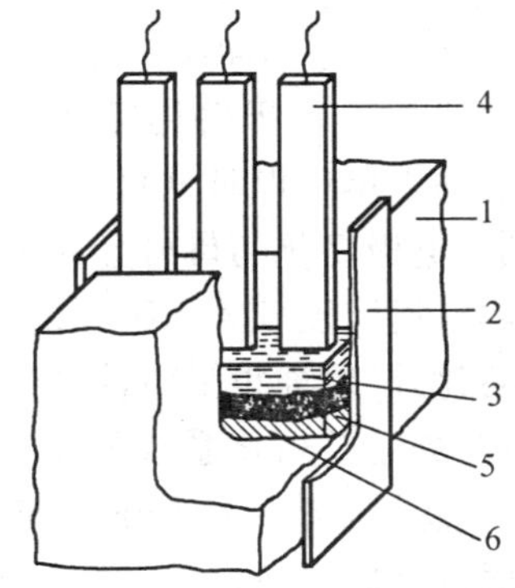

图4－23 板极电渣焊原理

1—焊件；2—滑块；3—渣池；4—板极；
5—金属熔池；6—焊缝金属

2. 板极电渣焊

板极电渣焊原理见图4－23，是用大断面电极(板状或棒状)代替多根焊丝。板极电渣焊设备简单，适合焊接大厚度工件，但焊缝不宜超过1m。

3. 熔嘴电渣焊

对于断面形状复杂的焊件可采用熔嘴电渣焊。熔嘴电渣焊除采用焊丝，还采用与焊件断面相似(尺寸略小)，厚度小于间隙的金属板做填充金属。熔嘴电渣焊原理见图4－24。

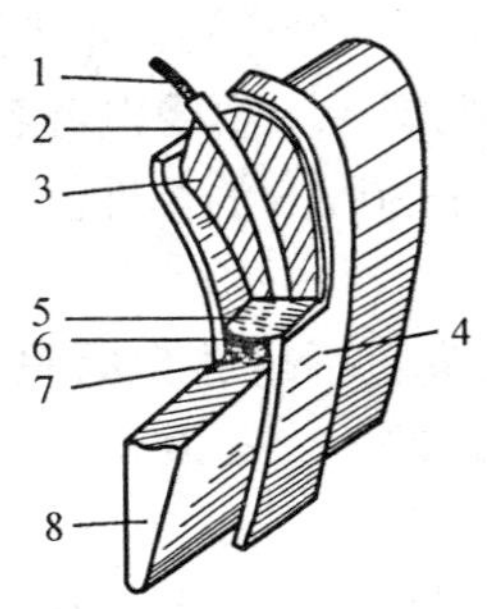

图 4-24　熔嘴电渣焊原理

1—焊丝；2—钢管；3—熔嘴；4—冷却成形滑块；5—渣池；6—熔池；7—焊缝；8—焊件

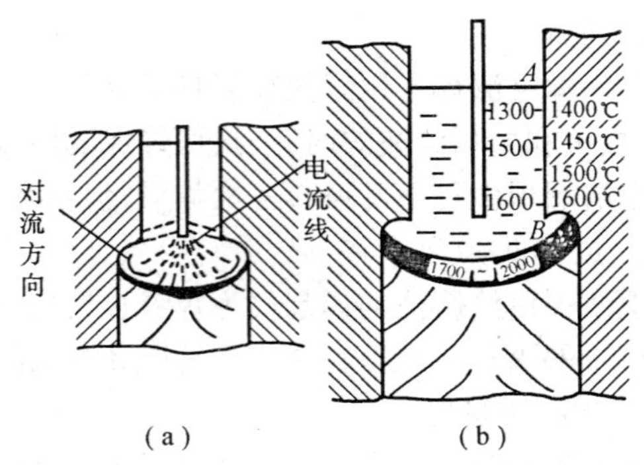

图 4-25　渣池中电流分布(a)和温度分布(b)

4.3.2　电渣焊热过程和某些特点

一、电渣焊的热过程

1. 热量发生及分布特点

电渣焊是以电流通过渣池产生电阻热来熔化金属进行焊接。电渣焊的焊接电流主要部分通过电极末端，另有小部分通过焊丝侧面形成分流。因此，电极末端与金属熔池间地区温度最高，该区域常呈锥形，见图 4-25，有时也称高温锥体。高温锥体的温度大约 2 000℃左右，渣池的表面温度 1 640℃～1 820℃，热源温度较低，整个冶金反应温度较低。

2. 母材金属及电极熔化特点

埋弧自动焊单道焊时，熔化的母材金属占焊缝金属的比例很难低于 50%。电渣焊热能分配较分散，电极熔化与母材金属熔化比例可通过改变规范在 10%～70%之间调整变化。

电渣焊电流密度较大($100A/mm^2 \sim 120A/mm^2$)，丝极电渣焊焊丝插入渣池较深，插入部分除端部熔化外，侧面也受渣池加热而部分熔化，电阻热利用较充分。在以常用规范进行焊接时，电渣焊焊丝的熔化系数常是电弧焊熔化系数的两倍。

3. 母材金属加热及冷却速度较缓慢

大截面焊缝的电渣焊是一次焊成，故熔池移动速度小。这种移动缓慢又有强大热源作用将使母材金属有足够的升温时间，而电源的慢速移开，其冷却速度也必然是缓慢的。

二、焊接规范及工艺因素的影响

1. 焊接电流

电流在(200～700)A 时，熔宽随电流的增大而增大，焊缝中母材金属含量由 0 增加到 30%。继续增大电流到 1 000A 时，熔宽反而减小，焊缝中母材金属含量降低到 20%。这是因为在(200～700)A 时，渣池的热量与电流成正比，因此熔宽随焊接电流的增大而增大。当电流超过某一数值继续增加时，渣池的热量虽然增加了，但焊丝送进速度加快，焊丝熔化加快，金属熔池液面上升也快，焊件边缘单位长度所获得的热量相对减少，故熔宽减小。

2. 送丝速度

送丝速度在(100～200)m/h(焊接电流(280～420)A)范围时，随送丝速度增大焊缝熔宽增加;送丝速度超过200m/h,随送丝速度的增大熔宽反而减小。

3. 焊接电压

无论在什么情况,提高焊接电压都会使熔宽增大。在试验条件下,焊接电压由26V变到42V,焊缝的母材金属含量由0改变到50%。焊接电压过小,渣池的温度降低,可能发生未焊透;电压过高,渣池过热和沸腾,会破坏焊接过程的稳定;继续增大电压,焊丝与渣池表面间可能产生电弧导致未焊透。

4. 渣池深度

在其它焊接规范不变条件下,渣池深度增大会导致热量重新分布,即预热母材金属的热量增多,用于熔化焊件边缘的热量减少,因此使熔宽减小。渣池深度由20mm增大到80mm时,焊缝中母材金属含量由40%减少到0,即引起未焊透。

5. 焊丝直径

焊丝直径增大,焊缝熔宽随之增大。焊丝直径过大,校直和送丝会发生困难;焊丝直径过小,会影响电渣过程的稳定性。

6. 焊丝干伸长

焊丝送进速度不变,电流随干伸长(导电嘴导电端到渣池表面间的焊丝长)的增加而减小,因此熔宽随焊丝干伸长的增加而减小,但电渣过程的稳定性将提高。但当焊丝干伸长过大时,会降低焊丝在间隙中垂直下降的准确性,同时焊丝可能过热而烧化,并由焊丝末端与渣池接触时产生电弧,电渣过程的稳定性受到破坏。

7. 焊丝的摆动速度

焊丝摆动速度对熔宽的影响与渣池深度的影响相似,摆动速度增大,熔宽减小。摆动速度由10m/s增大到70m/s时,焊缝宽度由40mm减到20mm,并出现未焊透。

8. 焊剂的性能

焊剂对熔宽的影响在于:它能改变稳定电渣过程所需要的焊接电压范围。

9. 装配间隙

在电流、电压和渣池深度等条件不变情况下,熔宽随间隙的增大而增大。因为渣池的总热量不变,随着间隙增大熔池液面上升缓慢,焊件边缘单位长度所获得的热量增加,所以熔宽随着增大。

三、丝极电渣焊规范的选择

1. 焊丝选择

丝极电渣焊一般采用3mm焊丝,焊丝干伸长为(60~80)mm,焊丝摆动速度为(30~40)m/h,焊丝在滑块傍停留(4~6)s。为了保证焊透,焊丝的根数与担负的金属厚度,见表4-16。

表4-16　焊丝根数与负担的金属厚度

焊丝根数	焊接金属的厚度　(mm)	
	不　摆　动	摆　　动
1	40~60	60~150
2	60~100	100~300
3	100~150	150~450

2. 装配间隙

考虑到间隙对熔宽的影响，考虑焊机导电嘴的运行方便，装配间隙一般为(25～35)mm。随着工件厚度及焊缝长度的增大，装配间隙可略为增加。

3. 熔宽

根据对焊缝金属的成分及焊缝机械性能的要求，确定混入焊缝金属中的母材金属百分比，这就要对母材金属的熔宽提出要求。一般要求熔宽为(2～5)mm，对普通低碳钢一般要求(5～10)mm。

4. 渣池深度

合适的渣池深度主要与焊剂的导电性、焊丝的送给速度及每根焊丝所负担的金属厚度有关。渣池深度、送丝速度及单根焊丝负担的厚度见表4－17。

表4－17 渣池深度、送丝速度及单根焊丝负担厚度

$V_{送丝}$ (m/h)	渣池深度 (mm)	
	δ=100 mm	δ=50 mm
100～150	35	40
175～225	40	45
275～325	45	50
375～425	55	60
475～525	65	70

5. 焊接电压和送丝速度

为了保证焊件边缘有足够的熔透，焊接电压应保证焊件边缘熔宽不小于(4～5)mm。焊丝送给临界值是焊缝不出现热裂纹的最大送给速度。它们之间关系见表4－18。

表4－18 焊接电压、临界送丝速度及单根焊丝负担厚度之间关系

母材金属中的含碳量(%)	单根焊丝所负担的焊件厚度 (mm)					
	50		75		100	
	焊丝送给临界速度(m/h)	最小电压(V)	焊丝送给临界速度(m/h)	最小电压(V)	焊丝送给临界速度(m/h)	最小电压(V)
<0.13	280	45～47	420	50～52	500	54～56
0.14～0.17	250	44～46	365	49～51	480	54～56
0.18～0.22	230	43～45	335	48～50	440	52～54
0.23～0.26	200	42～44	290	46～48	380	50～52
0.27～0.30	170	42～44	250	45～47	320	48～50
0.31～0.35	155	43～45	225	43～45	290	48～50
0.36～0.40	140	44～46	200	43～45	260	46～48

4.3.3 焊接材料与设备

一、电渣焊焊剂的作用

1. 热作用

电渣焊时，焊接热是通过电流流过液态熔渣获得的。热量大部分用于熔化电极，液态渣池同时具有预热金属，延长熔池液态金属存在时间和降低焊接接头冷却速度的功能。

2. 机械保护

渣池覆盖在金属熔池表面，可有效地防止气体与金属的直接作用。

3. 冶金作用

当应用不含合金成分的一般焊剂进行电渣焊时，渣和金属之间的作用表现为激烈的脱硫和氧化。至于渣的渗合金作用要比电弧焊弱。

二、对电渣焊焊剂的要求

除原料成本低、便于制造和析出有毒气体少外，电渣焊焊剂还应满足以下工艺性能。

1. 保证电渣过程迅速建立

在渣池深度发生较大变动时，仍能保持电渣过程的稳定。为了使电渣过程稳定，熔渣应有一定范围的导电率。否则，导电率过高会在熔渣与电极间产生电弧；导电率过低电渣过程可能中断。

2. 熔渣有一定粘度

熔渣粘度过小，会流入焊件和滑块之间，由于熔渣的流失而破坏焊接过程；熔渣粘度过大，能将滑块从焊缝边缘挤开，由于熔渣和熔池金属的流失而产生咬肉和夹渣。

3. 熔渣有适当的表面张力

熔渣表面张力过小，会造成熔渣卷入液态金属产生未熔合，熔渣与固相金属间张力过大和熔渣与熔化金属间张力过小都能产生未熔合现象。

三、我国常用电渣焊焊剂

电渣焊焊剂均为熔炼型焊剂，种类不多，我国用于铁基合金的电渣焊剂和电渣重熔焊剂见表4-19。

表4-19 国产常用电渣焊剂简明特性

牌号	焊剂类型	组成成分（%）
HJ360	中锰高硅中氟	SiO_2 33～37、MnO 20～26、CaO 4～7、MgO 5～9、Al_2O_3 11～15、CaF_2 10～19、FeO≤1.5、S≤0.10、P≤0.10
HJ330	中锰高硅低氟	SiO_2 44～48、MnO 22～26、CaO≤3.0、MgO 16～20、Al_2O_3≤4、CaF_2 3～5.5、K_2O+Na_2O 0.4～0.8、FeO≤1.5、S≤0.08、P≤0.08
HJ252	低锰中硅中氟	SiO_2 18～22、MnO 7～9、CaO 12～15、MgO 11～15、Al_2O_3 18～24、CaF_2 20～25、K_2O+Na_2O 1.3～1.7、FeO≤1.0、S≤0.05、P≤0.05
HJ140	无锰低硅中氟	SiO_2 7～10、CaO 32～36、MgO 11～13、Al_2O_3 23～25、CaF_2 16～20、FeO≤1.0、S≤0.05、P≤0.05
HJ170	无锰低硅高氟	SiO_2 6～9、CaO 12～22、CaF_2 27～40、K_2O+Na_2O 1.5～2.5、TiO_2 35～41
HJ171	无锰低硅高氟	SiO_2≤3、CaO 15～25、Al_2O_3 20～30、CaF_2 50～60、FeO≤0.5、S≤0.05、P≤0.05

四、各类钢的电渣焊

1. 碳素钢电渣焊

碳素钢成分（w(C) = 0.1% ～ 0.7%；w(Mn) ≤ 0.8%；w(Si) ≤ 0.4%；w(Cu) ≤ 0.5%；w(Cr) ≤ 0.3%；w(Ni) ≤ 0.3%；w(S) ≤ 0.05%；w(P) ≤ 0.05%）一般选用 HJ360 或 HJ170，配合 H08，H08A，H08MnA，H08MnSi，H08Mn2Si。采用 HJ170 比用 HJ360 焊缝金属含硫量降低 3/4～4/5。

2. 低合金钢电渣焊

低合金钢成分（w(C) ≤ 0.45%；w(Mn) ≤ 1.7%；w(Si) ≤ 1.2%；w(Cr) ≤ 1.6%；w(Ni) ≤ 1.6%；w(Mo) ≤ 0.6%）一般选用 HJ360、HJ252 和 HJ171（要求再热加工的焊件选用 HJ252），配合 H08Mn2Si，H12Mn2Cr，H08CrMoV，H08CrNi2Mo，H04Cr2MoA，H08CrMn2SiMo 等。

3. 中合金钢的电渣焊

含合金元素总量 2.5%～10% 的中合金钢（w(C) = 0.35%～0.5% 的中合金结构钢，w(C) ≤ 0.28% 的中合金耐热钢）一般选用 HJ360、HJ433、HJ431、HJ150，配合焊丝根据焊缝的要求选择：焊缝与母材等强度可选用 H08CrNi2Mo、H08Cr3Mn2SiMo、H13Cr2MoVTi、H10Cr5Mo 或与母材成分相等的电极材料。当采用低组配焊缝时（一般低于母材 10%），可选用 H10Mn2、H12Mn2Cr、H08MnSiMoTi、H08CrMoA、H08CrMn2SiMo 等。

五、电渣焊设备

国产电渣焊机种类较少。HS－1000 型电渣焊机的电源是 BP1－3×1000 弧焊变压器，它是一种可用丝极焊接单程对接焊缝的导轨型焊机，调换个别零件后可焊接 T 型接头、角接接头和环焊缝。HR－1000 型管状焊条丝极电渣立焊机是在常用电渣焊基础上发展的电渣焊机，其过程与熔嘴电渣焊基本相同。

4.4 电子束焊

电子束焊是一种将发射极（钨阴极）加热至 2 000℃左右，利用电子枪产生高能强流电子束轰击焊件接缝使之熔化的一种熔化焊接方法，见图 4－26。可焊接对接、搭接和角接等多

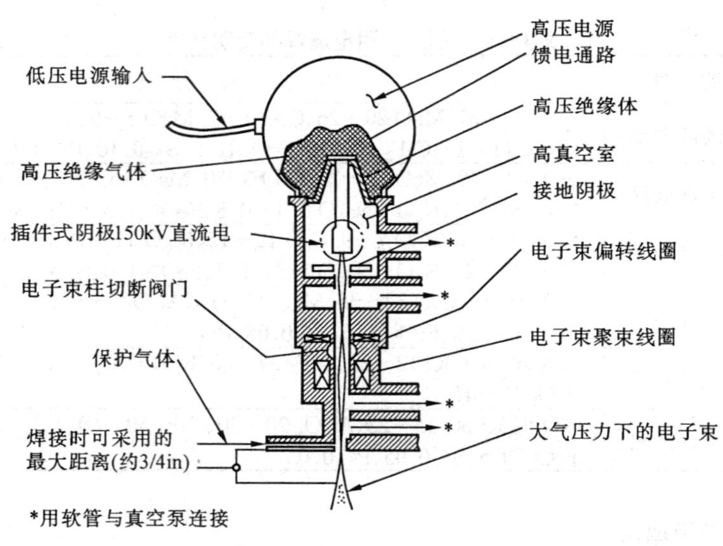

图 4－26 高压非真空电子束焊用的电子枪［19mm(0.75in)］

种接头见图 4－27。

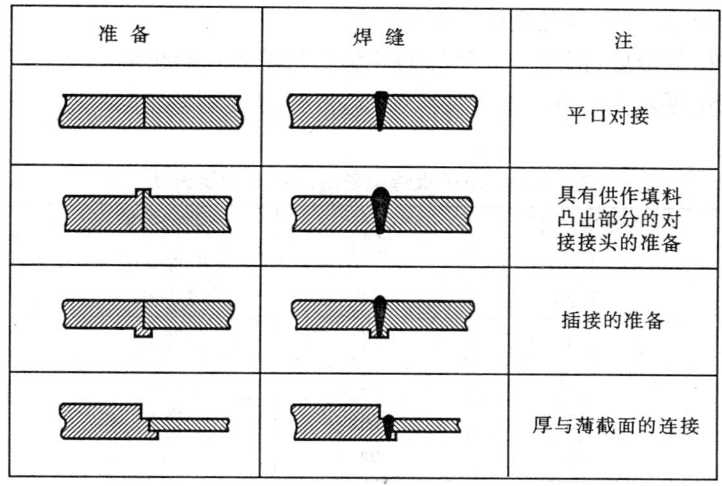

图 4－27　对接焊接头的准备

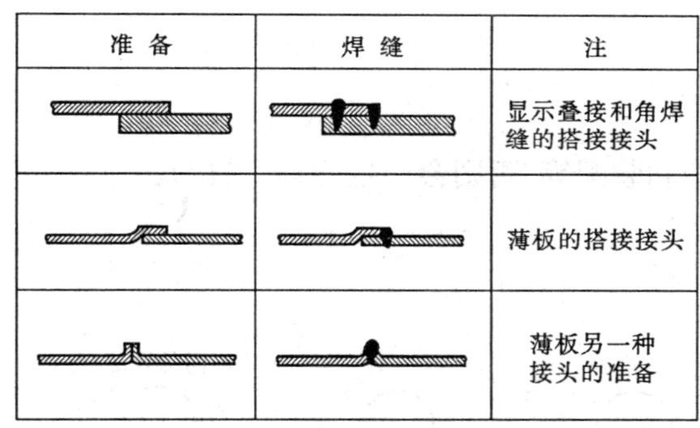

图 4－28　搭接接头的准备

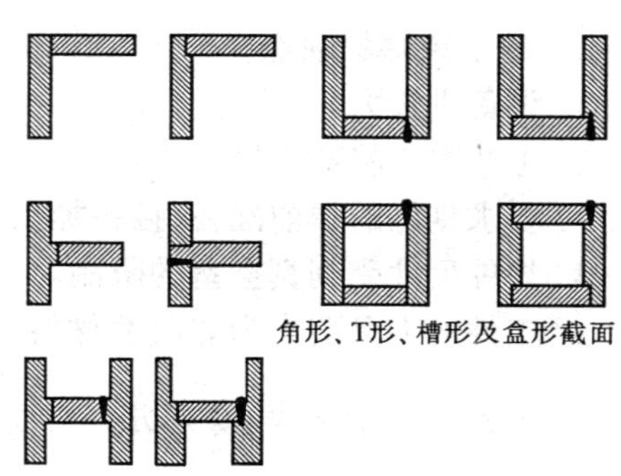

图 4－29　角形和 T 形接头的准备

该焊接方法自 20 世纪 30 年代发明以来，许多工业部门为提高生产率，保证产品质量，或由于特殊需要在进行某些金属组件焊接时，都在优先考虑电子束焊接方法。

60 年代，电子束焊就用于原子能工业中高熔点材料的焊接和航空、汽车工业成批零件的生产。高度发展的日本在 70 年代末，研究了采用局部真空电子束焊接方法焊接船体和液化天然气运输船厚壁铝罐的可行性。美国在 80 年代中期评价了电子束焊焊接铝合金制装甲车的可行性，用电子束焊焊接 HY－80 钢带肋实验壳体作潜水器水下用壳体结构的评价试验。

4.4.1　电子束焊接特点

一、电子束焊具有以下优点

1. 高能电子束可获得窄而深的穿透型熔化焊缝，成形系数为 1/(20～30)。

2. 高度集中的电子束可减少热量输入和材料消耗，其热变形和热影响最小。

3. 在真空环境下，可保证焊缝不被气体污染，对活泼金属也可焊接。

4. 可准确控制焊接参数，保证重复性，从箔到厚金属均可一次焊成。

5. 对材料影响小，许多异种金属可焊接。

6. 对焊接结构的金属，消除应力后的韧性至少与基体金属相同。

7. 焊接速度快见表 4－20。

表 4－20 电子束焊设备的熔深与焊接速度

加速电压 (kV)	焊接功率 (kW)	材料	焊接速度 (mm/min)	焊缝熔深(mm)
60	0.25	钢	1 500	1
60	2.0	钢	750	10
150	4.5	钢	500	10
150	15	钢	150	50
150	75	钢	50	最大 280
150	75	钢	100	最大 150
167	100	铝镁合金	50	最大 590

二、电子束焊的缺点

1. 设备投资大。

2. 工艺限于特殊焊接接头。

3. 要求良好的焊前准备（接头加工、清理和装配等，否则会产生污染、错位）。

4. 焊件尺寸受到真空室的限制。

5. 工件的夹具要求为非磁性材料。

4.4.2 电子束焊接方法

电子束焊接是一种高能密度的焊接方法，能焊透的深度与电子束焊设备输出的功率成正比，并与电子束焊接的方式有关。三种不同压力的电子束焊示意图见图 4－30。

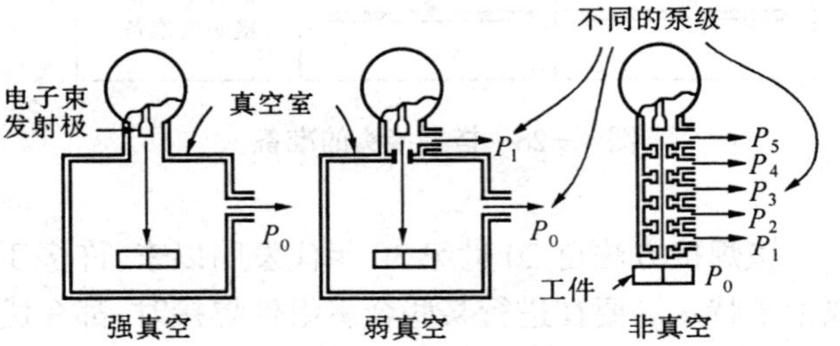

图 4－30 电子束焊机的三种不同工作压力模型

一、高真空电子束焊

高真空电子束焊（0.013 3 Pa～0.001 33Pa）目前已开发有 100kW 大功率电子枪，对钢材的熔深可达（300～350）mm，可稳定焊接 203mm 厚的板材，但该法受到真空室尺寸的限制。这方面美国首先开发了大型蛤壳式真空室，用以制造战斗机。此外，日本三菱重工开发了世界最大真空室，用来生产核聚变装置、球罐及压力容器。

二、低真空电子束焊

低真空电子束焊（5.7Pa～39.9Pa）是用两个真空室，见图 4－30，电子束瞄准通阴极与工件间一小孔。该法缩短了用强真空设备抽空工作室中气体所需的时间，二真空室中高真空室抽至（0.013 3～0.001 33）Pa，焊接室用一台单独机械泵抽至（1.33～13.3）Pa。这种方法可提高生产率，但由于真空室的压力较高，电子束只能射出 60mm，致使钢的焊透厚度降为 102mm。

三、非真空电子束焊

非真空（常压）电子束焊的电子源保持在 0.013 3Pa 下，而工件处于大气下（101 325Pa），电子束穿过传送柱分成的逐级增压泵室的小孔直到大气中（图 4－30），效率非常高。

非真空电子束焊须将工件置于距出口 32mm 以内，钢的焊透厚度为 38.4mm。如果在氦气保护下，电子束焊的熔深大约是空气中非真空电子束焊熔深的两倍。

非真空电子束焊是在大气压下进行焊接，焊接接头受电子散射影响较大，焊缝比高真空和低真空焊缝宽。

4.5 爆炸焊接

早年人们发现：在大炮试验中，炮弹碎片有时会焊死在靶子钢板上；一堆炮弹同时爆炸，相邻的弹壳之间会形成焊接层；在爆炸成形的研究中，装药过多的系统可能焊死在模具的内腔等。这类事件导致了 20 世纪 50 年代末期研究爆炸焊接。

爆炸焊接是一种高能密率的固相焊接方法，它是利用炸药爆轰使焊接金属表面以高速倾斜碰撞，在界面上产生剧烈的塑性变形而焊接在一起。该焊接方法不像其它焊接方法那样受到固有特性限制（熔焊时待焊金属的熔化是在它们的界面发生；压力焊要求焊接材料产生很大的塑性变形），具有以下优点。

①不仅在同种金属而且在异种金属之间能形成一种高强度的冶金结合焊缝。

②合金之间进行焊接时，对各种合金强化所需的冷加工、弥散或沉淀效应均无明显影响。

③价格低廉，操作安全，应用方便。

④可以快速焊接，覆板的最大厚度可达 50mm，焊件的面积可小于 $6.5\times10^2mm^2(1in^2)$，也可大到 $9.3m^2(100ft^2)$。

⑤所需焊接设备简单，投资少。

⑥焊接金属表面不需要繁重的清理，只需要清除厚氧化物、氧化皮及除油。

爆炸焊具有以下缺点和局限性。

①要焊接的金属必须具有足够的韧性和抗冲击能力。

②爆炸焊接机理复杂，又需要控制碰撞条件，一般只限于焊接形状简单的组件。

③爆炸焊时，基板或固定件的厚度基本无限制，覆板的厚度却受到限制。

④爆炸带来噪声和气浪。

4.5.1 爆炸焊原理及应用

一、爆炸焊原理

当炸药爆轰时，产生高压（可达 27×10^3MPa）和高速（可达 8 538m/s），在极限倾斜位置上碰撞焊接金属表面。在高压的作用下，碰撞点表面的金属变成流体从碰撞顶点被挤出，这种表面层金属的流动和挤出称作金属的喷射，见图 4－31。喷射使金属原有的表面膜破裂，随后无膜表面被挤压达到紧密接触形成牢固的金属键结合；碰撞之后，两股运动相反的金属射流形成涡流锁合。

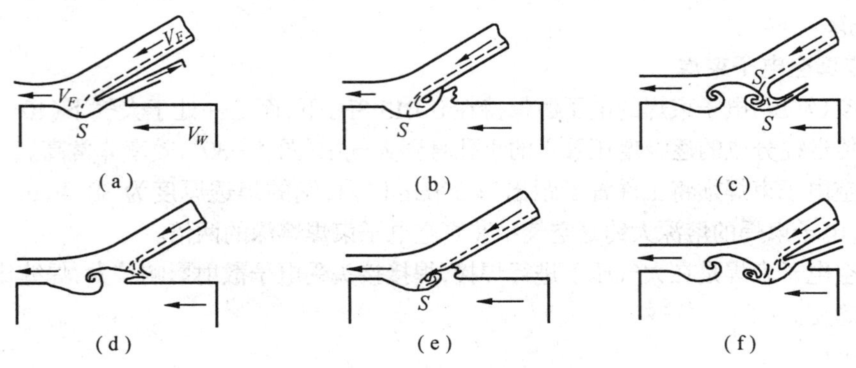

图 4－31　爆炸焊接旋涡状锁合形成机理

二、爆炸焊应用

1. 特点与要求

爆炸焊可以完成一些其它焊接方法完成不了的焊接。如 TZM 钼合金采用电阻焊太脆，用爆炸焊可成功焊接；采用普通焊接方法焊铝—钢或钛—钢时，当温度急剧升高时会在金属之间产生脆性化合物，采用爆炸焊可防止这种情况发生，并且可以很容易焊接成功。爆炸焊只对脆性金属材料不适宜，试验得出只要金属材料的延伸率＞5％或 V 型缺口夏比冲击功＞13.5J 都可采用爆炸焊。

2. 应用范围

爆炸焊接机理复杂，又要控制碰撞条件，目前在船舶与海洋工程结构的制造中，主要用于制造有特殊要求的复合板材。

目前研究，对于基板或固定件的厚度基本无限制，覆板的厚度限于 0.03mm～50.8mm。焊件尺寸：厚度＜12mm，焊件 $3\times1m^2$；厚度＜25mm，焊件 $6\times2m^2$。目前已成功焊接最大面积为 $9m^2$。

4.5.2　工艺参数

爆炸焊接过程的主要参数是碰撞速度、碰撞角、金属的物理和机械性能。

一、碰撞速度

炸药的性质决定了爆轰速度，爆轰速度与基板和覆板间的安放角度决定了碰撞速度。为了获得满意的爆炸包覆，待焊的两种金属间的碰撞速度必须在一定范围。研究指出，有利于产生喷射进行焊接和防止对材料的冲击损伤，爆轰速度一般应不超过被焊材料内部声速（纵波）的 120％。几种不同金属中的声速见表 4－21；几种用于爆炸焊炸药的爆炸速度见表 4－22。

表 4－21　不同金属中的声速

金　属	Al	Cu	Mg	Mo	Ni	不锈钢（302 型）	Ti	Zr	Zn	钢
声　速 $m/s\times10^3$	5.6	4.1	4.6	5.1	4.6	4.6	4.6	3.6	3.0	4.6

表 4－22　爆炸焊接用炸药

高速炸药 (4 572～7 620 m/s)	TNT,RDX(三甲撑三硝基胺),PETN(季戊炸药)
	复合料 B
	复合料 C4
	Deta 薄板
	Prima 绳索
低速和中速炸药 (1 524～4 572 m/s)	硝酸铵
	过氯酸铵
	阿马图炸药(硝酸铵 80%,三硝基甲苯 20%)
	硝基胍
	黄色炸药(硝化甘油)
	稀释 PETN(季戊炸药)

爆炸焊的形式见图 4－32。倾斜式或平行式的选择取决于被焊金属中的声速（V_S）和炸药的爆轰速度（V_P）。$V_P \geqslant V_S$ 时，选择倾斜式；$V_P < V_S$ 时，选择平行式。有时 V_S 可根据下式计算。

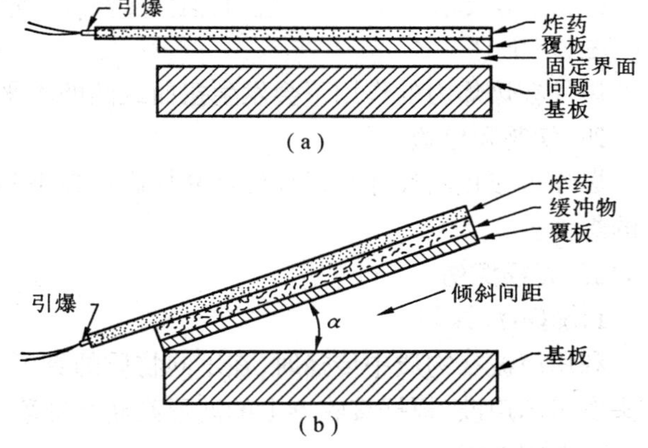

图 4－32　爆炸焊使用的金属结构形状

$$V_S = \sqrt{\frac{E}{\rho}}$$

式中，E ——被焊材料的弹性模量；

ρ——被焊材料的密度。

二、覆板与基板的间距

爆炸焊欲获得满意的包覆，覆板与基板相碰时必须具有足够的冲击能量，而冲击能量与应变能和覆板材料的动态屈服强度有关，因此覆板与基板间应有足够的距离。待焊板之间的距离（S），不同研究者提出了不同确定方法。

1．根据被焊材料的体密度确定

Ezra 研究后提出，可根据覆板材料的体密度计算 S 值。覆板体密度＜5，待焊板之间距离 $S = (1/2 \sim 2/3)\ t$（板厚）；覆板体密度＝5～10，待焊板之间距离 $S = (1/2 \sim 1)t$；覆板体密度＞10，待焊板之间距离 $S = (2/3 \sim 2)t$。

2．根据冲击速度确定

Kury 和 Aziz 研究得出平行结构间距为

$$S = 3KX_eC/M$$

式中，K ——系数（冲击速度 $V_W = 70\% V_P, K \approx 0.4; V_W = 100\% V_P, K \approx 0.7$）；

X_e ——炸药厚度；

C ——单位面积炸药的质量；

M ——包括缓冲层在内的单位面积覆板的质量。

3. 根据炸药和覆板的厚度确定

Stivers 和 Wittman 研究后提出下述经验公式。

$$S_{\min} = 0.2(X_e + X_f)$$

式中，$S_{\min}$——平行焊覆板与基板间的最小距离；

X_e ——炸药厚度；

X_f ——覆板厚度。

4.5.3 爆炸焊后工作

一、初步检查

爆炸焊后，将焊件从爆炸点搬出，经清洗后检查外观。初步超声波检查，以证明焊接工艺过程是否良好。

二、消除应力

爆炸焊后，会在碰撞界面产生加工硬化，通过消除应力可消除界面处的加工硬化。有些组合如钛和钢等要求按标准消除应力，但大多数焊件除用户提出特殊要求外不需进行热处理。

三、矫平

焊件在爆炸力的作用下会发生扭曲或凸凹不平，多数焊件焊后都要进行矫平。

四、切割和修边

爆炸焊覆板的尺寸是以焊件尺寸加修边量下料，焊后要进行切割和修边以获得要求尺寸的焊件。

五、无损探伤

1. 超声波探伤

利用声波在物质中传播时，在不同物质的界面处会发生反射和折射的原理，以一超声波探头发出超声波，根据接收器上的波形判断其缺陷情况。

2. 射线探伤

根据射线通过不同密度的物质被吸收不同，以被检件背后感光底片的感光程度来判断缺陷情况。

六、破坏性检查

爆炸焊后进行的破坏性检查包括剥离、弯曲、拉伸、剪切、硬度、疲劳、腐蚀等内容。

4.6 水下焊接

水下焊接就其所处的特殊环境大致可分为湿法水下焊接、干法水下焊接和局部干法水下焊接三类。随着生产需要和水下焊接技术发展，又出现了水下螺柱焊、水下爆炸焊、水下电子束焊和水下铝热焊等特种水下焊接。

4.6.1 湿法水下焊接

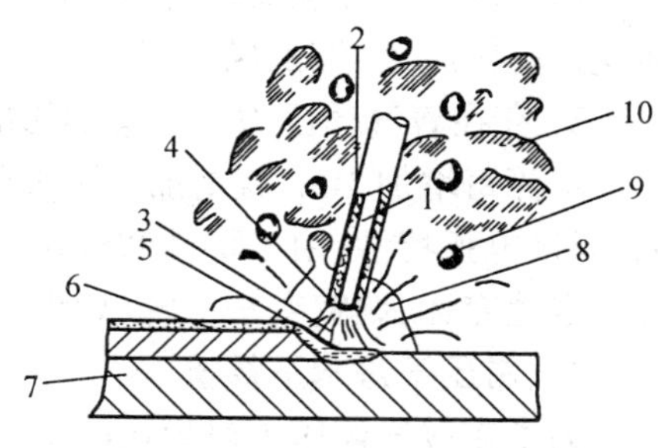

图 4－33 电弧在水中燃烧示意图

1—焊芯；2—药皮；3—电弧；4—药皮套筒；5—熔池；6—熔渣；7—焊件；8—气囊 9—气泡；10—烟雾

水下焊条与焊件接触时，电阻热将接触点周围的水汽化，形成一气相区。电焊条稍一离开焊件引燃电弧，由电弧热将周围水大量汽化，加上焊条药皮放出 CO_2 气体，在电弧周围形成一个一定大小气囊，把电弧和焊接熔池与水隔开，见图 4－33。

湿法水下焊接区周围是水，不是空气，这给水下焊接带来一系列困难。

一、能见度差

水对光的吸收和散射作用比空气对光的吸收和散射作用强得多，光在水中传播减弱得很快。如光在水中传播 1m 距离的损失，相当于光在空气中传播 1km 距离时的损失。此外，焊接时电弧周围产生大量气泡和烟雾，潜水焊工很难看清电弧和熔池情况，这种水下焊接方法基本属于"盲焊"，严重影响潜水焊工的技术发挥，焊接接头易出现焊接缺陷。

二、含氢量高

水下手工电弧焊时，电弧周围气囊中的氢浓度很高，溶解于焊缝中的氢很多，一般焊缝可达 30～40(ml/100g)，最高可达 60～70(ml/100g)，为在空气中焊接时焊缝中含氢量的好几倍。

三、冷却速度快

水下焊接尽管电弧周围有一气囊，但尺寸较小，随着焊接前进处于红热状态的熔池就与水接触。水的导热率比空气的导热率大 20 倍，焊缝冷却非常快，焊缝金属及热影响区很容易被淬硬。

4.6.2 干法水下焊接

干法水下焊接是把包括焊接部位在内的一个较大范围里的水经人工排除，使潜水焊工能在一个"干"的气相环境中进行焊接的方法。干法水下焊接分两种。

一、高压干法水下焊接

高压干法水下焊接见图 4－34。气室底部是开口的，通入稍大于工作水深压力的气体，把气室内的水从底部开口处排出，焊接工作是在干气室中进行。一般采用手工电弧焊或惰性气体保护焊。

高压干法水下焊接是当前各种水下焊接质量最好的焊接方法之一，但存在以下问题。

1. 局限性大

要有一个大型气室(焊接仓)，将被焊工件罩起来，在应用中往往受到工程结构形状、尺寸和位置等因素限制，局限性较大。

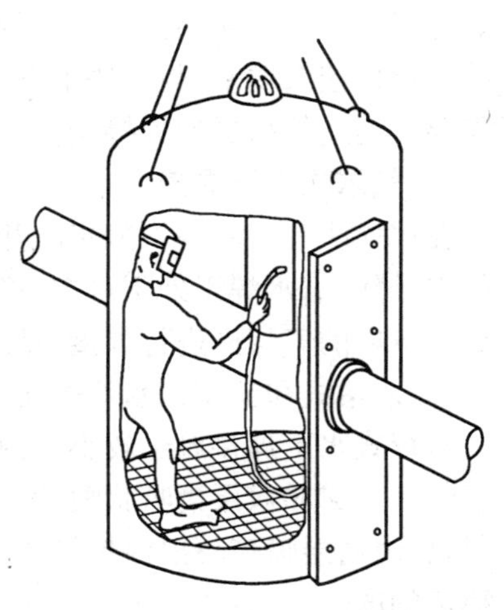

图 4－34 高压干法水下焊接示意图

2. 成本高

需要配备一套生命维持、温度调节、监控、照明和安全保障等系统。辅助工作时间长，水面支持队伍庞大，施工成本高。

3. 存在着气体压力对焊接的影响

水深每增加 10m 就增加一个大气压，在深水下进行焊接，随着电弧周围气体压力的增加，焊接电弧特性、冶金特性和焊接工艺特性都受到不同程度影响。例如，随水深的增加，电弧稳定性变坏，熔宽变窄，余高增大，焊缝成形变坏，容易产生焊接缺陷。

二、常压干法水下焊接

为了克服气体压力对焊接的不良影响，利用密封水下焊接作业仓，内部气体为常压，这样焊接工作就如陆上一样，排除了水深影响。常压干法水下焊接见图 4－35。但这种常压干法水下焊接设备的造价比高压水下焊接设备更昂贵，焊接辅助人员也更多，一般很少采用。

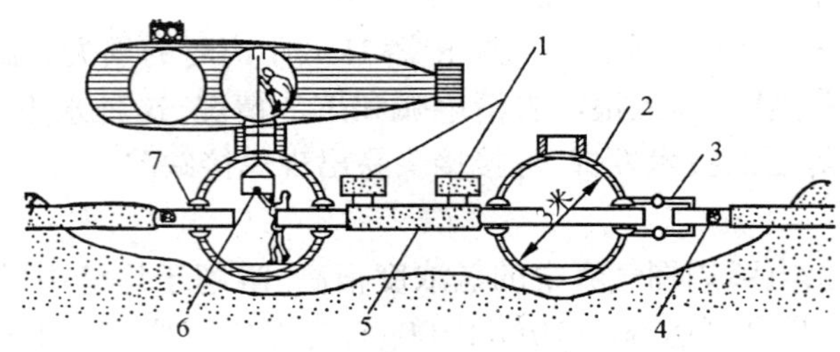

图 4－35　常压干法水下焊接示意图

1—浮力箱；2—气压室；3—液压千斤顶；4—闭合装配塞块；5—替换管段；6—可调节的管接头；7—活动夹钳

4.6.3　局部干法水下焊接

局部干法水下焊接，潜水焊工处于水中，焊接部位周围局部区域的水人工排除，形成一个较小局部气相区，使电弧在其中稳定燃烧。与湿法水下焊接相比，排除了水的干扰，改善了焊接接头质量；与干法水下焊接相比，不需要大型造价昂贵的焊接仓。

一、气罩式水下焊接

在被焊件上安装一个透明罩，用气体将罩内的水排除，潜水焊工处于水中，将焊枪从罩下伸进罩内的气相区进行焊接，见图 4－36。

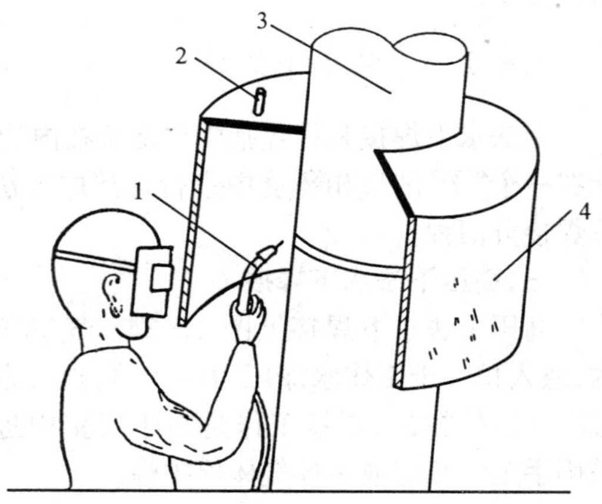

图 4－36　气罩式局部干法水下焊接示意图

1—焊枪；2—进气孔；3—焊件；4—透明罩

二、水帘式和钢刷式水下焊接

水帘式水下焊接属于较小范围局部干法水下焊接。它靠双层喇叭状喷嘴外层喷射出高压水，在喷嘴周围形成一个水帘，阻挡外面的水侵入，由内层喷嘴喷出保护气体，形成气相区，使电弧在气相区燃烧，见图 4－37。为了获得稳定的屏蔽，日本用直径 0.2mm 的钢丝“裙”代替水帘，喷嘴部分像钢丝刷，故将这种水下焊接方法称作钢刷式水下焊接，见图4－38。

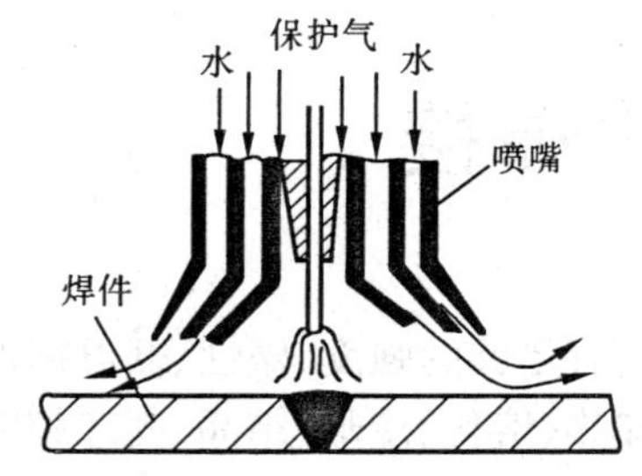

图 4－37　水帘式局部干法焊接示意图

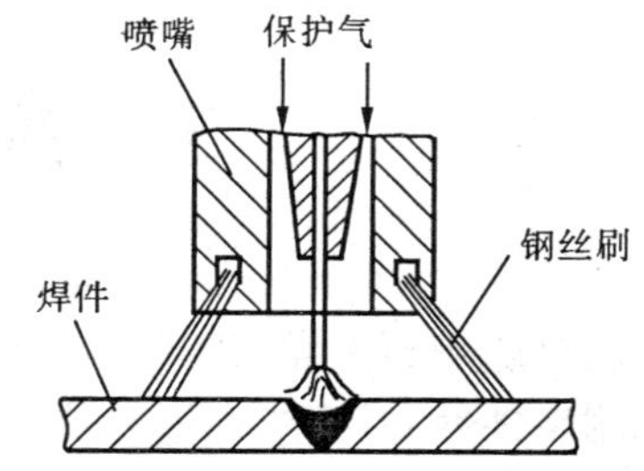

图 4－38　钢刷式局部干法焊接示意图

4.7　重力焊

重力式焊接是在手工电弧焊的基础上发展的一种半机械化焊接方法，用一个滑轨架焊接，见图 4－39。

焊接时，把滑轨焊接架的底座靠紧焊件，升起焊钳，把焊条夹在焊钳上，焊条端部对准要焊的接口处，然后借助碳棒或金属棒引燃电弧，焊条熔化缩短，焊钳在重力作用下沿滑轨下移并带动焊条沿焊缝施焊。焊条熔化到末端约 15mm 时，由于滑轨熄弧圆的作用，焊钳自动翘起熄弧。

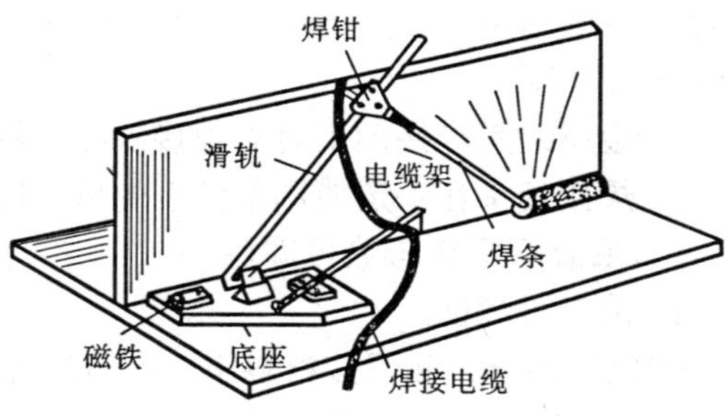

图 4－39　重力式滑轨焊接架

5 金属材料的焊接

金属是船舶与海洋工程结构的主要建造材料,应具有足够的强度、塑性、低温韧性、耐疲劳性和耐腐蚀性,并要求焊缝和热影响区的金属经受加热、熔化、冷却、结晶、固态相变,及应变和应力等一系列变化后仍保持其原有性能。

5.1 金属的可焊性及试验方法

5.1.1 金属的可焊性

金属的可焊性涉及多种因素,问题复杂,至今没有严格的定义。但可将金属的可焊性理解为,能否适应焊接加工形成完整的、具备一定使用性能的焊接接头。这样,可焊性包括以下两方面内容。

1. 金属经受焊接加工时对焊接缺陷的敏感性。

2. 焊接接头在一定使用条件下的可靠运行能力。

一、冶金可焊性与热可焊性

1. 冶金可焊性

熔化了的母材和焊接材料组成的熔池金属与熔渣和气相间发生物理、化学反应,由于合金元素的蒸发、氧化、还原等,可能造成焊缝金属的成分、金相组织及其它性能改变;O、N、H、S、P 等杂质的溶入和析出,可能形成气孔或影响焊缝金属的性能;熔池金属结晶时,成分偏析及结晶方向等原因可能导致热裂纹。

金属材料本身的性质对其冶金可焊性虽然很重要,但对焊接材料、焊接方法、保护条件也应给与充分考虑。

2. 热可焊性

通常,熔化焊都要向焊接接头区输入很多热量,这就对焊缝邻近的金属形成了加热和冷却的热处理过程。金属发生固态相变,引起它的性能(强度、塑性、韧性和耐腐蚀等)变化,由于脆化及应力的作用会导致产生裂纹等缺陷。

与焊缝金属不同,合金元素通过熔池、熔合区向热影响区母材金属扩散是微不足道的。所以,热可焊性基本完全取决于母材的化学成分、热处理过程和焊接时的热循环条件。

二、工艺可焊性

1. 材料因素

材料因素不仅要考虑母材本身性能,还要考虑焊丝、焊条、焊剂、保护气体等焊接材料的性能。焊接时,这些材料都直接参与熔池或熔合区的物理化学反应,如果选材不当,不仅可引起焊缝金属内产生裂纹、气孔和夹渣等,而且还可引起焊接接头的脆化、软化和焊接接头的耐腐蚀性能下降等。

2. 工艺因素

工艺因素对可焊性的影响有两方面。首先，焊接热源所能加热的最高温度及其功率的大小等，它们可直接影响焊接时的线能量、焊缝金属在高温停留的时间和冷却速度。如某些对过热敏感的低合金高强钢，为了降低焊接线能量，宜选择电子束焊、等离子焊和脉冲焊等；对易产生白口组织的铸铁，宜选择电渣焊和气焊等。其次，熔渣保护、气体保护、气—渣联合保护或在真空中焊接，这些保护方式会直接影响焊接冶金过程和焊接接头的冷却速度。

3. 结构因素

焊接结构形式直接影响其受力状态，这里所指的是焊接接头处的刚度、应力集中和应力状态等多种因素。设计焊接结构时，应尽量避免存在缺口、截面积突变、堆焊过高和焊缝相交等，这样不但有利于提高焊接接头的强度、韧性等承载能力，而且还有利于防止焊接缺陷的发生。

4. 使用条件

载荷的性质、工作温度的高低及工作介质的腐蚀性等使用条件是否严酷，会直接影响工艺可焊性。

5.1.2 可焊性的试验方法

试验金属的可焊性有以下三种方法。

1. 模拟试验方法

模拟焊接热循环，人为地制造缺口或充氢等，估价金属在焊接时可能发生的变化和问题，为制定合理的焊接工艺提供依据。

模拟试验法最常用的有热—应力模拟试验、插销试验等。

2. 实焊试验方法

在一定的条件下进行焊接，有时是在生产条件下进行焊接，然后检查焊接接头是否产生缺陷，或进行机械性能等试验。

这类试验方法常用的有斜 Y 坡口对接裂纹试验、刚性固定对接裂纹试验、FISCO 试验、不锈钢晶间腐蚀试验等。

3. 理论计算方法

根据母材或焊缝金属的化学成分，加上某些其它条件(如焊接接头的拘束度、焊缝的扩散氢含量等)，利用一定的经验公式计算，估计冷裂纹、热裂纹、再热裂纹等倾向的大小。

理论计算方法应用较多的是碳当量法、冷裂纹敏感系数等。

从是否能适应焊接加工获得完整的、具有一定使用性能的焊接接头出发，可焊性试验有焊缝金属抵抗产生热裂纹的能力、焊缝金属及热影响区金属抵抗产生冷裂纹的能力、焊接接头金属抗脆性转变的能力、焊接接头的使用性能四方面内容。

一、常用的可焊性试验方法

现在可焊性的试验方法很多，以下仅介绍常用的几种方法。

1.Y 型坡口裂纹试验

Y 型坡口裂纹试验，以往称作小铁研式抗裂试验。这种方法广泛用于评价打底焊缝及其热影响区的冷裂倾向。该试验如果保持焊接规范不变，采用不同的预热温度进行试验，可测得能够防止冷裂纹的临界温度。

Y 型坡口裂纹试验的试件见图 5－1。两端各 60mm 范围为固定焊缝，试板中间预留 2mm～3mm，中间 80mm 为试验焊缝。试验焊缝引弧、熄弧都应离开固定焊缝 2mm～3mm，试验焊缝结束时应填满弧坑。

Y 型坡口裂纹试验的标准焊接规范为：焊条直径 4mm、焊接电流 170A、电弧电压 24V、焊接速度 150mm/min。在三个试件上重复试验，焊后 24h 再作裂纹检查。

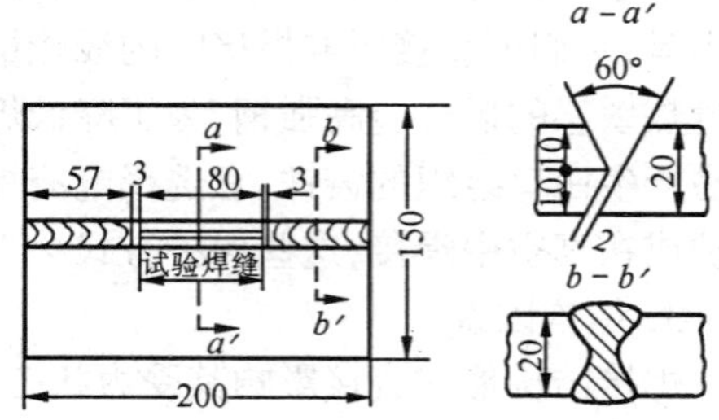

图 5－1　Y 形坡口裂纹试验

首先用放大镜目测或磁粉探伤检查焊缝表面裂纹，然后沿焊缝长等距离截取六段，检查五个断面的裂纹情况。裂纹的评定标准按下式计算。

$$\text{表面裂纹率}=\frac{\text{表面裂纹长度总和(mm)}}{\text{试验焊缝长度(mm)}}\times 100\%$$

$$\text{根部裂纹率}=\frac{\text{纵剖面上根部裂纹长度总和(mm)}}{\text{试验焊缝长度(mm)}}\times 100\%$$

$$\text{断面裂纹率}=\frac{\text{横剖面上裂纹深度总和(mm)}}{5\times\text{焊缝厚度(mm)}}\times 100\%$$

该试验方法焊接接头的拘束度大，根部尖角处又有应力集中，试验条件比较严苛。所以一般认为在这种试验中若裂纹率不超过 20%，在实际结构的焊接中就不致发生裂纹。

2．菲斯柯裂纹试验(FISCO)

菲斯柯裂纹试验是一种特别适用于热裂纹的试验，试件及其装配见图 5－2、图 5－3。

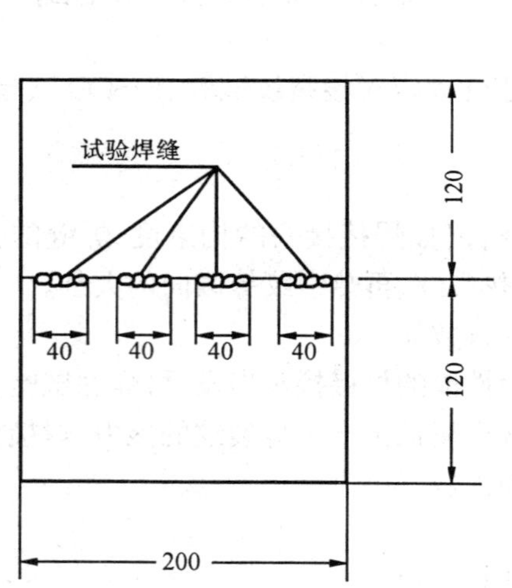

图 5－2　试件尺寸及试验焊缝位置

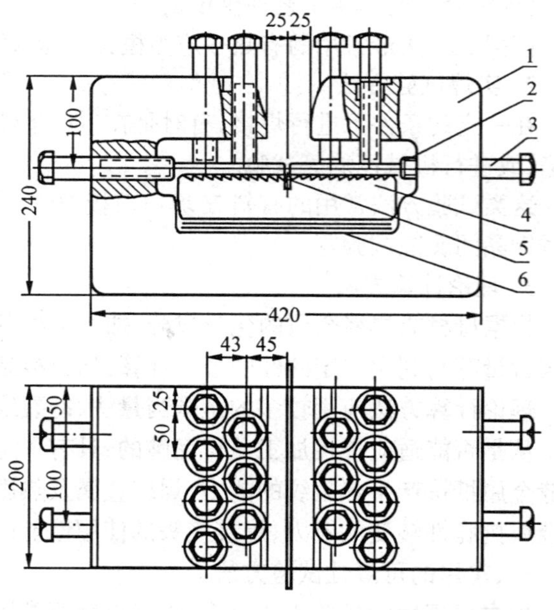

图 5－3　压板对接焊接裂纹的试验装置图

1—C 形拘束框架；2—试件；3—紧固螺栓；4—齿形底座；5—塞片；6—调整板

在特别是 C 形夹具上用强力螺栓紧固试板(试板厚 1mm～40mm)，接头处每间隔 5mm 焊一段短焊道(40mm 或 50mm，一般有 4 条焊缝)，待冷至室温后拆下试板检查表面裂纹，裂纹率用下式计算。

$$裂纹率=\frac{裂纹总长(mm)}{焊缝总长(mm)}\times 100\%$$

菲斯柯裂纹试验的装配间隙对裂纹率的影响极大，需用一定厚度板放在间隙中定位。此外，开坡口、加大坡口角度、提高焊接电流，都会提高试验的敏感性。

3. 插销试验

插销试验是一种既简单又省材料的试验方法，主要用于试验材料的氢致延迟裂纹、再热裂纹和层状撕裂等的敏感性。试验原理见图 5－4；试样尺寸、形状见图 5－5。

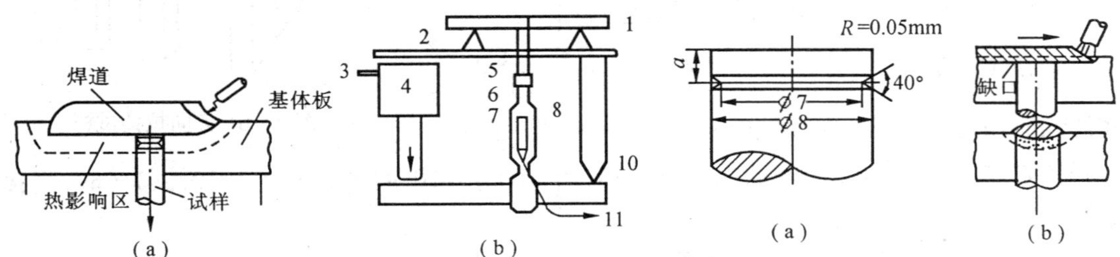

图 5－4　插销试验原理及装置简图

(a)插销试样与基体板及焊道的相对位置；(b)试验装置

1—基体板；2—支点；3—加压；4—油缸；5—插销试样；6—加载夹头；7—加载棒；8—应变片；9—载荷；10—支柱；11—导线

图 5－5　插销试验试件

根据材料的性质和试验目的调整试样的形状和尺寸，插销直径一般为 6mm～10mm，环状缺口有时加深至 2mm 或改成螺旋状缺口。试验时，插销紧插在基板上的孔中，试件上端与基板表面齐平，下端与加载夹头相连，缺口与端面的距离 a 根据实际焊接条件决定，保证施焊后缺口尖端位于焊接接头的粗晶区内。试验时的焊接规范一律采用线能量 17kJ/cm，焊后当缺口附近的金属冷至 150℃时，对插销试样施加一定的轴向拉伸载荷，并保持这一载荷直到试样断裂。

插销试验的优点是试验材料消耗少，热循环接近实际焊接条件。试验时，可调整基板的厚度，改变热循环过程；改变焊条的烘干温度、时间(调整焊条药皮中水分)，改变焊缝金属中的含氢量；可对材料的任意方向(如 Z 向)进行冷裂纹敏感性试验。

该试验方法的主要缺点是环形缺口不可能整个圆周都处于相同温度之下，这样会影响试验的准确性。

4. Z 向拉伸试验

焊接接头的层状撕裂敏感性与其 Z 向的塑性和韧性密切相关，可用 Z 向断面收缩率(φ)评价层状撕裂的敏感性。

因拉伸试验使用的试样直径的大小对试验结果有较大影响，按图 5－6 的顺序制备 Z 向拉伸试样。试件焊接时，为确保焊缝金属强度，采用焊缝金属强度略高于试验板材强度的高组配焊接接头，焊缝中不允许有夹渣、未焊透、裂纹等缺陷。试验结果，$\varphi>25\%$时，不易产生层状撕裂；$\varphi<15\%$时，对层状撕裂敏感。

5. 裂纹敏感性的碳当量判别法

碳当量法是根据材质中的合金元素的含量，间接地进行计算，粗略估价低合金钢冷裂纹敏感性的一种方法。因为焊接接头的淬硬及冷裂倾向与材质的化学成分直接有关，所以可用材质的化学成分来估价冷裂纹敏感性的大小。

(1)碳当量

钢材中的各种元素,碳对淬硬及冷裂影响最显著,所以有人将钢材中各种元素的作用按照相当于若干含碳量折合并叠加起来,求得所谓的“碳当量”(C_{eq}),以 C_{eq} 值的大小估价冷裂纹倾向的大小,认为 C_{eq} 值越小,钢材的焊接性能越好。

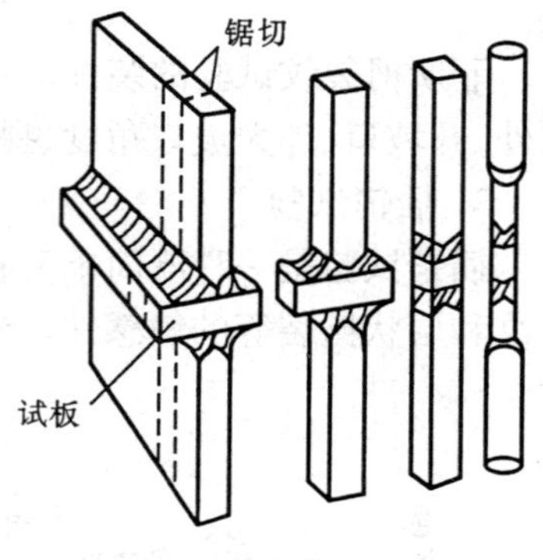

图 5-6 Z 向拉伸试样

国际焊接学会(IIW)推荐的碳当量公式如下:

$$w(\mathrm{C_E}) = \mathrm{C} + \frac{\mathrm{Mn}}{6} + \frac{\mathrm{Cr + Mo + V}}{5} + \frac{\mathrm{Ni + Cu}}{15}$$

此公式适用于 HT50～60 级非调质高强钢。当 $w(\mathrm{C_E}) \leqslant 0.45\%$时,焊接厚度<25mm 的板可不预热;当 $w(\mathrm{C_E}) < 0.41\%$、$w(\mathrm{C}) < 0.207\%$时,焊接厚度<37mm 的板可不预热。

通常认为,$w(\mathrm{C_E}) < 0.25\%$时可焊性良好;$w(\mathrm{C_E}) = 0.25\% \sim 0.35\%$时可焊性一般;$ww(\mathrm{C_E}) = 0.35\% \sim 0.45\%$时可焊性较差;$w(\mathrm{C_E}) > 0.45\%$时可焊性不好。

合金元素的裂纹敏感系数(P_{cm})的计算公式如下:

$$P_{cm} = \mathrm{C} + \frac{\mathrm{Si}}{30} + \frac{\mathrm{Mn + Cu + Cr}}{20} + \frac{\mathrm{Ni}}{60} + \frac{\mathrm{Mo}}{15} + \frac{\mathrm{V}}{10} + 5\mathrm{B}$$

裂纹敏感系数 P_{cm} 应用较多,但不适用于 $w(\mathrm{C}) \geqslant 0.18\%$的高强钢。为此日本人作了大量试验,把合金钢的含碳量扩大到 0.034%～0.25%,建立了下面新碳当量公式。

$$CEN = \mathrm{C} + A(\mathrm{C})\left(\frac{\mathrm{Si}}{24} + \frac{\mathrm{Mn}}{6} + \frac{\mathrm{Cu}}{15} + \frac{\mathrm{Ni}}{20} + \frac{\mathrm{Cr + Mo + V + Nb}}{5} + 5\mathrm{B}\right)$$

其中,$A(\mathrm{C})$——碳的适用系数。

$A(\mathrm{C}) = 0.74 + 0.25\tanh\,[20(\mathrm{C} - 0.12)]$

(2)预热温度的选择

60 年代后期建立的以 $\sigma_b = (500 \sim 1\,000)\mathrm{N/mm^2}$ 钢种为对象,采用小铁研裂纹试验,建立的化学成分、扩散 H 含量、板厚(或拘束度)与根部裂纹敏感性的关系是目前应用较广的冷裂纹判据。裂纹敏感指数 P_C 和 P_W 的计算如下:

$$P_C = P_{cm} + \frac{[\mathrm{H}]}{60} + \frac{h}{600}$$

$$P_W = P_{cm} + \frac{[\mathrm{H}]}{60} + \frac{R}{40\,000}$$

式中,P_{cm} ——合金元素的裂纹敏感系数(%);

[H]——扩散 H 含量(GB3965-83 测 H 法与日本 JIS 甘油法等效,ml/100g);

h ——板厚(mm);

R ——拘束度(N/(mm·mm))。

板厚与拘束度间的关系按下式计算。

$$R = 71K_1\,\{\arctan(0.017\,h) - (h/400)^2\}$$

式中,K_1 ——板厚拘束系数(长焊缝时,$K_1 \approx 40$;短焊缝固定焊,$K_1 = 70$,N/(mm²·mm))。

上式中 P_C、P_W 数值适应范围：w (C) = 0.07% ~ 0.22%，w (Si) = 0 ~ 60%，w (Mn) = 0.40% ~ 1.4%，w (Cu) = 0 ~ 0.50%，w (Ni) = 0 ~ 1.20%，w (Cr) = 0 ~ 1.20%，w (Mo) = 0 ~ 0.70%，w (V) = 0 ~ 0.12%，w (Ti) = 0 ~ 0.05%，w (Nb) = 0 ~ 0.04%，w (B) = 0 ~ 0.005%，[H] = (1.0 ~ 5.0)(ml/100g)，h = (19 ~ 50)mm，R = (5 000 ~ 33 000) N/(mm·mm)，E = (17 ~ 30)kJ/cm，试样为斜 Y 坡口小铁研试样。

根据 P_C(或 P_W) < P_{cr}（某种钢产生冷裂纹的敏感指数）和 C_E，在大量试验基础上建立了避免冷裂纹所需预热温度（T 是以斜 Y 坡口对接裂纹试验）。

$$T = 1\,440P_C - 392 \quad (℃)$$

$$T = 360C_E \quad (℃)$$

二、焊接接头使用性能试验

一些钢材焊后热影响区（粗晶区）的塑性和韧性下降，为了保证焊接接头的使用安全，需对焊接接头进行塑性和韧性试验。

1. 塑性试验

(1)纵向焊道弯曲试验

沿试件纵向中心开一半径为 R 的半圆槽，槽内熔敷一道焊缝，焊缝长为 l_s。焊后不得进行任何处理，在试验机上静弯，根据试件弯曲的角度及断口性质评定焊接接头的塑性。纤维状断口称作“塑性断裂”，此时认为焊接接头塑性优良。结晶状断口称作“脆性断裂”，断口为纤维状和结晶状混合时称作“混合断裂”。虽为混合断裂或结晶状断裂，但静弯角度超过一定数值时，也可认为塑性合格。试件形状、尺寸及试验示意图见图 5－7。

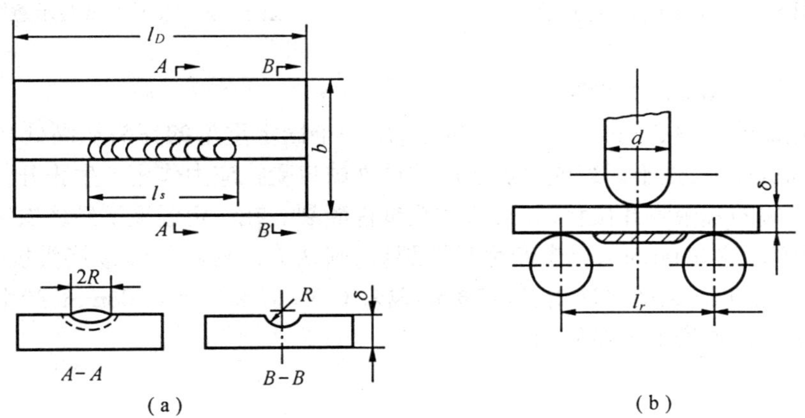

图 5－7 纵向焊道弯曲试验

(a)试件；(b)试验示意图

(2)热影响区硬度试验

试件尺寸为 300×150(mm)，用 4mm 焊条在其中央堆焊一条焊道，为了使焊接接头热影响区冷却速度快，线能量要小。焊后试件自然时效 12h，然后用机械方法垂直焊道切取硬度试件。

2. 韧性试验

(1)落锤试验

落锤试验的试件有三种标准尺寸：P_1 型 25×89×355(mm)，P_2 型 19×51×127(mm)，P_3 型 16×51×127(mm)。板材厚度＞25mm，可将其一个表面进行机加，使之减薄至标准厚度。首先，在试件轧制表面中心平行于长边堆焊一条长约 60mm 的脆性焊道，然后在焊道中央开一缺口，见图 5－8。

试验时，将制得试件有焊道的表面向下，放在支承砧座上。为了限制试验时试件的变形量，应根据试件材质的屈服强度和尺寸选择锤头重量、支座的跨距和试验的终止挠度。试验是将锤头沿导向架升到一定高度，然后自由落下，撞击砧座上的试件，被撞击试件的缺口可能扩大、延展或断裂。试验是在一系列温度下对一组试件(通常 4～8 个)逐个进行冲击，以求出试件断裂的最高温度，此温度称作无塑性转变温度(NDT)。

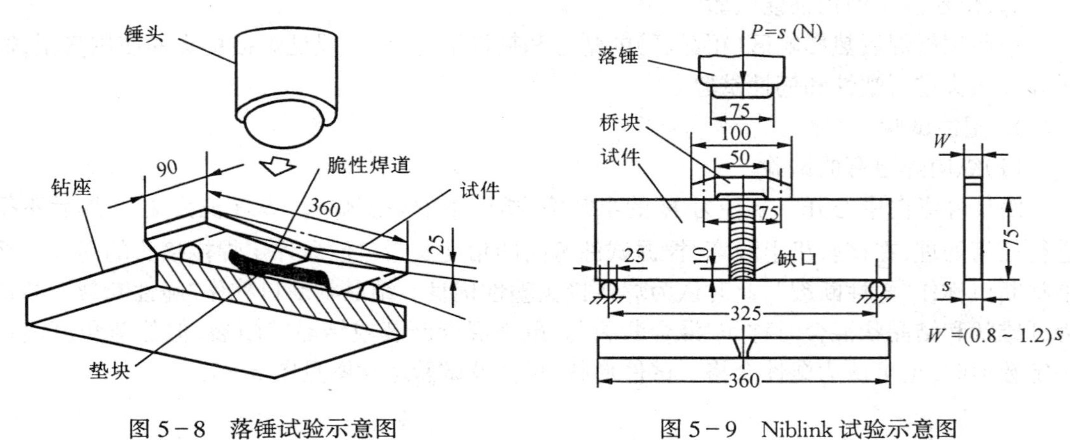

图 5－8　落锤试验示意图　　　　图 5－9　Niblink 试验示意图

(2)尼伯林克(Niblink)试验

尼伯林克试验见图 5－9。在一定温度下，用一个固定重量的锤头从高处自由落下，通过桥块冲击到试件上，处于焊缝或热影响区的试件缺口受拉应力作用产生张开位移，试验中要测出缺口尖端的残余张开位移(COD)，直至试件断裂。在一定温度下经多次冲击，缺口根部残余 COD 值已达 0.06mm，仍未产生脆性裂纹，则认为该材料的焊接接头抗开裂性能满足要求；在一定温度下经多次冲击，缺口根部残余 COD 值未达到 0.06mm，产生裂纹，则认为该焊接接头在此温度下不能使用。

5.2　合金结构钢的焊接

合金结构钢应用范围广、类型多，所采用的合金系统也各不相同。但是，从船舶与海洋工程结构焊接生产中常用的合金结构钢来看，可分为强度用钢(根据强度选用，有热轧及正火钢和低碳调质钢)；特殊用途钢(根据不同的特殊使用性能要求，有低温钢和低合金耐蚀钢)。

1. 热轧及正火钢

屈服强度为(294～490)N/mm^2 的低合金高强钢，在热轧或正火状态下供货使用，是一种非热处理强化钢。20 世纪 70 年代发展的微合金化控轧钢，就本质来讲与正火钢相类似。属于这类钢的还有 $\sigma_S \geqslant$343N/mm^2 的焊接无裂纹钢(简称 CF 钢，实质是含碳量很低的微合金化正火钢)，$\sigma_S \geqslant 343N/mm^2$ 抗层状撕裂的 Z 向正火钢板。

2．低碳调质钢

屈服强度一般为(441～980)N/mm^2，在调质状态供货使用，是一种热处理强化钢。其特点是含碳量低(一般≤0.25%)，不仅具有高强度，而且还有良好的塑性和韧性。可直接在调质状态下进行焊接，焊后不需调质处理，必要时可采取消除应力处理。

3．低温钢

低温钢对强度无特殊要求，选材是根据不同的低温韧性考虑。低温钢大部分是含镍的低合金钢，一般都是在正火或调质状态下使用。

4．低合金耐蚀钢

耐蚀钢主要用于耐大气、海水等腐蚀介质中工作的设备和结构，对它的要求除一般力学性能外，还须具有耐腐蚀的特殊要求。

我国船舶与海洋工程典型用钢见表 5－1。

表 5－1　我国船舶与海洋工程典型用钢

	类别	钢　号	化学成分（%）
强度用钢	σ_s=294～490N/mm² 热轧正火钢	16MnC	0.12～0.20C，1.20～1.60Mn，0.20～0.55Si，P≤0.045，S≤0.045
		14MnVTiXtC	≤0.18C，1.30～1.60Mn，0.20～0.55Si，0.09～0.16Ti，0.04～0.10V，P≤0.045，S≤0.045，0.02～0.20Xt
		A32，A36，A40 D32，D36，D40 E32，E36，E40	≤0.18C，0.90～1.60Mn，≤0.50Si，P≤0.035，S≤0.035，≥0.015Al(酸溶)，0.02～0.05Nb，0.05～0.10V，≤0.02Ti，≤0.35Cu，≤0.20Cr，≤0.40Ni，≤0.08Mo
		F32，F36，F40	≤0.16C，0.90～1.60Mn，≤0.50Si，P≤0.035，S≤0.035，≥0.015Al(酸溶)，0.02～0.05Nb，0.05～0.10V，≤0.02Ti，≤0.35Cu，≤0.20Cr，≤0.80Ni，≤0.08Mo，≤0.009N(含 Al 时，≤0.012N)
	σ_s=490～980N/mm² 低碳调质钢	12CrNiMo	0.09～0.14C，0.6～1.0Mn，0.15～0.35Si，0.03～0.08Ti，0.4～0.8Cr，0.7～1.0Ni，0.4～0.6Mo，0.15～0.5Cu，P≤0.03，S≤0.03
		12CrNi3	0.09～0.14C，0.30～0.70Mn，0.17～0.37Si，P≤0.035，S≤0.030，0.90～1.2Cr，2.60～3.00Ni，0.20～0.27Mo，0.04～0.10V
特殊用钢	低温钢	10Ni4(－100℃)	≤0.17C，≤0.70Mn，0.15～0.30Si，3.25～3.75Ni，P≤0.035，S≤0.045
		1Ni9 (－100～－150℃)	0.10～0.17C，0.30～0.60Mn，0.17～0.37Si，4.5～5.0Ni，≤0.30Cr，P≤0.030，S≤0.30
	耐蚀钢	09MnCuPTi (耐大气腐蚀)	≤0.12C，1.00～1.50Mn，0.2～0.5Si，0.20～0.40Cu，0.05～0.12P，≤0.03Ti，≤0.05S
		10MnPNbXt (耐大气腐蚀)	≤0.12C，0.80～1.20Mn，0.2～0.6Si，0.05～0.12P，0.015～0.050Nb，≤0.20Xt，≤0.05S
		10CrMoAl (耐海水腐蚀)	0.08～0.12C，0.35～0.65Mn，0.02～0.55Si，0.08～1.20Cr，0.40～0.80Mo，0.40～0.80Al，0.045P，0.045S
		15NiCuP (耐海水腐蚀)	≤0.22C，0.60～0.90Mn，≤0.10Si，≤0.50Cu，0.08～0.15P，0.40～0.65Ni，≤0.40S

5.2.1 热轧及正火钢的焊接

一、热轧及正火钢的可焊性分析

焊接性能通常表现为焊接引起的冶金变化和焊接时材料性能的变化。

1. 热裂纹

热轧及正火钢一般含C量较低，含Mn量较高，它们的Mn/S比都能达到要求，具有较好的抗热裂纹性能，正常情况下焊缝中不会出现热裂纹。但是，当材料成分不合格或因局部S、C严重偏析时，Mn/S可能低于要求而出现热裂纹。在这种情况下，应采用低碳焊丝和含SiO_2较低焊剂，工艺上减少熔合比，以此减低焊缝中的含C量和提高焊缝中的含Mn量，解决热裂纹问题。

2. 冷裂纹

(1)淬硬倾向与冷裂倾向的关系

热轧钢含C量不高，但含有少量的合金元素，这类钢的淬硬倾向比低碳钢的淬硬倾向大，并且随着钢材强度级别的提高淬硬倾向逐渐增大。以16Mn与低碳钢为例，16Mn钢在快速冷却时(厚板手工电弧焊时的冷却速度)铁素体析出后，剩余的富碳奥氏体来不及转变为珠光体而转变成高碳马氏体和贝氏体。从16Mn和低碳钢的C. C. T.曲线估计，焊接16Mn时会出现少量铁素体、贝氏体和大量马氏体；焊接低碳钢时会出现大量铁素体，少量珠光体和贝氏体，更少量的马氏体。

正火钢的强度级别较高，合金元素含量较多，高温转变区较稳定，焊接冷却下来很易得到贝氏体和马氏体。因此，其冷裂纹倾向随着强度级别的提高而增大。

(2)碳当量与冷裂纹倾向的关系

上面分析可以看出，材料的冷裂倾向与其淬硬倾向之间有密切关系。材料的淬硬倾向主要取决于其化学成分，其中以碳的作用最显著。因此，可以通过一些经验性的碳当量公式来粗略地估计不同钢材的冷裂倾向。以C_E为例，一些技术条件中规定了最高C_E值，有时还同时规定了含碳量，如规定$w(C_E) \leqslant 0.40\%$，$w(C) \leqslant 0.12\%$。但对含碳量低的钢材，允许C_E值更高些(如$w(C)=0.08\%$的钢材，允许$C_E=0.50\%$)，因为降低含碳量对钢材的焊接性能有很大改善，但为了弥补强度损失必须添加一引进合金元素，这样就会使C_E值变得更大。

(3)热影响区的最高硬度值与冷裂倾向的关系

为了避免产生对冷裂敏感的淬硬组织，可将热影响区的最高硬度控制在某一刚好不出现冷裂纹的临界值；反过来也可根据测得的热影响区的最高硬度值来判断材料的冷裂倾向和确定预热温度。过去规定$H_{max} \leqslant$ HV350，但随着钢材强度级别的提高其正常硬度也在提高，再用$H_{max} \leqslant 350$来判断就不合适了，要考虑钢材的级别进行修改。

3. 再热裂纹

在C－Mn和Mn－Si系热轧钢中，由于不存在强碳化物形成元素，对再热裂纹不敏感。像16Mn这一类钢在焊后消除应力处理时不会产生再热裂纹。正火钢中有一些含有强碳化物形成元素，例如14MnVTiXtC，即使含V，但实践证明它对再热裂纹不敏感；14MnMoV则有轻微的再热裂纹敏感性，在小铁研试验条件下，可提高预热温度和焊后立即后热来防止再热裂纹的产生。

4. 层状撕裂

层状撕裂不受钢材的种类和强度级别的限制，即使可焊性较好的低碳非调质钢($\sigma_S \geqslant$ (294～343)N/mm^2)，由于 Z 向拘束，板厚大于 16mm 时，也可能产生层状撕裂。

从钢材本身来说，钢中如果存在片状 S 化物或层状硅酸盐或大量成片的密集于同一平面内的氧化铝夹杂物都能导致钢材 Z 向塑性降低和层状撕裂的产生。一般认为 Z 向收缩率＞20％钢材就可以避免层状撕裂。如日本经验，HT50 钢的 Z 向收缩＞20％，即使在严酷的拘束条件下也可避免层状撕裂；英国在制造北海平台时，经验与此一致。

5. 热影响区的性能变化

(1)过热区脆化

焊接接头被加热到 1 200℃至熔点以下的区域，由于温度高发生了奥氏体晶粒的显著长大和一些难熔质点(如氮化物或碳化物)的溶入。溶入的难熔质点在冷却过程中，来不及析出会使材料变脆；过热粗大的奥氏体冷却下来会转变成魏氏体、粗大的马氏体及塑性很低的铁素体、高碳马氏体和贝氏体的混合组织和 M－A 组元，因此过热区的性能变化取决于在高温的停留时间、影响冷却速度的焊接线能量和钢材的类型及合金系列。线能量低时，韧性下降的主要原因是形成的马氏体比例增加；线能量高时，由于奥氏体晶粒的严重长大，冷却时形成典型的晶界铁素体、板条铁素体和类似珠光体的铁素体—中间相碳化物的混合物。

对于 C－Mn 和 Mn－Si 系合金钢，其合金化原理是通过固溶强化来获得满意的塑性和韧性，一般不需做任何热处理在热轧状态下使用，故对焊接时的热敏感性不大。

(2)热应变脆化

热应变脆化和室温下预应变后的应变时效，本质上都是由固溶氮引起的。热应变脆化是直接发生在焊接过程中，在热和应变同时作用下产生的一种动态应变时效，一般认为在 200℃～400℃时热应变脆化最为显著。

经验得出，16Mn 焊后经 600℃、1h 的退火处理，韧性有很大提高。由此可知，消除应力退火对防止热应变脆化是非常有效的。

二、热轧钢及正火钢的焊接工艺

1. 焊接材料的选用

选择焊接材料的目的是使焊缝无缺陷和满足焊接接头的使用性能。

(1)机械性能要求

选择焊接材料应考虑选择与母材机械性能相等强度级别的焊接材料，在没有特殊要求的前提下，一般不考虑焊接材料的化学成分。如果选择与母材化学成分相同的焊接材料，由于焊接时冷却速度很大，将使焊缝金属具有特殊的过饱和铸态组织，焊缝金属的性能表现为强度很高，而塑性、韧性很低，这对焊接接头的抗裂性能和使用性能是不利的。

(2)熔合比和冷却速度

焊缝金属的机械性能主要取决于其化学成分和组织的过饱和度。焊缝金属的化学成分不仅取决于焊接材料的成分，而且与熔合比(与母材的熔入量有关)有很大关系。焊缝金属组织的过饱和程度则与冷却速度有很大关系。

(3)焊后热处理

一般消除应力退火对强度影响不大，但对焊缝强度富裕量不大时，消除应力退火后有可能使焊缝金属的强度低于要求。例如焊接大坡口的 15MnV 厚板，焊后需进行热处理时，必须选用 H08Mn2Si 焊丝，若选用 H10Mn2 焊丝，焊缝金属的强度会偏低。

此外，对于焊缝金属要求具有一些特殊使用性能时（例如，焊接 16MnCu 要求焊缝金属与母材具有相同的耐腐蚀性能），应该选择特殊焊接材料。

热轧及正火钢常用的焊接材料见表 5－2。

表 5－2　热轧及正火钢常用的焊接材料

强度级别 σ_S (N/mm^2)	钢　号	手工电弧焊 焊　条	埋弧自动焊		电　渣　焊		CO_2 保护焊 焊　丝
			焊　丝	焊剂	焊　丝	焊剂	
294	09Mn2 12Mn	E4301 E4303 E4315 E4316	H08A H08MnA	HJ431			H10MnSi H08Mn2Si
343	16Mn 16MnCu 12MnV	E5001 E5003 E5015 E5016	不开坡口对接 H08A 中板开坡口对接 H08MnA H10Mn2 H10MnSi 复板开深坡口对接 H10Mn2	HJ431 HJ350	H08MnMoA	HJ431 HJ360	H08Mn2Si
393	15MnV 15MnTi 16MnNb	E5015 E5016 E5515 E5516	不开坡口对接 H08MnA 中板开坡口对接 H10MnSi H10Mn2 H08Mn2Si 厚板开深坡口对接 H08MnMoA	HJ431 HJ350 HJ250	H08Mn2MoVA	HJ431 HJ360	
442	15MnVN 15MnVTiRe	E5015 E5016 E6015 E6016	H08MnMoA H04MnVTiA	HJ431 HJ350	H10Mn2MoVA	HJ431 HJ360	
491	18MnMoNB 14MnMoV	E7015	H08Mn2MoA H08Mn2MoVA	HJ250 HJ350	H10Mn2MoA H10Mn2MoVA	HJ431 HJ360 HJ350 HJ250	
耐大气、海水 腐蚀钢	09MnCuPTi 10MnPNbRe	E5003CuP E7015CuP	H08MnA H10Mn2	HJ431			

2．焊接工艺参数的确定

（1）焊接线能量的确定

焊接线能量的选取主要决定于焊接接头过热区的脆化和冷裂。对于 09Mn2 及含碳量偏下限的 16Mn 等含碳量低的热轧钢，过热敏感性不大，对线能量没有严格限制。这类钢淬硬倾向小，在小线能量的情况下冷裂的倾向也不大，但要提高过热区的塑性和韧性，线能量偏小有利。

对于一些含 Nb、V、Ti 的正火钢，为了避免沉淀相的溶入以及晶粒过热所引起的脆化，线能量应选择偏小些。例如焊接 15MnVN 时，保证－20℃过热区韧性合格，线能量在 47kJ/cm 左右；保证－40℃的过热区韧性合格，线能量应在 40kJ/cm 以下。但对含碳量及合金含量较高的 490N/mm^2 级正火钢，随着线能量的减少，过热区的韧性不是提高而是降低，并且容易产生延迟裂纹,焊接这类钢线能量偏大些好。

(2)预热温度的确定

焊接时进行预热的目的是防止裂纹和适当地改善焊接接头性能。预热温度的确定较复杂,它与以下多种因素有关:材料的成分(决定材料的淬硬倾向),冷却速度(取决于环境温度与板厚),结构的拘束度,含氢量(取决于焊接材料的烘干等),焊后热处理。几种钢材的预热温度和焊后热处理规范见表 5-3。

表 5-3 几种热轧及正火钢的预热和焊后热处理

强度等级 σ_S (N/mm^2)	钢 号	预热温度 (℃)	焊后热处理规范	
			电 弧 焊	电 渣 焊
294	09Mn2 12Mn	不 预 热 (一般供应的板厚 $t\leqslant$16mm)	不热处理	
343	16Mn 14MnNb	100～150 ($t\geqslant$30mm)	600～650℃回火	900～930℃正火 600～650℃回火
393	15MnV 15MnTi	100～150 ($t\geqslant$28mm)	550℃或 650℃回火	950～980℃正火 550℃或650℃回火
442	15MnVN 15MnVTiRe	100～150 ($t\geqslant$25mm)		950℃正火 650℃回火
491	14MnMoV 18MnMoNb	≥200	600～650℃回火	950～980℃正火 600～650℃回火

5.2.2 低碳调质钢的焊接

合金元素对钢材性能的影响通常是强化效果越大,塑性和韧性降低越多。因此,对 σ_S ≥490N/mm^2 的高强钢要想通过增加合金元素来进一步提高其强度时,会引起其塑性和韧性急剧恶化,这类钢都需调质处理。为了满足调质钢的可焊性,要求其含碳量≤0.22%。当板厚增加或强度级别提高时,则添加一些其它合金元素,如 Cr、Ni、Mo、V、Ti、Zr、Nb 等,以保证具有足够的淬透性和抗回火性。

为了改善焊接施工条件,20 世纪 70 年代发展了一种含碳量极低(≤0.09%)的调质钢,即焊接无裂纹钢(CF 钢)。

一、低碳调质钢的可焊性分析

低碳调质钢含碳量低,合金成分的确定也都考虑了材料的可焊性,其工艺要求基本与正火钢相似,差别是这类钢通过调质强化,故在焊接接头热影响区除了脆化外还有软化问题。

1. 热裂纹

低碳调质钢中 S、P 杂质控制严,含 Mn 量较高,因此热裂纹倾向较小。对一些高 Ni 低 Mn 型低合金高强调质钢,焊缝中的含 Mn 量可通过焊接材料加以调整,焊接热裂纹是不会产生的。

2. 热影响区的液化裂纹

液化裂纹主要发生在高 Ni 低 Mn 的低合金高强钢中。这是因为含 Mn 量低,对脱 S 不利,焊缝金属中的 S 和 Ni、Fe 形成低熔点共晶,低熔点共晶处于晶界上而产生液化裂纹。液化裂纹产生倾向与含 C 量及 Mn/S 有关,含 C 量越高,要求 Mn/S 也较高。如当 w (C)≤0.2%, w (Mn)/ w (S)≥30 时,液化裂纹敏感性较小。因此,避免液化裂纹的关键在于控制 C 和 S 含量，保证高数值的 $w(\mathrm{Mn})/w(\mathrm{S})$。

此外，焊接线能量越大，金属晶粒长得越大，晶界熔化得越严重，液态晶间层存在的时间越长，液化裂纹产生的倾向越大。

3．冷裂纹

低碳调质钢是通过加入提高淬透性的合金元素，保证获得强度高、塑性和韧性好的低碳马氏体和部分下贝氏体。由于淬透性增加，使得 C.C.T. 曲线大大右移，除非冷却速度很缓慢，高温转变一般不会发生。但是，这类钢马氏体含碳量很低，马氏体开始转变温度 M_S 较高，在该温度下以较慢的速度冷却，形成的马氏体还能来得及进行一次“自回火”处理，所以实际上冷裂倾向并不一定很大。若马氏体转变时冷却速度较快，得不到“自回火”效果，冷裂倾向就会增大。

4．再热裂纹

从合金系统来说，为加强其淬透性和提高抗回火性能，加入的合金元素 Cr、Mo、V、Ti、Nb、B 等，大多数都能引起再热裂纹，其中 V 的影响最大，Mo 的影响次之。一般认为，Mo－V 钢、Cr－Mo－V 钢对再热裂纹较敏感；Cr－Mo 钢、Mo－B 钢有一定的再热裂纹倾向，焊接时都应该注意再热裂纹问题。

5．层状撕裂

低碳调质钢的生产控制较严，其杂质含量低，纯净度高，层状撕裂的敏感性低，到目前尚未见这方面报道。

6．热影响区性能的变化

（1）过热区的脆化

低碳调质钢的合金化是通过合金元素的作用提高其淬透性，保证获得高强度、高塑性和韧性的低碳马氏体和下贝氏体。凡是不利形成低碳马氏体＋下贝氏体的原因都会引起组织塑性和韧性下降——脆化，如由于过热造成奥氏体晶粒粗化引起的脆化；形成上贝氏体引起的脆化；由于合金化程度增加提高了奥氏体的稳定性，在贝氏体中的铁素体之间形成 M－A 组元引起的脆化等。

（2）焊接热影响区的软化

调质钢是经过淬火＋高温回火热处理，获得回火索氏体组织，渗碳体为球状。焊接时，焊接接头热影响区受到不同热循环的影响，组织发生了相应变化（变化程度和区域与焊接方法及工艺参数有关），致使焊接接头热影响区综合机械性能低于母材（也就是说焊接调质钢，焊接接头热影响区为焊接结构强度的薄弱处），这种影响对焊后不再进行调质处理的低碳调质钢优其显著，焊接时必须考虑到这一问题。

二、低碳调质钢的焊接工艺

低碳调质钢的组织为低碳马氏体＋下贝氏体，这在一般电弧焊条件下就可获得与母材相近的热影响区。但是，为了保证焊接接头的性能要注意以下问题：在 800℃～500℃之间的冷却速度大于产生脆性组织的冷却速度；为了避免冷裂纹，冷却到马氏体转变温度时的冷却速度不能太快。

1．焊接工艺方法

调质钢只要加热温度超过其回火温度，它的性能（综合机械性能）就会降低，这个问题随调质钢强度级别的提高而变得更加显著。通常解决办法是焊后重新调质处理，尽量限制焊接过程中的热量输入。

焊接 $\sigma_S \geqslant 980N/mm^2$ 的调质钢(如 HP－9－4－20,10Ni－Cr－Mo－Co 等调质钢)时,必须采用钨极氩弧焊或电子束焊之类的焊接方法。对于 $\sigma_S < 980N/mm^2$ 的调质钢,手工电弧焊、埋弧自动焊、熔化极气体保护焊和钨极氩弧焊都可以采用(但对 $\sigma_S \geqslant 686N/mm^2$ 的调质钢,熔化极气体保护焊是最适宜的自动焊方法)。

对于输入热量多、冷却速度慢的多丝埋弧焊或电渣焊,如果必须采用就要进行焊后调质处理。

2. 焊接材料

低碳调质钢焊后一般不再进行热处理,要求焊缝金属在焊接状态具有与母材近似相等的机械性能。特殊情况(结构刚度很大),为避免裂纹可选择比母材强度稍低些的焊接材料。几种调质钢的焊接材料见表 5－4。

表 5－4　几种低碳调质钢的焊接方法和焊接材料选择

钢　号	焊　条	埋　弧　焊	气体保护焊	电　渣　焊
14MnMoVN	E7015 E8515	H08Mn2MoA, H08Mn2NiMoVA, HJ350, H08Mn2NiMoA, HJ250	H08Mn2Si H08Mn2Mo	H10Mn2NiMoA, HJ360 H10Mn2NiMoVA, HJ431
14MnMoNbB	E8515	H08Mn2MoA, H08Mn2Ni2CrMoA, HJ350		H10Mn2MoA, H08Mn2Ni2CrMoA, H10Mn2NiMoVA, HJ360,HJ431
Welter－80C	L－80C (E8515)	Y－80M 焊丝, YF－200 焊剂		
T－1	E11018(E8518) E12018(E8518)	Mn－Ni－Cr－Mo 焊丝, 中性焊剂		
HY－80	E11018(E8518) E12018(E8518)	专用焊丝, 中性焊剂	Mn－Ni－Cr－Mo 焊丝 AX－90,A632, $Ar+O_2$ 保护气体	
HY－130	E14018(E1018)	研制中	Mn－Ni－Cr－Mo 焊丝, AX－140,L140 $Ar+O_2$ 保护气体	
HP－9－4－20	不推荐	不推荐	Mn－Ni－Cr－Mo 专用焊丝, 钨极氩弧焊	

3. 焊接线能量

在保证不出现裂纹,满足热影响区塑性、韧性的条件下,线能量应该尽可能选择大些。几种钢材的最大线能量见表 5－5。

表 5－5　几种钢材的最大焊接线能量　(J/cm)

钢　号	板　厚　(mm)	手工电弧焊	气体保护焊 GMA 和 GTA
HY－80	<13	17 000	
	≥13	21 600	

表 5-5(续)

HY-100	<13	17 000	
	≥13	21 600	
HY-130	10~16	15 800	13 800
	16~22	17 700	15 800
	22~35	17 700	17 700
	35~102	19 700	19 700

4. 预热温度

当线能量的数值达到了最大允许值时还不能避免裂纹的发生,必须采取预热措施。预热主要是为了防止冷裂,但从800℃~500℃区间的冷却速度来看,由于预热减缓了该区域内的冷却速度,获得上贝氏体的可能性增加,热影响区的塑性和韧性会受到不利的影响,几种低碳调质钢的最低预热温度和层间温度见表5-6。

表 5-6 几种低碳调质钢的最低预热温度和层间温度

板厚(mm)	T-1 ①	HY-80 ①	HY-130 ①②	14MnMoVN	14MnMoNbB
<13	10	24	24		
13~16	10	52	24	50~100	100~150
16~19	10	52	52	100~150	150~200
19~22	10	52	52	100~150	150~200
22~25	10	52	93	150~200	200~250
25~35	66	93	93	150~200	200~250
35~38	66	93	107		
38~51	66	93	107		
>51	93	93	107		

注:①最高预热温度不得大于表中温度65℃。

②HY-130的最高预热温度建议:16mm-65℃,(16~22)mm-93℃,(22~35)mm-135℃,>35mm-149℃。

5. 焊后热处理

低碳马氏体+下贝氏体组织的低碳调质钢能保证其焊接热影响区在快速冷却时获得高强度及塑性和韧性,为了防止焊件脆断的消除应力退火就没有必要。消除应力退火处理只用于要求耐应力腐蚀的焊件,为了保证材料的性能,消除应力退火的温度应比该钢材调质时的回火温度低30℃左右。

5.2.3 低温钢的焊接

船舶与海洋工程应用的低温钢主要用于工作温度-42℃液化石油气储运器和工作温度

-196℃的液化天然气储运器。

一、低温钢的可焊性

工作温度为-42℃的铁素体低温钢，就是上面已介绍的C-Mn钢和低碳调质钢，它们的焊接问题已作介绍。

w(Ni)=2.5%和w(Ni)=3.5%钢是含Ni量较低的低温钢，虽然含Ni量增加提高了它们的淬透性，但由于它们含碳量低，冷裂倾向并不严重，一般焊接薄板可不预热，焊接厚板时需要预热至100℃。

w(Ni)=9%马氏体低温钢，由于Ni的含量高，淬透性和液化裂纹倾向很大，但由于含碳量低并选用了奥氏体焊接材料，冷裂倾向实际并不大，这种钢厚度50mm以下的构件焊接时不需要预热。由于含碳量低，S、P杂质的含量控制严格，焊接这种钢液化裂纹问题已基本解决。焊接这种钢值得注意的问题是回火脆，在焊后回火时要严格控制温度和冷却速度。

二、低温钢的焊接工艺

1. 铁素体低温钢的焊接

这类钢焊接时，可选用与母材成分相同的低碳钢或C-Mn钢型焊条，如果选用含w(Ni)=0.5%～1.5%的低Ni焊条更可靠，线能量控制在(20～40)kJ/cm。采用MIG或TIG焊时，焊丝含w(Ni)=1.5%～2.5%，线能量控制在(28～45)kJ/cm。埋弧自动焊时，可选用C-Mn焊丝配碱性粘结焊剂，由于使用碱性焊剂焊缝的含氧量低，可得到高韧性的焊缝。此外，也可采用含Mo的C-Mn焊丝配中性熔炼焊剂或含Ni焊丝配碱性熔炼焊剂，线能量控制在(28～45)kJ/cm。

应当注意，焊态下超过w(Ni)=2.5%，焊缝中会出现粗大板条状的贝氏体或马氏体，这时随含C量的增加，韧性明显下降。只有经过调质处理，焊缝具有细化了的铁素体，焊缝的韧性才会随其含Ni量的增加而提高。

2. 马氏体低温钢的焊接

为了保证w(Ni)=9%低温钢焊接时焊缝与母材具有相似的低温韧性，生产中都选用奥氏体焊接材料，按其Ni的含量可分为三种：Ni-Cr-Mo系合金(w(Ni)≥60%)，Fe-Ni-Cr系合金(w(Ni)≥40%)，13Ni-16Cr-Mn-W奥氏体不锈钢。为了保证焊接接头的低温韧性，线能量控制在(10～35)kJ/cm。

这类材料由于含Ni量高，焊接时热裂纹倾向很大，尤其是弧坑裂纹一般很难避免，焊接时要采取适当措施(如填满弧坑或用砂轮打磨弧坑等)。

5.2.4 耐大气、海水腐蚀用钢的焊接

耐大气、海水腐蚀用钢为了提高其耐蚀性，一般都是以Cu、P为主，配合其它Al、Mo、Si、Ti、Mo、Nb、Zr、Re等元素。但含P量增加会增加钢材的冷脆性，为了降低含P钢的冷脆性，含C量应≤0.12%。

从耐大气、海水腐蚀钢的成分来看，除其含P量多外，与低合金热轧钢没有什么区别，显而易见其可焊性较好。这类钢焊接选材除满足与母材相匹配的强度和耐蚀性外，还要严格限制其含C量(w(C)≤0.12%，w(C+P)≤0.25%)。因为P不但易在焊缝金属的晶界上偏析，促使形成晶界裂纹；而且还会使近缝区硬化增加，增大冷裂纹倾向，同时还能降低焊接接头的塑性和韧性。

焊接这类钢应注意：合理设计焊接接头形式、尽量采用小焊接线能量、采用P来合金化(如

E5015CuP 焊条)、也可不用 P 合金化(采用 Ni－Cu 或 Ni－Cr－Cu 系,E5015CrNi 焊条)。

5.3 铝及铝合金的焊接

铝及铝合金易氧化,导热性高(铝及其合金熔合区的冷却速度为高强钢熔合区冷却速度的(4～7)倍),线膨胀系数大(约为低碳钢线膨胀系数的 2 倍),高温强度低(纯铝在 370℃左右,强度不超过 9.8N/mm^2),熔化时表面颜色没有明显变化,这些特点都给铝及其合金的焊接带来困难。

5.3.1 铝及铝合金的可焊性分析

一、焊缝气孔

氢是铝及铝合金熔焊时产生气孔的主要原因,焊接时氢主要来源于弧柱气氛中的水和焊丝及母材表面吸附的水。

1. 熔焊铝及铝合金时氢气孔的形成原因

据研究,在凝固点氢在铝中的溶解度从 0.69(ml/100g)突然下降至 0.036(ml/100g),从液相到固相溶解量相差约 20 倍(钢材中,液相、固相中氢溶解量相差约 2 倍)。此外,铝及铝合金比重小、导热性强,致使溶解于熔池中的大量氢在焊缝金属冷凝时来不及逸出形成气孔。

2. 防止焊缝气孔的途径

(1)减少氢的来源

焊前要对焊丝、焊条、焊剂和保护气体进行干燥处理,严格限制其含水量(研究得出,气体保护焊时,氩中的含水量小于 0.08%就不易形成气孔)。

(2)控制焊接工艺

控制焊接工艺来防止气孔的产生,是通过限制溶氢量和改善氢的逸出条件来实现的。在 TIG 焊时,尽量采用小线能量,以减少气氛中氢的溶入。在 MIG 焊时,焊丝以极细小熔滴过渡到熔池中,弧柱的温度高,所以 MIG 焊熔滴金属的溶氢量显然会比 TIG 焊填充金属的溶氢量多。此外,MIG 焊的熔深比 TIG 焊的熔深大,在相同气氛下进行焊接 MIG 焊的含氢量较 TIG 焊的含氢量多。

二、焊接热裂纹

铝及铝合金焊接时,发现的热裂纹主要是焊缝金属的凝固裂纹和近缝区的液化裂纹。

1. 铝合金的焊接热裂纹

铝合金为共晶型合金,热裂纹倾向与凝固温度区间成比例,这个结论是由状态图分析得出的。熔焊时处于不平衡凝固条件下,先凝固的固相中合金元素含量少,液相中的合金元素含量多,固相线向左下方移动。致使焊接热裂纹倾向最大的合金成分并不是状态图中合金凝固温度区间最大的成分,裂纹倾向最大的合金成分均小于它在合金中的极限溶解度。如,Al－Mg 合金中的最大热裂纹倾向 Mg 含量约 2%;Al－Zn 合金中最大 Zn 含量约为 10%～12%;Al－Si 合金中最大 Si 含量约为 0.7%;Al－Cu 合金中最大 Cu 含量约为 2%。

此外,铝合金线膨胀系数比钢线膨胀系数大一倍,在拘束条件下焊接易产生较大的焊接热应力,这也是焊接铝合金时具有较大热裂纹的原因。

2. 防止热裂纹的途径

防止凝固裂纹主要是通过合理选择焊缝合金成分，配合适当的焊接工艺来控制。

(1)焊缝金属合金成分的选择

从防止热裂纹考虑，控制适量的易熔共晶和缩小结晶温度区间，都能提高抗裂倾向。铝合金为共晶型合金，虽然少量易熔共晶的存在会增大其凝固裂纹倾向，但适量的易熔共晶能改善合金的流动性，从而提高其抗裂性能。

(2)变质剂的影响

铝合金焊丝中的微量元素(变质剂)Ti、V、Zr、B等，不仅可细化合金的晶粒、改善其塑性和韧性，而且可显著地提高合金的抗裂性能。

(3)焊接工艺参数的影响

热能集中的焊接方法，有利于快速焊接(可防止粗大的柱状结晶)，改善抗裂性能。小焊接电流，可减少焊接熔池过热，有利提高抗裂性。焊接速度提高，增大了变化速度，因而会增大热裂倾向。

三、焊接接头的"等强性"

非时效强化铝合金，在退火状态下焊接时，可认为焊接接头与母材是等强的；在冷作硬化状态下焊接时，接头强度低于母材。

时效强化铝合金(除Al－Zn－Mg合金)，无论是在退火状态下还是在时效状态下焊接，焊后不经热处理，其接头强度均低于母材的强度。

Al－Zn－Mg合金的焊接接头强度与焊后自然时效的时间长短有关，该合金焊后仅靠自然时效的时间延长，焊接接头的强度就可提高到接近母材强度水平。

四、焊接接头的耐蚀性

因为焊接接头组织不均匀，尤其是有析出相存在时，可使其电极电位不均匀，所以焊接接头的耐蚀性通常都低于母材的耐蚀性。这种耐蚀性的降低，对热处理强化铝合金尤其显著。为了改善焊接接头的耐蚀性，目前主要采取以下措施。

1. 通过焊接材料的合金化，细化晶粒，防止缺陷；调整焊接工艺，减小焊接热影响区，防止过热；焊后热处理等方法改善焊接接头组织、成分的不均匀性。

2. 采用退火及局部锤击，消除焊接残余应力。

3. 采用涂层或阴极保护等。

5.3.2 铝及铝合金的焊接工艺

一、焊接接头形式

铝及铝合金焊接时，表面极易形成难熔氧化膜(熔点，Al_2O_3 － 2 050℃，MgO － 2 500℃)，氧化物不仅妨碍焊接进行而且还易形成夹渣。为了充分去除氧化膜，氩弧焊有时对接头形式要特别考虑，使接头间隙处的氧化膜能有效暴露在电弧的作用下。

二、焊接方法

铝及铝合金的常用焊接方法有气焊、手工电弧焊和氩弧焊。

1. 气焊

气焊灵活，有经验，设备简单，生产中常用于薄板(0.5mm～2.0mm)的焊接和铸件的焊补。但气焊热量分散，热影响区大，焊件变形大，焊接接头质量低，现已逐渐被氩弧焊所代替。

气焊铝及铝合金时，必须选用相应焊剂，见表5－7。

表5－7　铝焊剂配方　(%)

牌号＼成分	KCl	NaCl	NaF	LiCl	$BaCl_2$	Na_3AlF_6
1	50	28	8	14		
2	30	45	15	10		
3	40	20	20		20	
4	40				40	20

2．手工电弧焊

手工电弧焊焊接铝合金时，因为操作困难，所以使用的范围不如气焊和氩弧焊应用广。手工电弧焊焊接铝合金时，通常板厚应大于2mm。

铝合金焊条药皮中含有氟化物，对电弧稳定不利，要求选用直流弧焊电源，反极性联接。铝焊条药皮极易吸潮，要求焊条在使用前烘干。此外，由于铝合金导热性好，焊接厚板时应预热至200℃～300℃，铝合金的焊接速度应比钢的焊接速度快(2～3)倍。焊后应仔细清理焊接接头处，防止焊件接头处被腐蚀。

3．氩弧焊

氩弧焊是焊接铝及铝合金使用最广泛的焊接方法，焊接薄板多用钨极氩弧焊(TIG)，熔化极氩弧焊(MIG)主要用于焊接厚度为3mm以上的材料。TIG、MIG焊接铝及铝合金的特点见表5－8。

表5－8　TIG和MIG焊接铝合金的特点

电　源	TIG焊特点	MIG焊特点
直流正接 (DCSP)	电极容许电流大， 熔深大， 无阴极雾化作用	粗滴过渡， 熔深浅， 无阴极雾化作用
直流反接 (DCRP)	电极容许电流小， 熔深浅， 有阴极雾化作用	射流过渡， 熔深大， 有阴极雾化作用， 有“自身调节”作用
交流(AC)	介于DCSP与DCRP间	介于DCSP与DCRD间

(1)氩气

氩气的纯度要求在99.9%以上，其中杂质：w(O)≤0.005%，w(H)≤0.005%，w(N)≤0.015，w(H_2O)≤0.02mg/l。O、N含量增加，能恶化阴极雾化作用。w(O)≥0.1%，会使焊缝表面无光泽或发黑；w(O)≥0.3%，会使钨极烧损加剧；w(N)≥0.05%，会使熔池金属流动性变坏，焊缝表面成形不良。

(2)钨极氩弧焊(TIG)

TIG焊时，直流反极性联接，电流过大会使钨极烧损很快，并可造成焊缝夹钨，所以电流应限制得较小；直流正极性联接无阴极清理作用。TIG焊一般都采用交流电源。

TIG 焊在功率一定条件下，焊接速度与焊件厚度有关，手工焊时 v_h =(0.065～0.25) m/min；自动焊时 v_h =(0.25～0.50)m/min。在钨极直径一定时，随着焊接电流的增大，焊接速度也要相应提高，保护气体流量要伴随焊接速度的改变作调整。

(3)熔化极氩弧焊(MIG)

MIG 焊时，通常采用直流反极性联接，为了获得稳定的射流过渡电弧，一般希望焊接电流超过“临界电流”值。由于临界电流的限制，在焊接厚度小于 3mm 的焊件时，须采用很细的焊丝，这给送丝造成很大困难。焊接铝合金厚板时，MIG 焊具有优越性，但焊接电流不能过大，超过 300A～400A 时焊缝表面易产生皱皮。焊接薄构件，特别是热处理强化铝合金材料的构件，熔化极脉冲氩弧焊具有明显的优越性。

MIG 焊，v_h =(0.15～1.50)m/min；$v_{丝}$ =(1.1～10.0)m/min。焊丝直径、焊接电流、送丝速度间的关系见表 5-9。

表 5-9　铝合金焊使用的焊丝直径、焊接电流和送丝速度

焊丝直径(mm)	焊接电流(A)	送丝速度(m/min)
0.8	40～170	4.5～20
1.2	100～200	4.2～12
1.6	150～290	3.5～10
2.4	220～350	2.5～5.5

三、焊丝的选用

铝及铝合金焊接时使用的焊丝大体可分为两类。

1. 同质焊丝

焊丝成分与母材成分相同，或从母材上切下板条作填充金属。母材为纯铝 LF21、LF6、LY16 和 Al-Zn-Mg 合金，可采用同质焊丝。

2. 异质焊丝

为了满足焊接时抗裂要求，焊丝成分与母材成分有较大差异。如高 Mg 焊丝焊接低 Mg 的 Al-Mg 合金，用 Al-5%Si 焊丝焊接 Al-Cu-Mg 合金等。

Al-5%Si 焊丝(LT1)，可用于焊接多数铝合金，焊接硬铝或锻铝抗裂性好，但不适宜焊接含 Mg 量较高的合金(因易形成脆性相 Mg_2Si)。焊接低 Mg 的 Al-Zn-Mg 合金有时也可以使用。

Al-5%Mg 焊丝(LF10、LF11、5356)，可用于焊接含 Mg 合金，如 LF3、LF6、LC4 等。

LY16 焊丝主要用于焊接与其成分基本相同的 Al-Cu-Mn 合金，也可用于焊接 Al-Cu-Mg 合金硬铝。

6 焊接应力与变形

焊接过程中,由于焊接热源的局部加热和加热温度高的特点,使焊件金属各部位受热膨胀与冷却收缩不同,这样经过焊接加工后焊件中就产生了应力和变形。焊接结构中的应力和变形会影响焊接接头的承载能力,将直接影响到船舶与海洋工程结构的质量和使用安全。

6.1 内应力及变形概念

6.1.1 内应力一般概念

物体受外力作用其内部会产生应力,应力的大小与外力的大小成正比,与受力物体的截面积成反比,方向相反。当物体受到不均匀作用(如局部机械碾压或不均匀加热),作用取消后物体内部也会产生应力,这种没有外力作用于平衡物体内部的应力称作内应力。内应力存在于许多工程结构中,如铆接结构、铸造结构和焊接结构等。

内应力按其分布范围可分为三类。第一类内应力,它们具有一定的数值和方向,在较大范围内平衡,称作宏观内应力。第二类内应力,作用和平衡在一个或几个金属晶粒尺寸范围内,没有严格的方向性,与构件的大小和形状无关。第三类内应力,作用和平衡在金属晶格尺寸范围内,也没有一定的方向性。

内应力按其产生原因可分为温度应力、残余应力和组织应力等。

一、温度应力(热应力)

温度应力是由于构件受热不均匀,变形时符合材料力学中的“平面假设原理”(即当构件受纵向拉力或弯矩作用变形时,构件中的平截面始终保持是平面)引起的。

假如金属板中间堆焊,焊道处金属受热要膨胀伸长,但这种伸长受到周围冷金属的限制,不能自由伸长,因此加热的纵向焊道处的金属将受到压缩,产生压应力。两侧冷金属在阻碍中心焊道处金属膨胀伸长的同时,受到加热焊道处金属伸长的反作用产生拉应力。这种应力不是在外力的作用下产生的,而是由于不均匀加热造成的,故称作温度应力或热应力。如果加热温度不高,产生的温度应力低于材料的屈服极限,当温度均匀化后,热应力将随之消失。

二、残余应力

不均匀温度场造成的内应力达到材料的屈服极限,使局部受热区域产生压缩的塑性变形。当温度恢复到原始的均匀状态后,将产生新的内应力,新内应力在温度均匀后残存在物体中,故称作残余应力。

6.1.2 自由变形、外观变形和内部变形

物体在某些外界条件(如应力、温度等)的作用下,其形状和尺寸发生变化称作变形。

一、自由变形

某金属物体温度发生变化或产生相变，它的尺寸和形状就会发生变化，如果变化没有受到外界的任何阻碍能自由进行，这种变形称作自由变形。以金属杆件为例(图 6－1)，温度为 T_0 时，其长度为 L_0，当温度由 T_0 升至 T_T 时，如不受阻碍杆长将由 L_0 增长至 L_1，这段长度的改变就是自由变形，可用下式表示。

$$\Delta L_T = \alpha \cdot L_0(T_T - T_0)$$

式中，α——金属的热膨胀系数。

单位长度上的自由变形量称作自由变形率，用 ε_T 表示。

$$\varepsilon_T = \frac{\Delta L_T}{L_0} = \alpha(T_T - T_0)$$

二、外观变形

在温度变化过程中金属物体变形受阻，不能自由变形，只能部分表现出来(见图 6－1(b))，能够表现出来的这部分变形称作外观变形，用 ΔL_e 表示。外观变形率(ε_e)可用下式表示。

$$\varepsilon_e = \frac{\Delta L_e}{L_0}$$

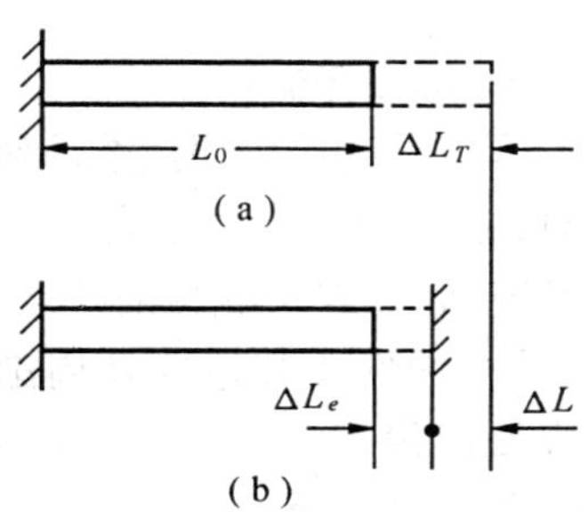

图 6－1 金属杆件的变形

(a)自由变形量；(b)可见变形量

三、内部变形

未表现出来的那部分变形称作内部变形，内部变形数值是自由变形和外观变形之差。因杆件受压为负值，可用下式表示。

$$\Delta L = -(\Delta L_T - \Delta L_e) = \Delta L_e - \Delta L_T$$

内部变形率用下式表示。

$$\varepsilon = \frac{\Delta L}{L_0}$$

四、应力与应变的关系

从材料试验的应力—应变图可得，在弹性范围内，应力与应变是线性关系，可用虎克定律表示。

$$\sigma = E \cdot \varepsilon = E(\varepsilon_e - \varepsilon_T)$$

对于低碳钢，应力—应变曲线可简化成图 6－2 中的 OST 线，即当试件中的应力达到材料的屈服极限 σ_S 后不再升高。这种简化对压缩变形不言而喻；对于拉伸变形时，由于变形小，因拉伸变形引起材料的强化可忽略。

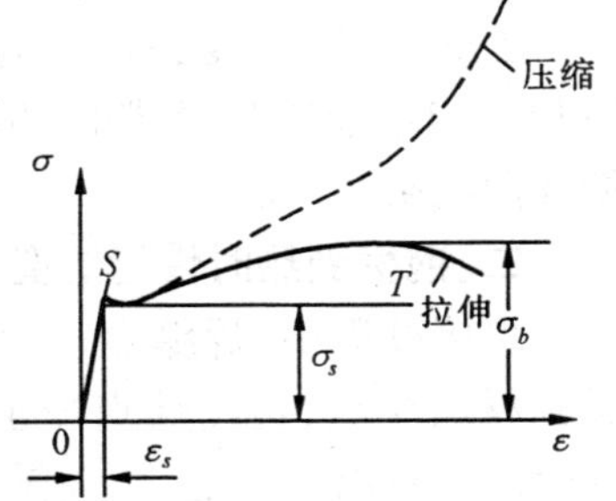

图 6－2 低碳钢的 $\sigma-\varepsilon$ 图

1. 伸长受阻但可自由收缩

金属杆件加热伸长受阻，长度不能自由增长，杆件中将产生内部变形。如果内部变形率的绝对值小于金属屈服时的变形率($|\varepsilon_1| < \varepsilon_S$)，说明杆件受到小于 σ_S 的应力($\sigma_1 = E\varepsilon_1$) 的作用。杆件温度从 T_1 恢复到 T_0 时，可自由收缩的杆件将恢复到原来的长度 L_0，杆件中也不存在应力。

2. 伸长受阻自由收缩($T_2 > T_S$)

杆件温升较高达到 $T_2(T_2 > T_S)$ 时，杆件的内部变形率将大于金属的屈服变形率，即 $|\varepsilon_2| > \varepsilon_S$ 。此时，加热至高温的杆件中不但产生达到屈服极限的应力，同时还产生压缩塑性变形，数值为 $|\varepsilon_P| = |\varepsilon_e - \varepsilon_T| - \varepsilon_S$ 。杆件温度由 T_2 恢复到 T_0 时，杆件比原来长度缩短 ΔL_P ，杆件中也不存在内应力。

6.2 焊接应力与变形产生的原因

6.2.1 焊接热循环和钢材受热时性能的变化

一、焊接热循环

焊接温度场是焊接热源对焊件加热时，某一瞬时焊件上各点的温度分布情况，它与焊接热源的特点、焊接规范、母材的性质和厚度及周围环境等多方面因素有关。图 6－3 为薄板焊接时典型温度场。

焊接过程中，焊接热源是移动的。对于焊接热影响区内任一点的温度，在热源作用时间内，随时间的推移由低到高，再由高到低的变化过程称作该点的热循环。焊接热循环曲线见图 6－4。该曲线表明：

(1)热影响区内某点可达到的最高温度；

(2)该点在高温停留的时间；

(3)该点的冷却速度。

因此，当焊接接头热影响区的组织和性能不能满足要求时，可调节热循环曲线来改进。

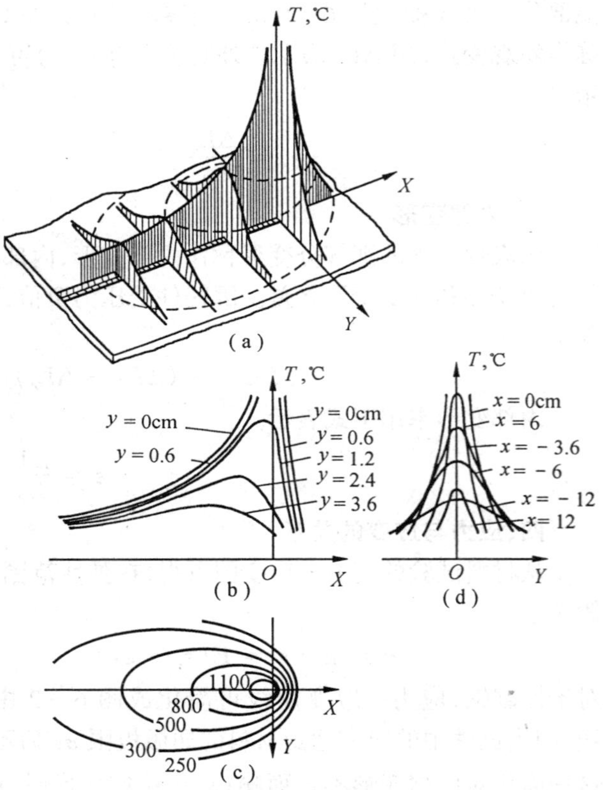

图 6－3 焊接温度场

(a)立体图；(b)沿纵向截面的温度分布；(c)等温线；(d)横向截面的温度分布

二、钢材受热时性能的变化

焊接过程中，焊缝金属经受由室温到材料熔点，再由熔点冷至室温的变化。随着温度的变化，金属的力学性能和物理性能也相应发生变化。

低碳钢受热时，力学性能变化，见图 6－5。线膨胀和弹性模数变化见图 6－6。

为了便于计算焊接应力与变形，对于屈服强度与温度的关系曲线(见图 6－5)需作简化。在 0℃～500℃范围内，σ_S 作为常数；在 500℃～600℃范围内，σ_S 按线性规律减小到零，见图 6－7。根据这个简化假定，低碳钢在 600℃以上就变成完全塑性材料，此时，任何变形都不会在材料内引起应力。

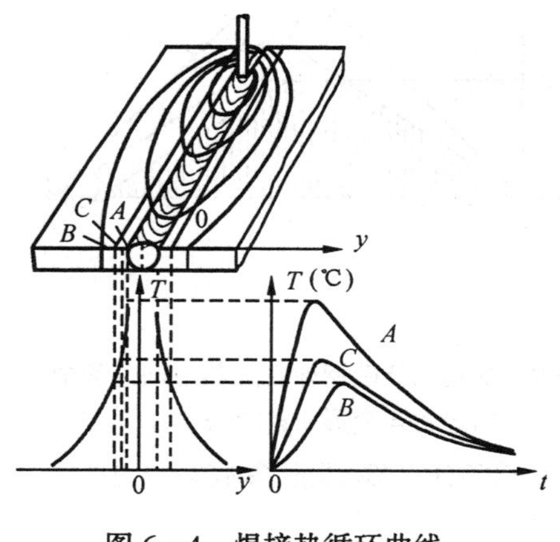

图 6-4　焊接热循环曲线

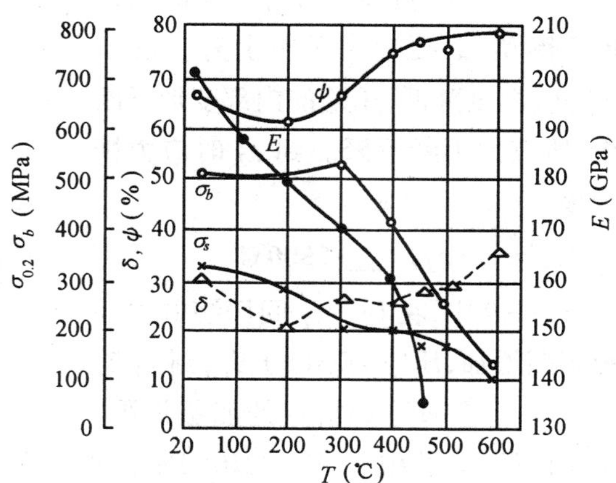

图 6-5　低碳钢力学性能与温度的关系

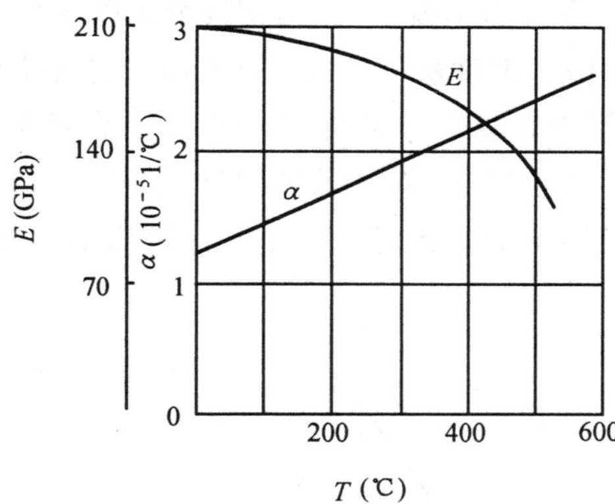

图 6-6　线膨胀系数及弹性模数与温度关系

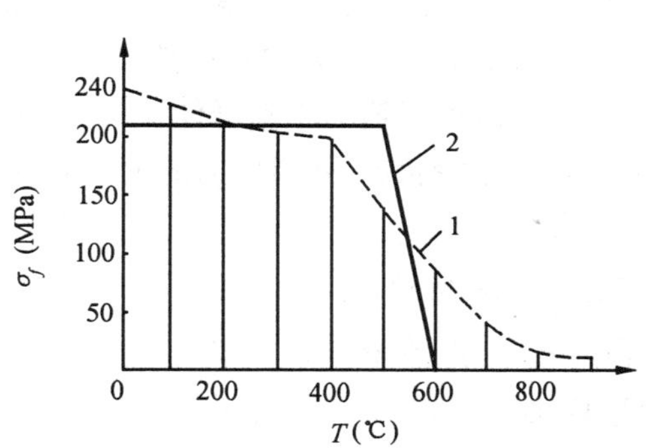

图 6-7　屈服强度与温度的关系

1—实测曲线;2—简化曲线

6.2.2　受拘束体在热循环中的应力与变形

取一单位长度杆件,其长度与横截面积之比不大,受纵向压缩时不致弯曲。杆件两端固定不能伸缩,将该杆件均匀加热,然后冷却。为了便于分析,把加热和冷却过程的温度看成是时间的线性函数,且不考虑因相变引起的体积变化。按下面三种情况分析。

一、$|\varepsilon| < \varepsilon_s$

图 6-8 中,横坐标代表时间(t),纵坐标代表温度(T)、自由变形(ε_T)和可见变形(ε_e)。在加热和冷却的热循环过程中,杆件中的应力 $\sigma = E(\varepsilon_e - \varepsilon_T)$,式中 ε_e 在绝对

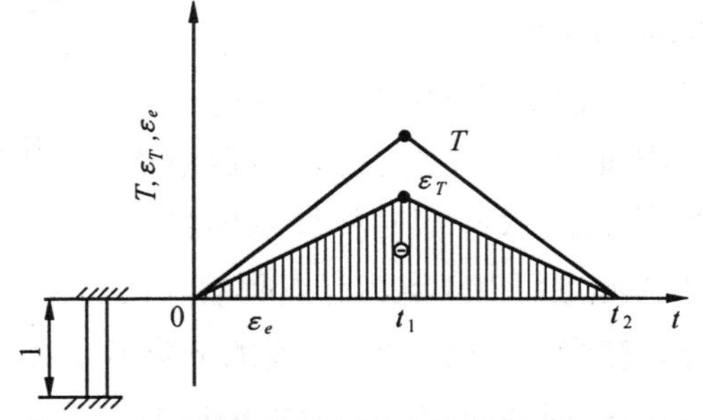

图 6-8　受拘束低碳钢棒在加热和冷却过程中的应力与变形 $|\varepsilon| < \varepsilon_s$

拘束情况下与横轴重合。随着时间的推移,在0～ t_1 间,温度上升,压缩的内部变形不断增加,压应力不断上升。在 t_1 ～ t_2 间,温度降低,压缩的内部变形不断减少,压应力不断下降。到 t_2 时应力恢复为零。

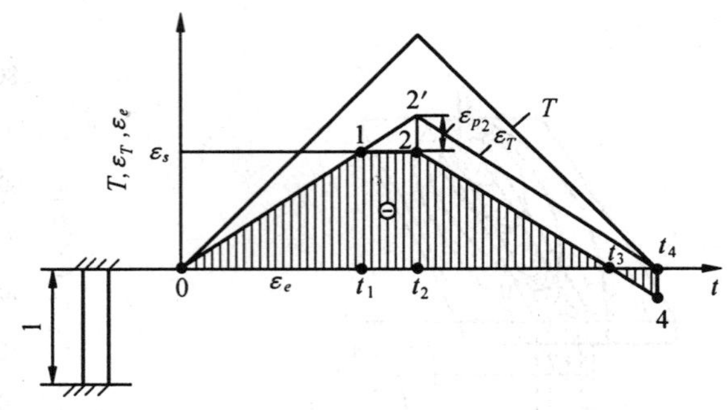

图6-9 受拘束低碳钢棒在加热冷却过程中的应力与变形 $|\varepsilon|>\varepsilon_s$

二、$|\varepsilon|>\varepsilon_S$, $T_{max}<500℃$

图6-9中,在0～ t_1 间压缩的内部变形不断增加,压应力不断上升,到 t_1 时 $|\varepsilon|=\varepsilon_S$,应力达到材料的屈服极限。对于低碳钢,弹性模量 $E=210GPa$,屈服极限 $\sigma_S=235MPa$,线膨胀系数 $\alpha=1.2\times10^{-5}$ (1/℃)。t_1 的温度比原始温度升高。

$$T_S=\frac{\sigma_S}{E\alpha}=\frac{235\times10^6}{210\times10^9\times1.2\times10^{-5}}\approx100℃$$

开始出现压缩塑性变形 ε_P,随着温度的升高,压应力不变,但压缩塑性变形却不断上升。到 t_2 时,温度达最高值,压缩塑性变形最大。此后,温度从 t_2 开始下降,由于杆件中已产生了 ε_{P2} 的压缩性变形,故在冷却时它的端面并不以2′点作为起点,而是以2点为起点收缩。在 $t_2\sim t_3$ 间压应力不断降低,因杆件两端固定不能收缩,从 t_3 开始出现拉应力。到 t_4 时,温度降到原始状态,残余应力的大小取决于加热时的最高温度 T_{max}。对于低碳钢,$T_{max}>200℃$ 即可达到 σ_S。

三、$T_{max}>600℃$

图6-10中,在0～ t_1 间内部压缩变形增加,压应力上升,到 t_1 时压应力达 σ_S,出现压缩塑性变形。在 $t_1\sim t_2$ 间压缩塑性变形不断增加,应力保持不变为 σ_S,到 t_2 达到500℃时,低碳钢屈服极限开始下降。在 $t_2\sim t_3$ 间压应力降低,到 t_3 温度600℃时,屈服极限为零,压应力消失,内部变形全为压缩塑性变形。在 $t_3\sim t_4$ 间压缩塑性变形继续增加,到 t_4 达到最高温度 T_{max}。因此已产生压缩塑性变形 ε_{P4},故冷却时杆件端面将不以4′为起点而以4点为起点收缩。在 $t_4\sim t_5$ 间虽然杆件的长度与原始状态相比承受着压缩塑性变形,但压缩量随温度的下降不断减少,其真实过程是从 t_4 开始产生了拉伸塑性变形。到 t_5 回到600℃时,材料的屈服极限从零开始上升,杆件端面以5为起点拉伸。在 $t_5\sim t_6$ 间拉应力不断增加,到 t_6 时拉应力又达 σ_S。从 t_6 开始,$\varepsilon>\varepsilon_S$,出现拉伸塑性变形。

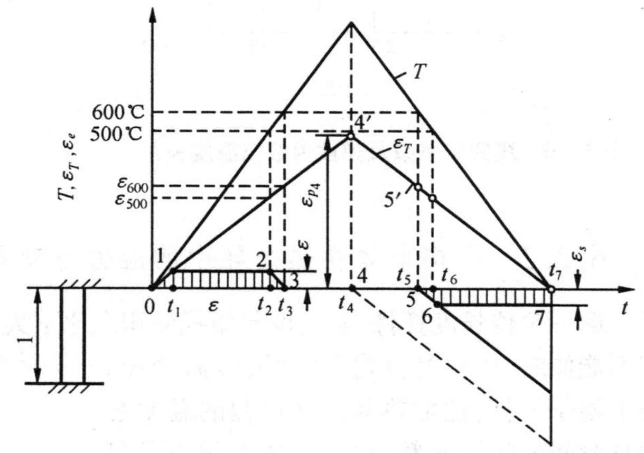

图6-10 受拘束低碳钢棒在加热冷却过程中的应力与变形 $T_{max}>600℃$

在 $t_6 \sim t_7$ 间拉应力为 σ_S 保持不变，拉伸塑性变形不断增加，至 t_7 恢复原始温度，杆件内存在大小为 σ_S 的拉应力。

现在出现了一个问题，两端刚性固定的杆件冷却后，杆件中的拉伸应力会不会达到材料的强度极限引起杆件断裂？

杆件从 600℃冷至 0℃时的收缩率为

$$\varepsilon = \frac{\Delta L}{L} = \alpha \cdot \Delta T = 1.2 \times 10^{-5} \times 600 = 0.72\%$$

$$0.72\%\,(热变形) = 0.2\%\,(弹性变形) + 0.52\%\,(塑性变形)$$

船用低碳钢或低合金钢断裂时的延伸率＞20%，刚性固定杆件从 600℃冷至 0℃时的塑性变形率与之相比很小，仅使用了钢材很小一部分塑性，故不可能产生断裂。

6.3 焊接应力

6.3.1 焊接温度场的作用和影响

一、焊接温度场形成的应力变形

低碳钢长板条沿中心线焊一条纵焊缝，见图 6－11，分析不同横截面的纵向应力变形。

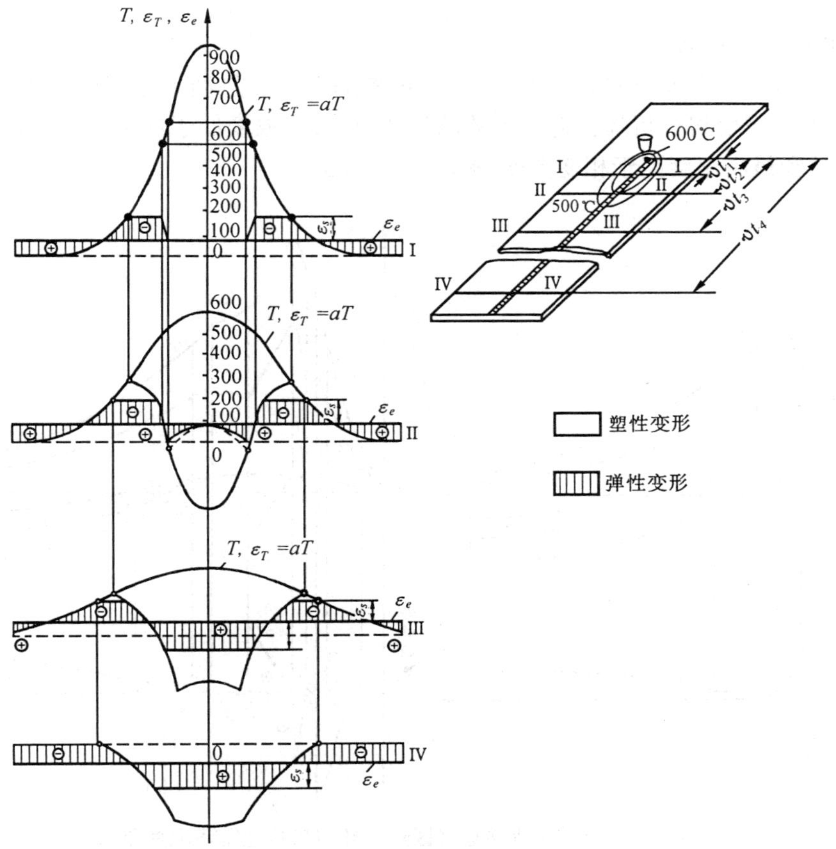

图 6－11　低碳钢长板条中心堆焊一条纵向焊缝时横截面上纵向应力的深变过程

截面Ⅰ位于塑性温度区最宽处，截面Ⅱ位于最高温度为600℃处，截面Ⅲ位于离热源稍远处，截面Ⅳ离热源甚远，温度恢复到原始状态。焊接过程中，焊接热源是等速移动的，故不同位置截面亦可用到热源的距离 vt(v 为焊接速度，t 为时间)表示。截面Ⅰ、Ⅱ、Ⅲ、Ⅳ到热源的距离分别为 vt_1、vt_2、vt_3、vt_4 。

在截面Ⅰ中，横向温度高于600℃范围内自由变形全部为塑性变形，应力为零；横向温度在600℃至100℃左右处，出现压缩弹性变形和部分塑性变形；远离中心横向较远处，出现拉应力，产生拉伸弹性变形。经过一段时间（$t_2 \sim t_1$），到截面Ⅱ状态。因为在 t_1 时已存在压缩塑性变形，故不能将 t_2 时的 $\varepsilon_T = \alpha T$ 曲线直接用在截面Ⅱ上作为自由变形曲线，需从 αT 中减去已产生的压缩塑性变形，作出真正的自由变形曲线。此后，根据内应力平衡条件求出 ε_e 和应力分布。由于高温区温度下降幅度较大，而外观变形相对变化不大，这部分材料因收缩受阻而拉伸。因焊缝中心温度此时仍高达600℃，故该处拉应力为零。其两侧随温度的降低拉应力增大。再远处出现压应力。压应力达到屈服极限后，产生压缩塑性变形，压缩塑性变形区有所扩大。图中高温区内虚线到其下方曲线间的距离代表从截面Ⅰ的温度降至截面Ⅱ温度时的拉伸塑性变形量。再经过一段时间（$t_3 \sim t_2$），到截面Ⅲ状态，同样从该截面的 αT 中减去 t_2 时已存在的压缩塑性变形。由于高温区的温度进一步下降，材料进一步受拉伸，拉应力达到 σ_S 。在压应力区，因为又有一部分材料屈服，所以压缩塑性变形区稍扩大。同样到截面Ⅳ状态，温度恢复至常温，焊缝中心形成拉伸变形达 σ_S，两边产生压缩塑性变形。

二、焊接热应变过程

在分析焊接温度场形成的应力与变形时，没考虑金属在热循环过程中因相变产生的体积变化的影响。下面将分析焊接近缝区的两种情况，最高温度低于焊接材料的相变温度(见图6－12(a))和最高温度高于相变温度(见图6－12(b))。

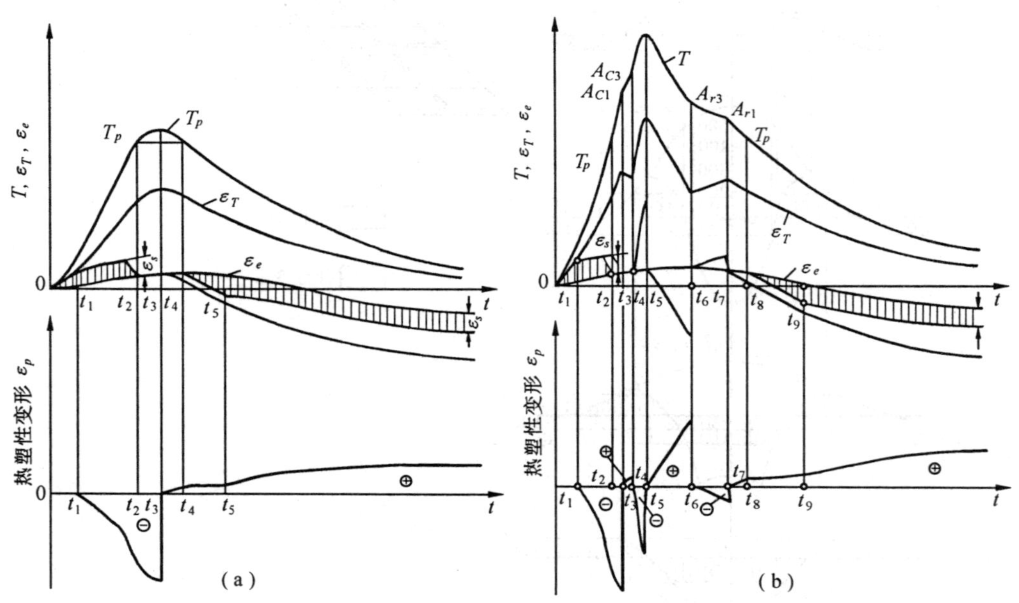

图6－12　低碳钢焊接近缝区热循环与热塑性循环示意图

(a)最高温度低于 A_{C1} ；(b)最高温度高于 A_{C3}

第一种情况：在 0～ t_1 间自由变形 ε_T 大于外观变形 ε_e，此阶段金属受压，压力逐渐升高，到 t_1 时达 σ_S，出现压缩塑性变形。到 t_2 时金属达塑性温度 T_P，$\sigma=0$。到 t_3 时内部变形达到最大值，此时压缩塑性变形量达到最大值，开始出现拉伸塑性变形，自由变形曲线将向下平移与外观变形曲线相交。到 t_4 时开始恢复弹性，随温度的降低拉应力不断增加。到 t_5 时拉应力达 σ_S，此后保持 σ_S 不变，但拉伸塑性变形继续增加直到温度场恢复到原始均匀状态。

第二种情况：0～ t_1 ～ t_2 间与第一种情况相同。到 t_3 时温度达 A_{C1} 开始相变，比容减小，塑性变形方向可能逆转，因在相变过程拉伸塑性变形不断增加。到 t_4 时温度达 A_{C3}，相变结束，塑性变形方向又逆转，出现压缩。到 t_5 时压缩塑性变形减至零，转为拉伸。到 t_6 时温度达 A_{r3}，开始相变，比容增大，塑性变形可能转为压缩。到 t_7 时温度达 A_{r1}，相变结束，又出现拉伸塑性变形。到 t_8 开始恢复弹性，此后的变化过程与第一种情况 t_4 以后的变化过程相同。

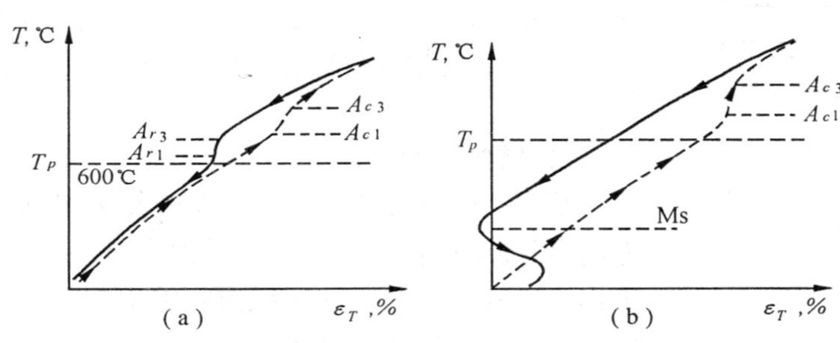

图 6－13　相变应变与温度

(a)相变温度高于塑性温度；(b)相变温度低于塑性温度

三、相变应力

金属相变时，如钢材由奥氏体转变为铁素体或马氏体时，其比容将增大，转变方向相反时其比容将减小。

图 6－13(a)是低碳钢加热和冷却时的膨胀曲线，横坐标为膨胀或收缩时的应变量，纵坐标为温度。加热时，相变温度在 A_{C1} ～ A_{C3} 之间。冷却时，相变温度在 A_{r3} ～ A_{r1} 之间，与加热的相变温度相比稍低。但在一般焊接冷却速度下仍高于低碳钢的 T_P（600℃）。一些高合金的高强度钢加热时的相变温度仍高于 T_P，但冷却时，相变温度远低于 T_P（图 6－13(b)）。在这种情况下，奥氏体转变比容增大，不但可能抵消焊接时的部分压缩塑性变形，甚至可能出现较大的压应力。

下面分析两块钢板对接焊缝。假设焊缝材料与母材相同，分析时不考虑塑性变形区（ b_s ）内金属的压缩塑性变形的影响。b_m 区内因相变体积膨胀产生压应力，其它区域内将出现拉应力，这种应力称作相变应力（ σ_{mx} ）。纵向相变应力（ σ_{mx} ）的分布情况见图 6－14(b)。除相变应力 σ_{mx} 外，还存在由不均匀焊接温度场引起局部塑性变形形成的纵向内应力（ σ_x ），见图 6－14(a)。最终的内应力将是 σ_x 和 σ_{mx} 的叠加，见图 6－14(c)。

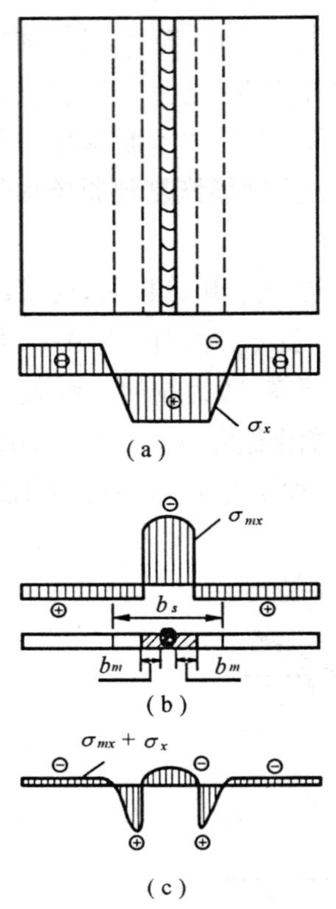

图 6－14　焊接相变对残余应力分布的影响

6.3.2　焊接残余应力的分布

前面已讨论过焊接应力的一般概念及形成过程。本节中将讨论焊接热源远离后，冷至常温时残存在结构中的应力(即残余应力)的分布情况。通常焊接结构中，厚度方向的应力很小，残余应力基本是双轴的。我们把焊缝方向的应力称作纵向应力，用 σ_x 表示；垂直于焊缝方向的应力称作横向应力，用 σ_y 表示。

一、纵向应力

低碳钢对接接头纵向焊接残余应力 σ_x 沿板宽的分布见图 6－15(a)。在焊缝及其附近区域中的纵向应力为拉应力，数值一般达到材料的屈服极限。远离焊缝的母材区则为压应力。根据板宽不同，压应力或维持某数值，或逐渐减小到零(宽板)。纵向应力沿焊缝长分布见图 6－15(b)。中间的纵向应力保持恒值，在焊缝两端，因自由边界的影响，应力由恒值逐渐趋向于零。

二、横向应力

垂直于焊缝的横向应力分布较复杂，与焊件的尺寸、焊接方向、焊接顺序及定位焊等多种因素有关。它由两部分组成。由焊缝及其附近的塑性区纵向收缩引起的，用 σ'_y 表示；由焊缝及其附近塑性变形区横向收缩引起的，用 σ''_y 表示。

图 6－16(a)为平板对接焊缝，如果沿焊缝中心一分为二，两块钢板都相当于边侧有一道焊缝，它们将因焊缝的纵向

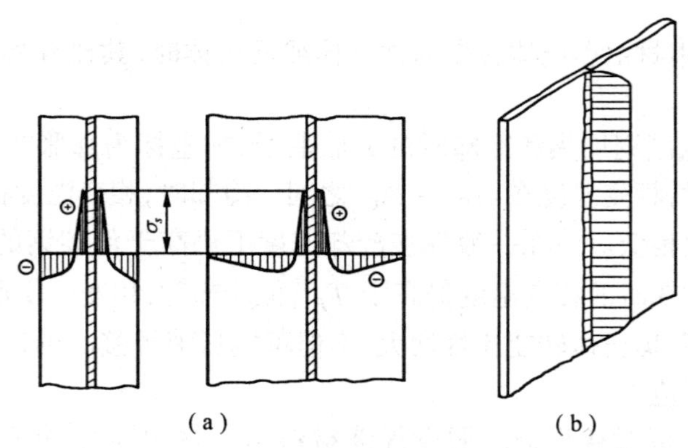

图 6－15　对接接头的纵向焊接应力

(a)纵向应力沿板宽方向的分布；(b)纵向应力沿焊缝长度方向的分布

收缩分别向内侧弯曲，见图 6－16(b)。可以想象，必须在两端施加压力，中部施加拉力，才能使板条恢复到分开前的位置。故焊缝纵部面内必然存在两端部分为压应力，中部为拉应力的横向应力 σ'_y，见图 6－16(c)。

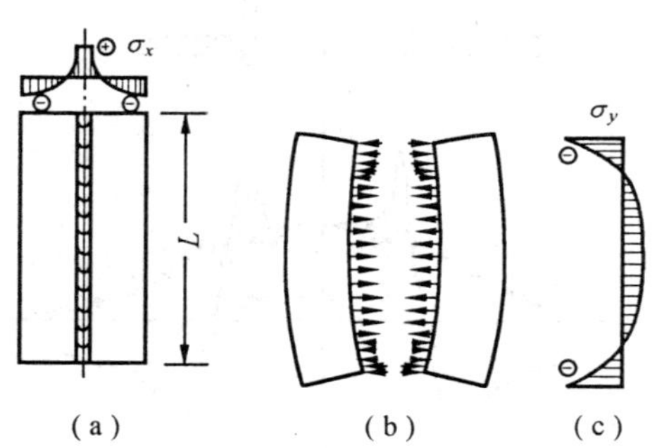

图 6－16　纵向收缩引起的横向应力

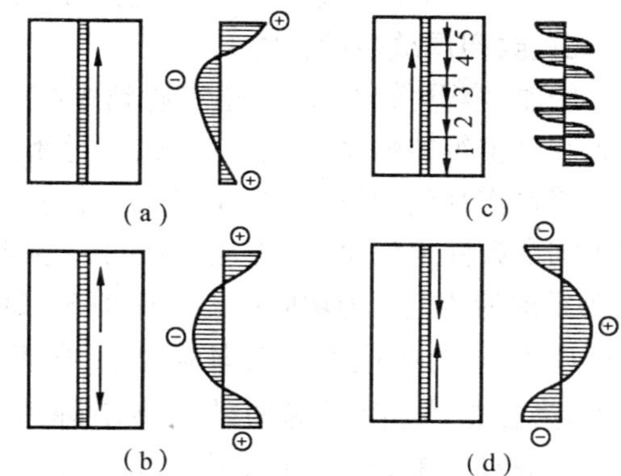

图 6－17　不同焊接方向时焊缝横向收缩引起的横向应力

(a)直能焊;(b)从中间向两端焊

(c)分段退焊;(d)从两端向中间焊

下面将分析焊缝及其附近塑性变形区横向收缩形成的横向应力 σ''_y 。焊接过程中焊接热源随焊接移动,热源先到之处先冷,后到之处后冷。先冷部分会限制后冷部分的横向收缩,这种限制和反限制形成了横向 σ''_y 。由此可见,这部分横向应力 σ''_y 与焊缝的焊接方法、焊接方向及焊接顺序有关。图 6－17 为不同焊接方向的横向应力分布。图 6－17(a)为直通焊的应力分布,焊缝中间为压应力,焊缝两端为拉应力,后焊部分拉应力较大。这是由于随着焊缝的完成刚性变得越来越大,后焊焊缝冷却收缩所受阻碍越来越大而形成的。图 6－17(b)为从中间向两端焊的应力分布,这种焊接方法的应力分布比直通焊应力分布均匀。图 6－17(c)为分段退焊的应力分布,这种焊法每一段焊道都形成拉应力和压应力,可将大面积集中分布的压应力区和拉应力区分散,而且应力的峰值也有所降低。图 6－17(d)为从两端向中间焊的应力分布,中间区域拉应力,两端区域压应力,应力分布与(b)的应力分布正相反。

对接焊缝横向应力在与焊缝平行的各截面上的分布大致与焊缝截面上的分布相似,但离开焊缝的距离越远,应力值越低,见图 6－18。

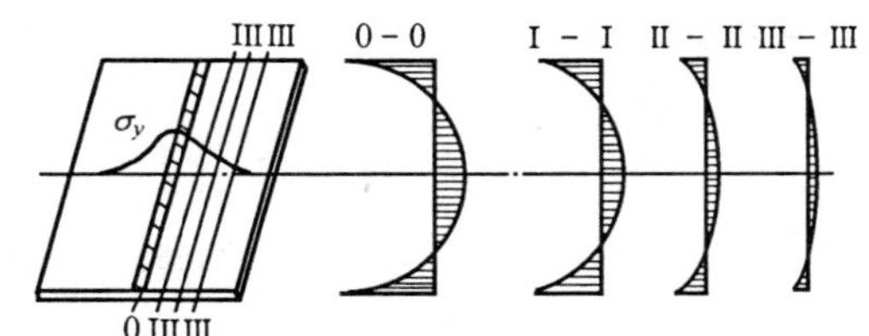

图 6－18　横向应力沿板宽上的分布

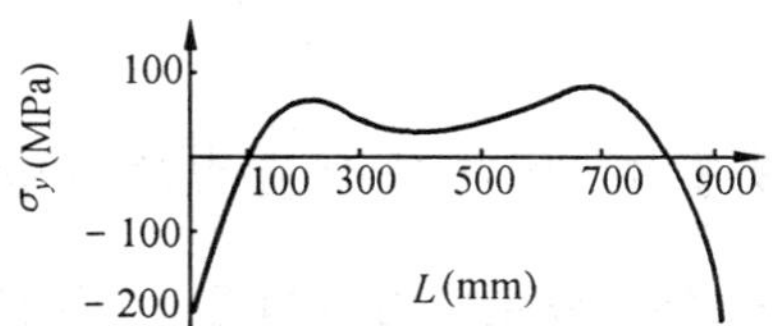

图 6－19　平板对接焊缝(埋弧自动焊)横向应力分布

此外,横向应力还与焊件的固定情况、焊接方法等有关。上面分析为手工电弧焊形成的横向应力。埋弧自动焊时,焊接线能量大,并且焊接速度快,沿焊缝长度的温差不像手工电弧焊沿焊缝长度温差那样大,焊缝的冷却比较均匀。所以埋弧自动焊中横向应力比手工电弧时的横向应力小一些，均匀些，见图 6－19。

三、封闭焊缝中的应力

船舶、容器等结构中，经常遇到焊接通海管、人孔和舷窗等加强镶块，焊缝构成一封闭回路，这种焊缝称作封闭焊缝，见图 6－20。封闭焊缝是在较大拘束条件下焊接的，内应力比自由状态时大。σ_r 为径向应力，σ_θ 为切向应力。由图 6－20 可见，径向应力 σ_r 为拉应力。切向应力 σ_θ 在焊缝附近最大，为拉应力，由焊缝向外侧逐渐降低至压应力。由焊缝向中心，σ_θ 达到一均匀值。封闭焊缝内部为均匀的双向应力场，切向应力与径向应力相等，数值的大小与环形焊缝的直径有关。直径越小，刚度越大，内应力越大。

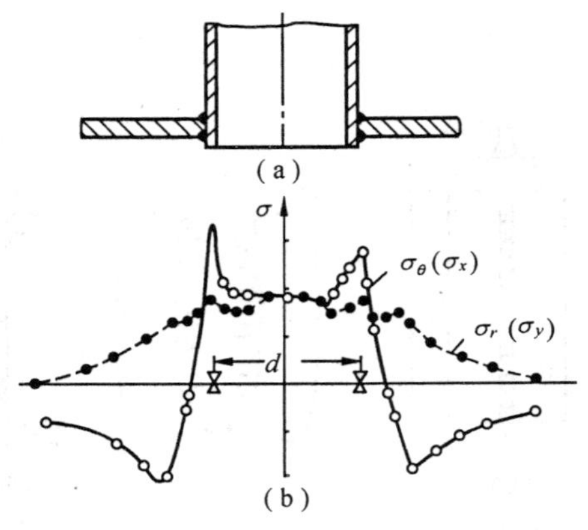

图 6－20　封闭焊缝附近的应力分布

(a)管接头焊缝；(b)应力分布

四、T 形、工形和箱形杆件的内应力

船舶与海洋工程结构中，会遇到大量的 T 形梁、工形梁和箱形梁的焊接。这类构件可将其翼板和腹板分别当作板中心和板边堆焊，得出这些杆件的纵向应力分布，见图6－21。

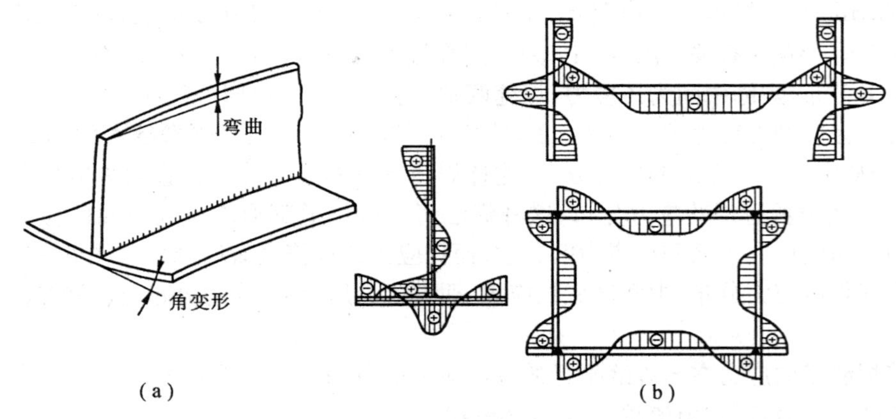

图 6－21　T 形、工形和箱形梁中纵向应力分布

(a)T 形梁；(b)工形和箱形梁

6.3.3　焊接残余应力的影响

一、焊接残余应力对静强度的影响

假设一构件内应力分布如图 6－22，中间部分为拉应力，两侧为压应力。构件在拉力 P 作用下产生拉应力σ($\sigma = P/(B \cdot \delta)$，$B$ 为构件宽度，δ 为构件厚度)。由于力的叠加原理，随着 σ 的增加，构件两侧压应力逐渐减小以至转变成拉应力，中部的拉应力叠加后继续增加。如果材料具有足够塑性，中间的应力峰值达到 σ_s，该区域内的应力就不再增加，而产生拉伸塑性变形。当应力未达到 σ_s 区域时，随着外力的增加应力继续增加，整个截面上的应力逐渐均匀化，到构件截面上的应力全部达到 σ_s 时，应力就全部均匀化了。开始时构件承受应

力的大小可用面积 $abcdefghi$ 来表示，应力叠加加均匀化后构件承受应力的大小可用面积 $abdfhi$ 来表示，而且 $abcdefghi$ 的面积等于 $abdfhi$ 的面积。由此可见，当材料具有足够的塑性，内应力的存在并不影响构件的承载能力。

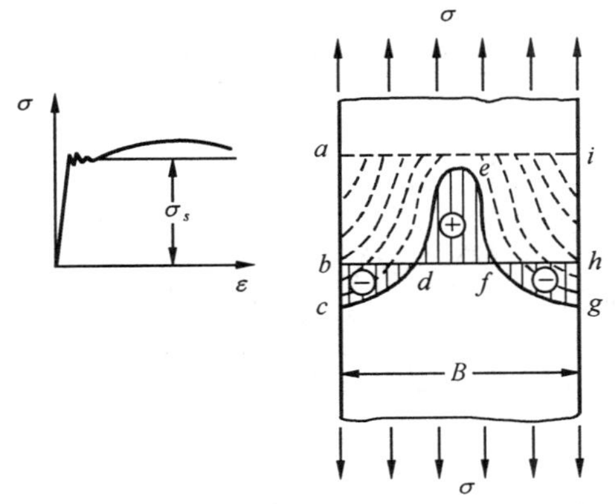

图 6－22　载荷作用下平板中应力的变化（塑性好的材料）

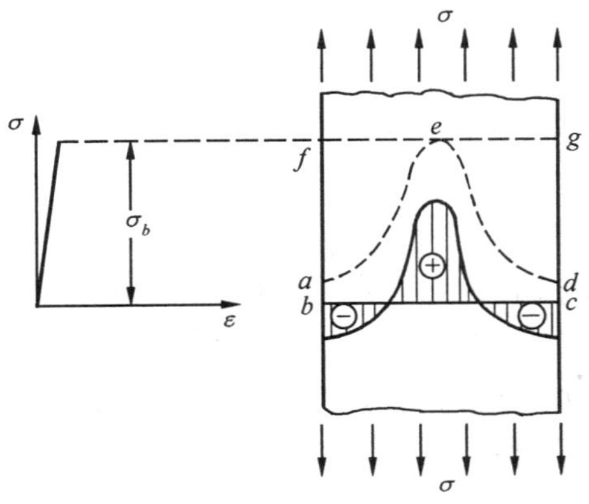

图 6－23　载荷作用下平板中应力的变化（脆性材料）

对于脆性材料见图 6－23。由于应力叠加，其峰值不断增加，达到材料的强度极限 σ_b，发生局部破坏，最后导致整个构件断裂。

船舶与海洋工程结构用低碳钢和低合金结构钢塑性好，焊接残余应力对结构的静强度没有影响。

二、焊接残余应力对结构疲劳的影响

焊接残余应力对结构疲劳的影响已做大量的试验研究，研究通常采用有焊接残余应力的试样与经过热处理消除焊接残余应力试件（不考虑消除应力热处理对材料性能的影响）进行疲劳试验对比。

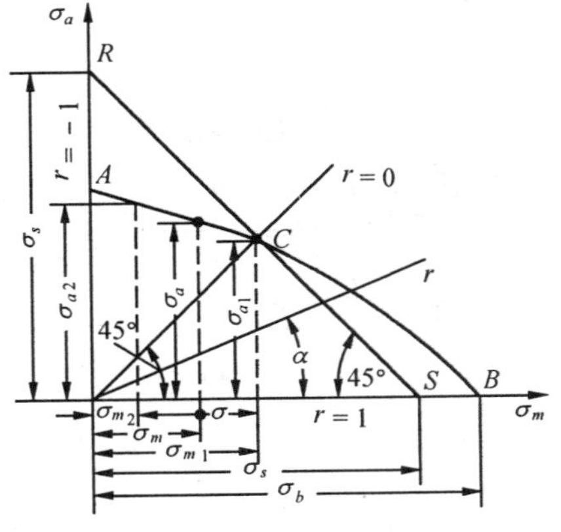

图 6－24　疲劳强度与 σ_a、σ_m 的关系

下面仅就内应力对结构疲劳强度影响进行分析，平均应力 σ_m 和平均应力的极限应力振幅 σ_a 表示的疲劳图见图 6－24。ACB 为不同平均应力时的极限应力振幅值 σ_a，构件中的应力振幅值大于 σ_a 时将发生疲劳破坏；构件中的应力振幅值小于 σ_a 时则是安全的。如果构件中已存在内应力 σ_0，由于 σ_0 作用于应力循环中，将使整个循环应力值偏移 σ_0，见图 6－25。若 σ_0 为正值时，平均应力将增至 σ_{m1}（$\sigma_{m1} = \sigma_m + \sigma_0$，见图 6－25(b)），其极限应力幅值降至 σ_{a1}，构件疲劳强度下降。若 σ_0 为负值，平均应力将降至 σ_{m2}（$\sigma_{m2} = \sigma_m - \sigma_0$，见图 6－25(c)），极限应力幅值将增至 σ_{a2}，构件的疲劳强度将提高。

上述分析为叠加内应力小于材料的屈服极限。当 σ_{max} 达到 σ_s 时，亦即 $\sigma_m + \sigma_a = \sigma_s$ 时，图 6－24 中直线 SCR 是 $\sigma_m + \sigma_a = \sigma_s$ 的轨迹，此线上所有点均有 $\sigma_m + \sigma_a = \sigma_s$。当 σ_m 相当于图中 c 点数值时，内应力对构件疲劳强度没有影响。当 σ_m 小于 c 点数值时，则 σ_m 越

小，内应力的影响越大。

三、焊接残余应力对机械加工精度的影响

焊件内存在焊接残余应力，机械加工把焊件一部分材料切除的同时，原先存在于这部分材料的内应力也一起消失。这样破坏了原来焊件中内应力平衡关系，加工后的焊件不平衡的内应力将使焊件产生新的变形，因而影响了加工精度。

四、焊接残余应力对受压焊件稳定的影响

前面已分析焊接残余应力(6.3.2)。焊件受压时，截面内的应力将与外载压应力叠加。应力叠加使压应力区的应力先期达到屈服极限 σ_s，该区应力不再增加，从而丧失了进一步承受外力的能力。这样就相当于减少了构件的有效面积。以 H 形焊件为例见图 6－26。其翼板和腹板的纵向应力分布如图 6－26(a)，当外力叠加后引起的压应力 $\sigma_p + \sigma_2 = \sigma_s$ 时，应力分布如图 6－26(b)。假设腹板的作用忽略不计，承载面积 $F(B \times \delta)$ 减小到 $F(B' \times \delta)$，而有效面积的惯性矩将从 $I_x(2 \times B^3 \times \delta/12)$ 减小到 $I'_x(2 \times (B')^3 \times \delta/12)$。构件的长细比 $\lambda'_x(l/\sqrt{I'_x/F'})$ 将大于 $\lambda_x(l/\sqrt{I_x/F})$，临界应力将比没有内应力时低，构件刚度减小。

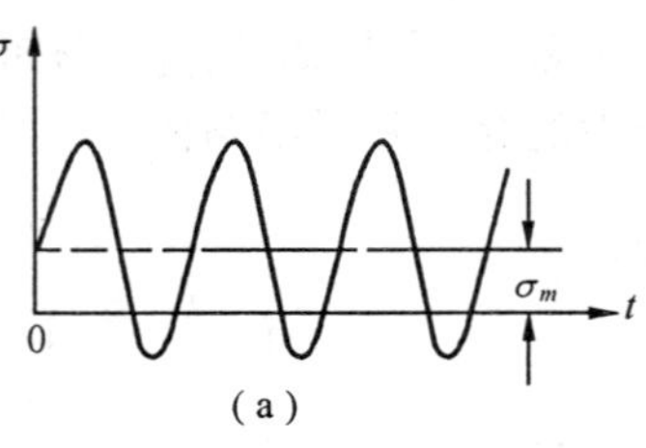

(a)

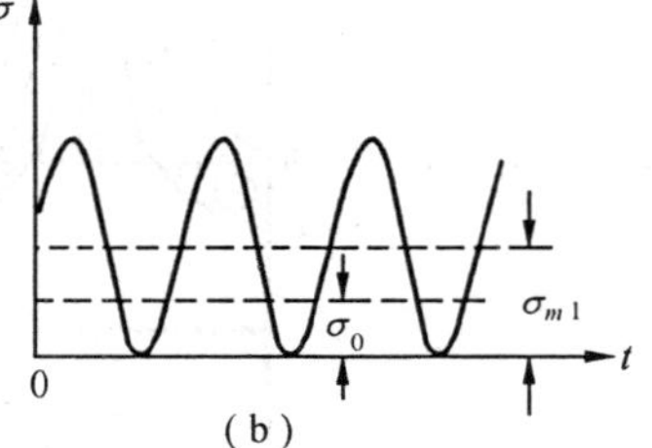

(b)

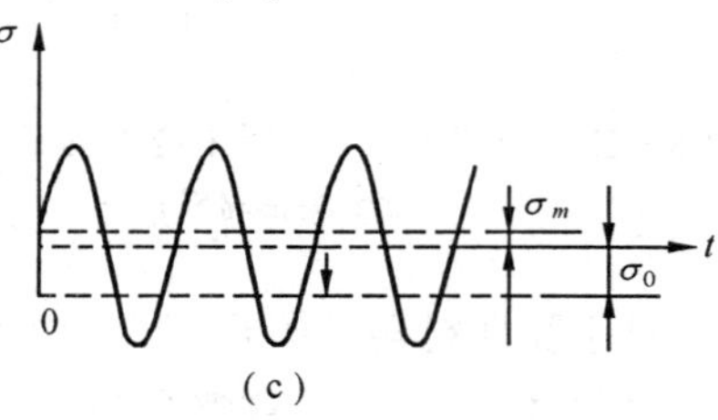

(c)

图 6－25　焊接应力对应力循环的影响

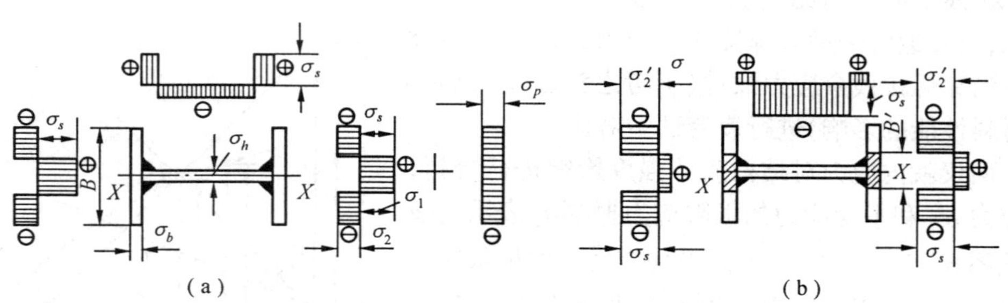

(a)　(b)

图 6－26　受压焊接杆件工作时的应力分析

五、焊接残余应力对构件刚度的影响

构件受拉，应力没达到屈服极限 σ_s，构件的伸长与作用力关系为

$$\Delta L = \frac{P \times L}{F \times E} = \frac{P \times L}{B \times \delta \times E}$$

式中，P ——外力；

L ——构件长度；

E ——构件材料的弹性模量；

$F(= B \times \delta)$ ——构件截面积。

可以用 $P/\Delta L = E \times F/L$ 来表征构件的刚度。设构件中心有一条焊缝，焊缝附近 b 区

内拉应力为 σ_1，σ_1 一般等于 σ_s 。两侧为压应力 σ_2 。在外力 P 作用下，b 区中应力已达 σ_s 不再增加，也就是说有效面积减小变成 $(B-b)\times\delta$ 。

$$\left[\frac{E\times F}{L}=\frac{E\times B\times\delta}{L}\right]>\left[\frac{E\times F'}{L}=\frac{E\times(B-b)\times\delta}{L}\right]$$

由上式可见，构件中存在内应力，其刚度将减小。

六、焊接残余应力对构件应力腐蚀的影响

在腐蚀介质(海水、海洋大气和海泥等)中，在拉应力的作用下，构件首先形成局部微小坑、点腐蚀，形成应力集中，以后逐渐发展形成微裂纹。此后，金属裂纹尖端不断被腐蚀，在拉应力的作用下又不断地形成新界面，这些界面进一步被腐蚀，这样在应力和腐蚀交替作用下裂纹逐渐扩展。最后当裂纹扩展到一临界值时，裂纹将在应力的作用下以极快的速度扩展造成脆性断裂(最后阶段也有可能裂纹扩展到一定程度，造成泄漏，此时裂纹可能停止扩展)。由上分析可知，当构件存在内应力时会加速应力腐蚀。

6.3.4 减少和消除焊接残余应力的措施

通常焊接残余应力对使用焊接性能良好的材料制造的结构影响不大，但有些结构刚度大，而且加工制造的焊接顺序和方法不当，导致结构中焊接残余应力过大和分布不合理。在低温、腐蚀介质等特殊条件下工作，可导致结构产生裂纹等缺陷，缺陷在使用过程中不断扩大和发展，致使结构失效破坏。焊接过程中可采用一些简单方法调节内应力，降低焊接残余应力的峰值，消除和减少残余应力的影响。

一、采用合理的焊接顺序和方法

尽可能使焊缝自由收缩，对大型焊接结构应从中心向四周进行焊接。对拼板等交叉焊缝应先焊收缩量大的短焊缝，再焊长焊缝。

1. 长焊缝的焊接(手工电弧焊)

焊缝长度小于 0.5m 时，可采用直通焊；焊缝长度为 0.5m～5m，可采用由中央向两端对称焊，(见图 6－27(a))或分段退焊(见图 6－27(b))，每段焊缝长度为 200mm～400mm；焊缝长度 5m 以上，可采用对称分段退焊(见图 6－27(c))或分段跳焊(见图 6－27(d))，每段焊缝长 200mm～400mm。

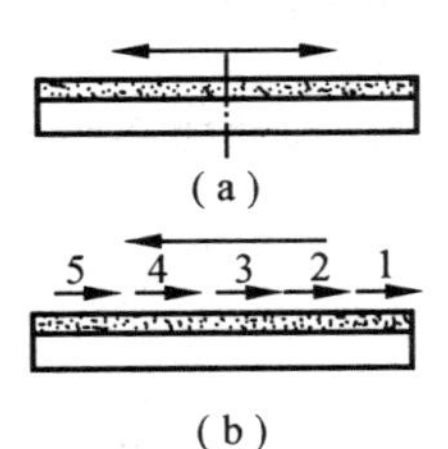

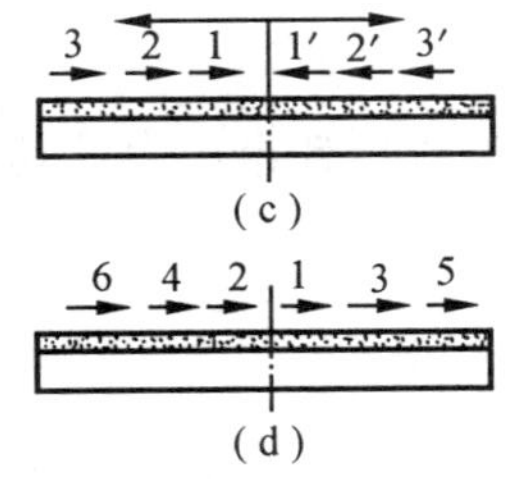

图 6－27 长焊缝的焊接方法

(a)从中间向两端对称焊；(b)分段退焊法；
(c)对称分段退焊法；(d)分段跳焊法

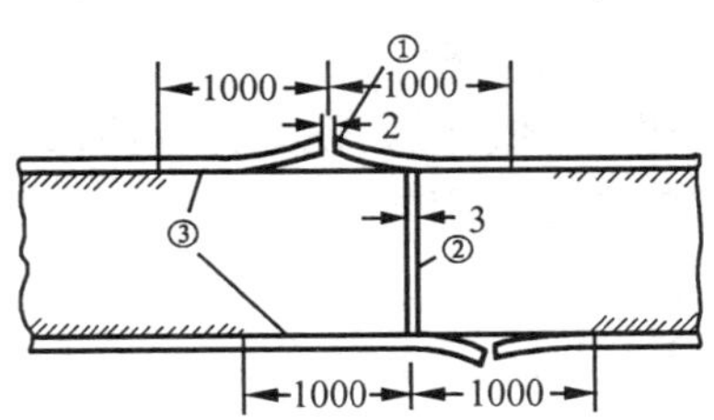

图 6－28 工字梁焊接

2. 工形梁对接焊

如图 6－28 所示，预先留出一段翼板与腹板间的角焊缝，先焊受力最大的翼板对接焊缝

①，再焊腹板对接焊缝②，最后焊接翼板与腹板间的角焊缝③。

二、选择合理的焊接工艺参数

根据焊接结构的情况，在允许条件下尽可能采用小焊接线能量。如手工电弧焊，采用小直径焊条，下限值焊接电流；或中等焊接电流，较快焊速。这样可以减少焊件的受热，从而减小焊接残余应力。

三、预留变形余量

船舶与海洋工程结构的建造中，在最后装焊补板和嵌补分段时，由于不能自由收缩产生很大应力，在过大应力作用下可能产生裂纹。预留余量(有时可将补板边缘压出一凹形)，焊接时由于焊缝收缩把板拉平，这样起到了减小焊接残余应力的作用。

四、拉伸法

1. 机械拉伸

在6.3.2节中已讨论过焊接残余应力的分布情况，在焊缝中心附近区域纵向应力为拉应力(一般为 σ_s)，远离中心区的两侧区域为压应力。对具有焊缝的构件施以拉伸外载，由于应力叠加，焊缝中心区域应力不能增加，只能继续产生拉伸塑性变形，拉伸塑性变形方向与焊接时产生的压缩塑性变形方向相反。焊接残余应力正是由于焊接时近缝高温区受压缩产生局部压缩塑性变形引起的，加载应力越大，压缩塑性变形抵消越多，焊接残余内应力消除就越彻底。

2. 温差拉伸

温差拉伸法是利用局部加热的温差产生不同变形来拉伸焊缝区。在焊缝两侧各用一个适当宽度的氧—乙炔焰炬加热，在焰炬后一定距离处有一个带排孔的水冷喷头，焰炬和水冷喷头同步向前移动，见图6-29。这样形成一个焊缝两侧温度高(峰值温度约200℃)、焊缝区温度低(约100℃)的温度场，两侧受热膨胀的金属对温度较低区域的焊缝金属进行拉伸。

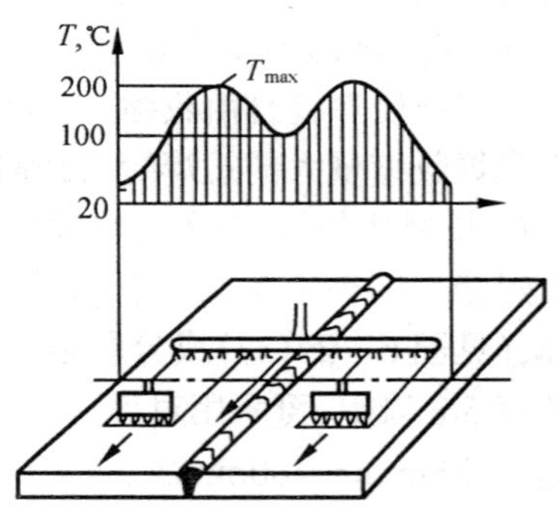

图6-29 温差拉伸法

对于 $\sigma_b \leqslant 500N/mm^2$ 的低碳钢和低合金钢可采用以下规范：焰炬宽度100mm，每个焰炬乙炔耗量 $17m^3/h$，耗水量(5～6)l/min，焰炬与喷水管距离130mm。

3. 辗压焊缝

辗压焊缝金属，使其得以伸长，从而降低焊接残余应力。其消除或减小焊接残余应力的原理与拉伸法相同。

五、焊后热处理

1. 整体高温回火

将整个焊件加热至 A_{C1} 以下某温度，保温一段时间，然后再冷却(见《船舶与海洋工作材料》3.4)。对于同种材料焊件，回火温度越高，保温时间越长，焊接残余应力消除的越彻底。对具有不同膨胀系数的金属制成的焊接结构，如奥氏体钢和珠光体钢，回火虽然可以消除焊接残余应力，但又将产生因回火加热形成不同热膨胀而引起的新内应力。

2. 局部高温回火

对于简单焊接接头，可对焊缝周围的一个局部区域加热，以降低焊接残余应力的峰值。局部高温回火可用电阻、火焰和感应加热，消除应力的效果与加热的温度和加热区的范围有关。

六、振动法

试验表明，变载荷达到一定数值，经多次循环加载后，结构中的内应力逐渐降低。

6.4 焊接变形

焊接变形与焊件截面尺寸、焊接工艺参数、熔深大小、焊接程序、焊接线能量的大小及焊缝在焊接结构中的位置等多种因素有关。

6.4.1 焊接变形的种类及形成原因

一、纵向收缩变形

焊接过程中，焊缝和近缝区金属被加热温度高，受热膨胀受到外侧温度较低金属的限制产生压缩塑性变形。焊接热源远离后，冷却至常温，焊缝和近缝区受热高的金属区域形成拉应力，外侧温度较低金属处形成压应力。焊件经焊接过程后，在焊缝和近缝区拉应力的作用下，焊件长度缩短即纵向收缩，见图 6－30。

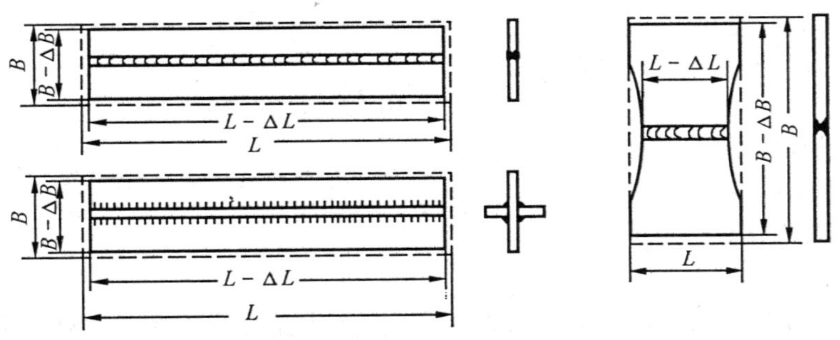

图 6－30 纵向横向收缩变形

焊件焊接时的原始温度可能不同，焊件的原始温度高，相当于加大焊接线能量，这将导致焊接塑性区扩大，使焊后纵向收缩变形增大。反之，原始温度低，相当于减小焊接线能量，收缩变形将减小。此外，相同截面积的焊缝可一次焊成，也可分几层焊成(这与所选的焊接方法等有关)，多层焊中每次所用焊接线能量要比单层焊所用焊接线能量小很多。多层焊时，每层焊接时形成的塑性区都小于单层焊时形成的塑性区，而且多层焊每层焊形成的塑性区有一部分是互相重叠，故多层焊接同样截面积的焊缝产生的纵向收缩比单层焊产生的纵向收缩小。

钢结构细长件单层焊纵向收缩量可用下式进行估算。

$$\Delta L = \frac{K_1 \cdot F_H \cdot L}{F}$$

式中，ΔL ——纵向收缩量(mm)；

K_1 ——系数，与焊接方法和材料有关；

F_H ——焊缝截面积(mm^2)；

F ——构件截面积(mm^2)。

表 6－1 与焊接方法和材料相关系数

焊接方法	手工电弧焊		埋 弧 焊	CO_2 保护焊
材 料	低碳钢	奥氏体钢	低 碳 钢	
K_1	0.048～0.057	0.076	0.071～0.076	0.043

注:1. 多层焊时，F_H 为一层焊缝金属的截面积,同时需将计算的纵向收缩量乘 K_2。$K_2 = 1 + 85\varepsilon_s \cdot n$，$\varepsilon_s = \sigma_s / E$，$n$ 为层数。

2. 对于双面角焊丁字接头焊件,计算的纵向收缩量乘以 1.15～1.40。

二、横向收缩变形

焊缝横向收缩引起的垂直焊缝长度方向的缩短就是横向收缩变形。它与线能量、板厚、坡口形式、焊缝截面积、定位焊的点固情况和装配刚度等多种因素有关。焊接线能量大和焊缝截面积大都将使焊缝塑性区增大,因此将导致变形增加。板厚增加,定位焊点固加大,装配刚度大,都限制了变形,横向变形也就越小。此外,横向收缩变形沿焊缝长度方向分布是不均匀的,因为先焊的焊缝横向收缩对后焊焊缝的塑性区形成压缩,使后焊焊缝塑性产生更大的横向变形。

横向收缩量可用下式进行估算。

$$\Delta B = 5 \times 10^{-3} E / \delta$$

式中,ΔB ——横向收缩量(cm);

E ——线能量(kJ/cm);

δ ——板厚(cm)。

三、角变形

堆焊、对接、丁字接头和搭接接头焊接时,可能产生角变形见图 6－31。角变形产生的原因是横向收缩变形,沿板厚方向分布不均匀。焊缝正面变形大,背面变形小,造成构件偏转。影响角变形的有焊件的厚度、焊接工艺参数、熔深、坡口角度、焊道宽度和固定情况等多种因素。

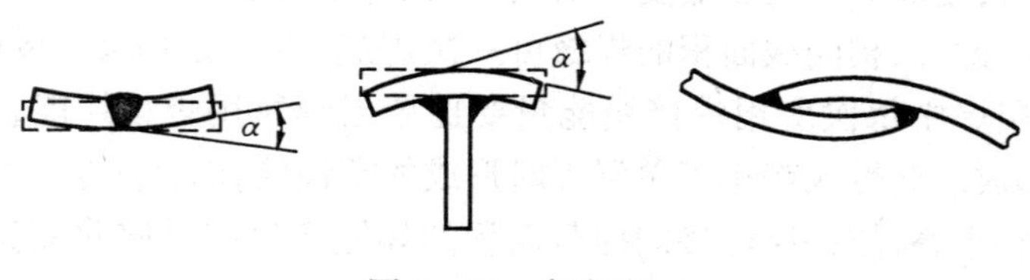

图 6－31 角变形

1. 堆焊的角变形

在一定线能量条件下,焊件厚度(δ)较小,角变形较小,这是由于沿焊件厚度方向温差梯度变小造成的;焊件厚度(δ)增大时,角变形将减小,这是由于焊件刚性增大所造成的。

平板堆焊角变形可按下式计算。

$$\alpha = \frac{b \cdot \delta_s \cdot b_s \cdot \delta}{2EI} \quad (\text{rad})$$

式中，b ——堆焊焊道宽(cm)；

δ_s ——钢材屈服程度(MPa)；

b_s ——塑性变形区深度，$b_s = (2 \sim 2.5)e$ (cm)，e 为焊道余高；

E ——钢材弹性模量(GPa)；

I ——垂直于焊道截面的惯性矩(cm^4)。

2. 对接接头的角变形

上述影响角变形的因素对于对接接头的角变形都能产生影响，其中主要影响因素是坡口形式和角度。一般来说 V 型坡口的角变形最大，U 形和 X 形坡口的角变形次之，双 U 形坡口的角变形最小。X 形和双 U 形对接接头，由于沿厚度方向焊缝的横向宽度相近或以焊件重心对称，因此沿厚度方向的塑性相近或对称，所以角变形小。

V 形坡口焊后角变形可用下式近似计算。

$$\alpha = 0.0176\tan\frac{\theta}{2}$$

式中，α ——角变形角度(rad)；

θ ——焊缝熔化区的角度，近似等于坡口角度。

四、弯曲变形

焊接结构中，焊缝处在相对结构中性轴不对称的位置时，焊缝收缩形成的压力 P 是一个偏心力，该力不但能使构件缩短，还会使构件弯曲。不对称的纵向焊缝和不对称的横向焊缝都可以引起弯曲变形，见图 6－32。

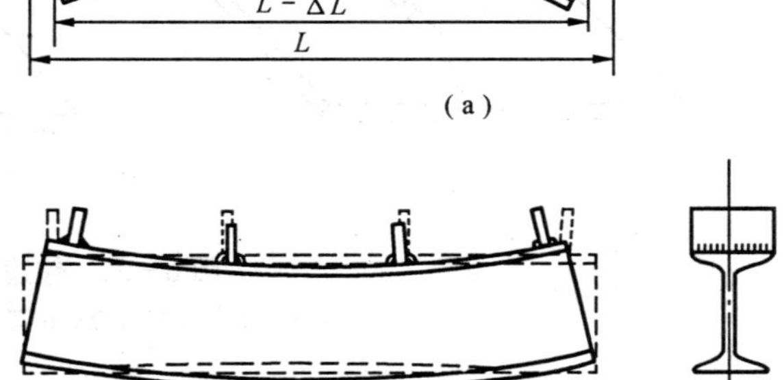

图 6－31　挠曲变形

(a)由纵向收缩引起的挠曲；(b)由横向收缩引起的挠曲

1. 不对称纵向焊缝引起的弯曲变形

不对称纵向焊缝形成的弯曲力矩 $M = P \cdot Z$，根据材料力学可求得挠度 f。

$$f = \frac{ML^2}{8EI} = \frac{PZL^2}{8EI}$$

式中，P ——不对称纵向焊缝形成的偏心力；

Z ——塑性区中心到截面中性轴距离；

L ——构件长度；

I ——构件截面惯性矩(cm^4)。

从上式可以看出，挠度 f 与偏心焊缝的收缩力 P 和偏心距 Z 成正比，与构件的刚度 EI 成反比。偏心力 P 的大小与焊缝塑性变形区的面积有关，偏心距 Z 与焊缝的位置有关，刚度与材料和构件的截面积分布有关。

单道焊缝引起钢质构件的挠度可用下式估算。

$$f = \frac{K_1 F_H Z L^2}{8I}$$

式中，K_1 ——系数，可由表 6－1 查出；

F_H ——焊缝截面积(cm^2)；

Z ——焊缝重心到构件中性轴的距离(cm)；

L ——构件长度(cm)；

I ——构件截面惯性矩(cm^4)。

2. 不对称横向焊缝引起的弯曲变形

横向焊缝在结构上分布不对称(见图 6－31(b))，每一条横向焊缝的横向收缩都将使结构弯曲一个角度，而该弯曲角变形将使结构下挠形成弯曲变形。而结构上每一条不对称横向焊缝产生的与其对应的各自不同的下挠弯曲变形，这些各自不同的下挠弯曲变形叠加之和就形成了结构总下挠弯曲变形。

五、错边变形

焊接过程中，焊接热源不处在两焊件对称中心(纵向焊接热源加热沿横向不对称，见图 6－32(a)；纵向焊接热源加热沿厚度方向不对称，见图 6－32(b))，两焊件受热膨胀不同，可导致长度方向错边(见图 6－32(a))和厚度方向错边(见图 6－32(b))。

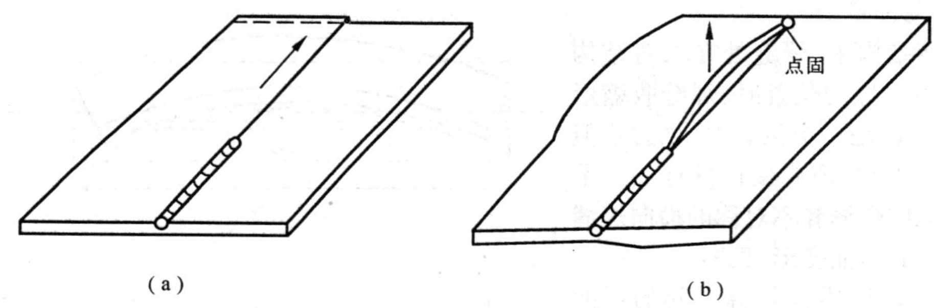

图 6－32　错边变形

(a)长度方向的错边；(b)厚度方向的错边

六、螺旋变形

结构焊接纵向焊缝时，沿纵向产生不同的角变形，可能导致螺旋变形，见图 6－33。

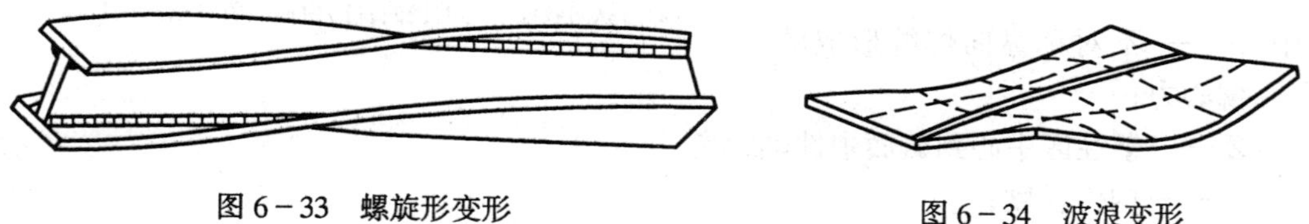

图 6－33　螺旋形变形

图 6－34　波浪变形

七、波浪变形

焊接薄板时，在纵向和横向焊缝的作用下，薄板内部将产生压应力，当薄板某处的压应力与薄板的刚度(EI)之间关系超过临界值时，薄板将失稳，形成波浪变形，见图 6－34。

6.4.2 防止和减小焊接变形的措施

船舶与海洋工程结构建造中，采取合理的结构设计和建造工艺两方面防止和减小焊接变形。

一、结构设计

1. 合理地选择焊缝的尺寸和形式

在保证船舶和海洋工程结构承载能力的条件下，应尽量采用较小尺寸的焊缝。焊缝尺寸大，不但使用的焊接材料多、成本高、焊接工作量大，而且焊接变形大，对控制变形不利。

2. 焊缝保持对称

在船体、总段、分段和构件中，焊缝应保持对称或靠近结构的中心线，防止弯曲变形。对于厚度较大的板(一般大于 8mm)，应采用 X 形坡口或双 U 形坡口，这样不但可减少熔敷金属量，降低成本，而且也减少了横向收缩和角变形。

3. 减少焊缝数量

船舶与海洋工程结构中有些焊接接头往往采用肘板来提高强度和刚性，设计时可选择板厚稍大和肘板数较少的接头代替薄板和肘板数较多的接头。或者用压筋结构型壁板代替有扶强材结构型壁板。

二、工艺措施

1. 预留收缩余量

焊接结构施焊后，总会发生纵向和横向收缩变形，为了弥补焊后尺寸缩短，在备料时预先加放收缩余量。因为收缩量受多种因素影响，不同地区的工厂往往根据各自经验选择不同数据或采用适合自己的经验公式进行估算。

2. 反变形

根据结构焊后的变形情况，预先给出一个大小相等、方向相反的变形，以抵消结构焊后产生的变形。不同的生产条件、工艺流程各不相同，因此反变形的数据应根据各自经验选择不同数据。

船底分段模板胎架装焊和船台船体总对接时，焊后船体产生上翘变形，为了抵消这个变形焊前采取的反变形，见图 6－35 和图 6－36。

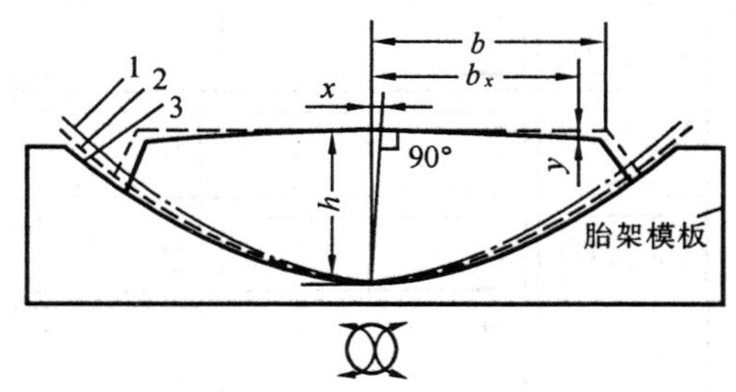

图 6－35 船底分段反变形示意图

1—未作反变形的焊后形状；2—图纸要求形状；3—胎架上作出反变形形状

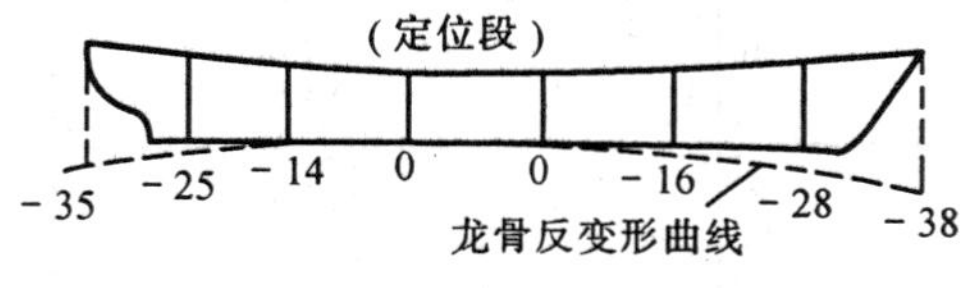

图 6－36 船体总段大合拢反变形图

3. 刚性固定

前面已讲述过增大刚性可减小构件焊后变形。薄板焊接时，在焊缝两侧放置压铁和在薄板四周施加定位焊，可减小焊后产生波浪变形，见图 6－37(a)。此外，钢板拼接可用“马板”固定增加刚性，限制焊接变形，见图 6－37(b)。

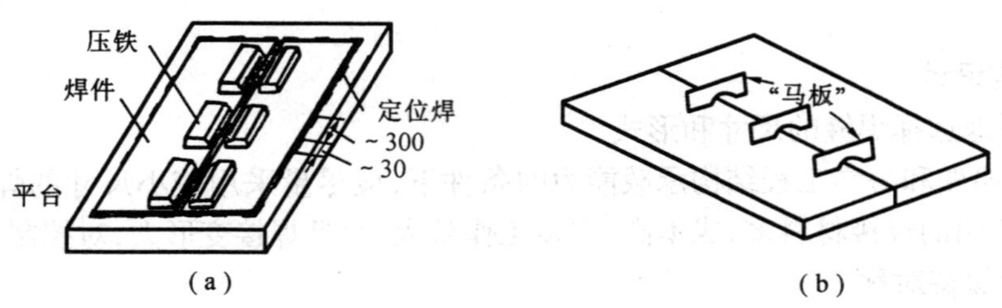

图 6－37 刚性固定法减少焊接变形

(a)对接缝旁加压铁；(b)对接缝上加“马板”

4．合理地选择焊接方法和规范

CO_2 气体保护焊代替手工电弧焊，不但效率高，而且熔化深。由于 CO_2 气体保护焊熔化深，相同承载能力的焊接接头，CO_2 气体保护焊焊缝截面尺寸比手工电弧焊焊缝截面尺寸小，因此 CO_2 气体保护焊变形比手工电弧焊变形小。同种焊接方法，线能量小，变形也小。

5．合理的焊接次序

结构装配后，焊接次序对焊接残余变形和焊接残余应力的分布有很大影响。

平面纵横交叉焊缝焊接时，先焊短焊缝，后焊长焊缝，见图 6－38。

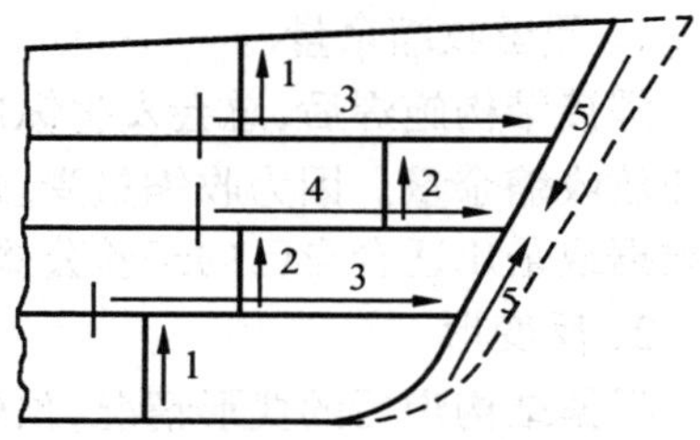

图 6－38 船首板缝及首柱的焊接程序

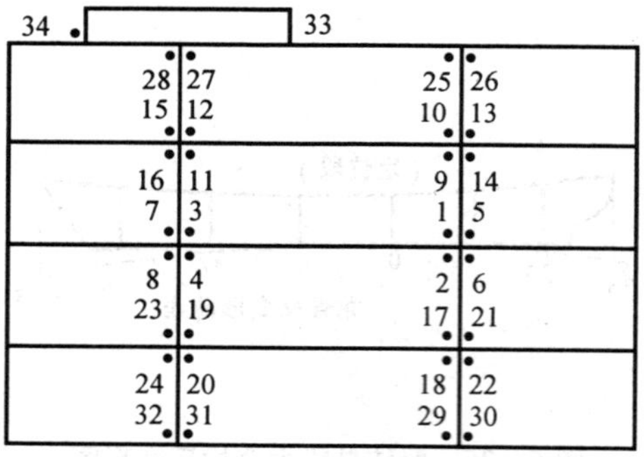

立体结构焊接时，先焊立体交叉构件间的角焊缝，再焊立体构件与平板间的角焊缝。以舵结构为例，先焊筋板(立体交叉构件)，舵的筋板间垂直角焊缝焊接次序见图 6－39，再焊筋板与舵面板间的角焊缝见图 6－40。

图 6－39 横、竖向筋板间角焊缝的焊接程序

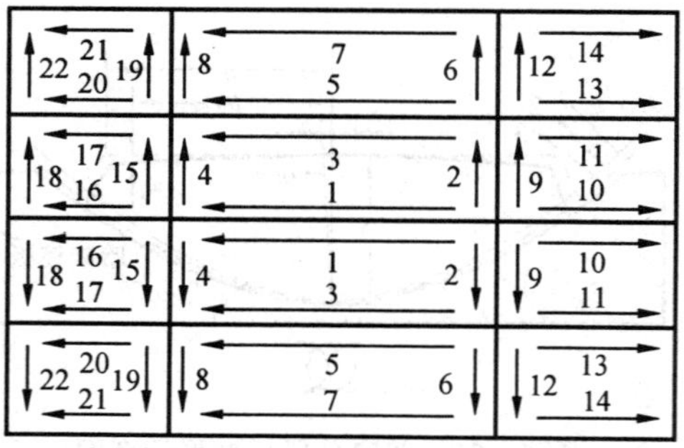

图 6－40 横、竖向筋板与舵板角焊缝的焊接程序

船台总段对接大接头的焊接次序见图 6－41。

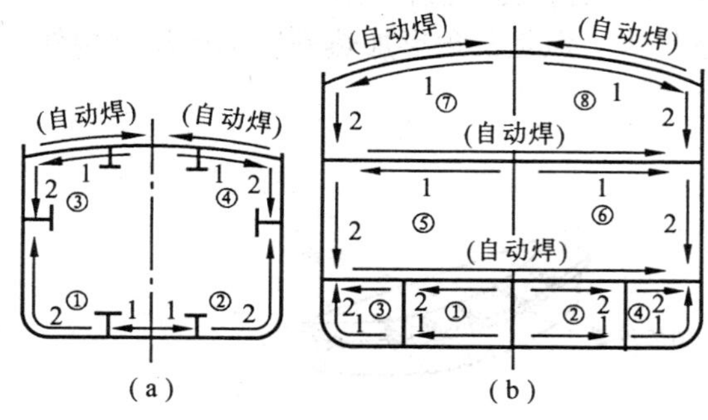

图 6-41 船体合拢焊缝的焊接程序

(a)单层甲板;(b)双层甲板

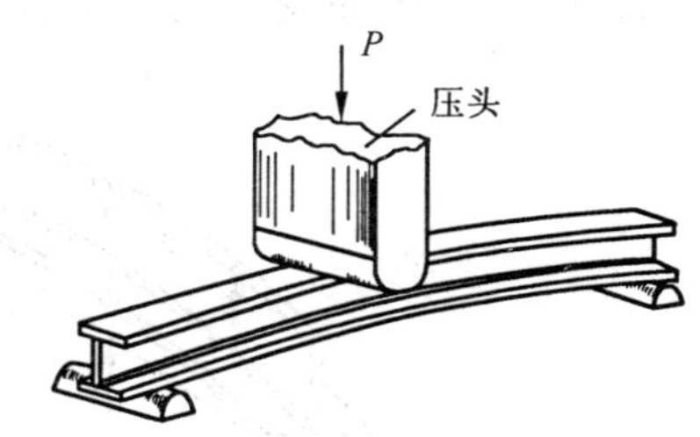

图 6-42 工字梁焊后变形的机械矫正

三、焊接结构变形的校正

结构焊接后,产生了超过技术要求的变形,应矫正,使其符合产品要求。

1. 机械矫正

利用机械作用力使构件产生与焊接变形相反的塑性变形,即将焊接接头塑性区缩短部分再拉长。工形梁的焊接弯曲变形矫正见图 6-42。船舶与海洋工程结构建造中制造的梁和细长构件的变形矫正通常在撑床上进行,撑床矫正原理如图 6-42。不同之处在于撑床的支撑点的间距是可调节的。

2. 火焰加热矫正

火焰加热矫正是利用火焰局部加热时,受热的高温区产生压缩塑性变形,该处金属冷却后收缩达到矫正变形目的。火焰加热矫正首先确定正确的加热位置,加热的位置和区域选择不当可能会得到相反的效果。通常,加热量越大,矫正的变形量越大。船舶与海洋工程结构用低碳钢和低合金钢一般采用的加热温度为 600℃~800℃。

(1)点状加热

薄板(如船舶上层建筑)的失稳变形,常采用点状加热来矫正。点状加热造成了加热区新的压缩塑性变形,冷却后产生拉应力,抵消和减小了形成失稳变形的压应力,达到矫正变形的目的。多点加热矫正失稳变形,加热点的位置和分布根据具体情况确定。加热点的大小与板厚有关,通常可按经验公式 $d = 4\delta + 10\text{mm}$($d$ ——加热点直径,δ ——板厚)计算,但不得小于 15mm。加热点之间距离 a(一般为 50mm~100mm)与变形有关,变形大,a 小些;变形小,a 大些。

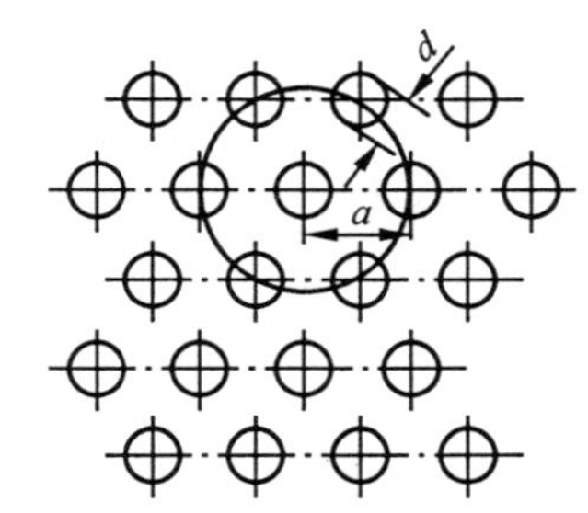

图 6-43 呈梅花形分布的点状加热

(2)线状加热

热源沿直线移动,有时为了增加热线的宽度,在热源向前移动的同时可作横向摆动,形成长条形加热区,加热线的宽度一般为钢板厚度(0.5~2)倍。线状加热是利用加热线横向收缩大于加热线的纵向收缩,充分利用加热线的横向收缩矫正变形。线状加热适于变形量大或刚性较大结构,有时也用于矫正薄板,但效果较差。

(3)三角形加热

T 形构件和槽形构件等装焊后,往往会形成弯曲变形和板缘的波浪变形,通常采用三角形加热矫正这些变形。三角形底边与构件弯曲产生的挠度方向相同,见图 6-44。三角形加热面积较大,冷却后收缩量大,矫正变形量也大。但是三角形加热高度不得超过构件的重心线,否则矫正变形的能力反而变小。

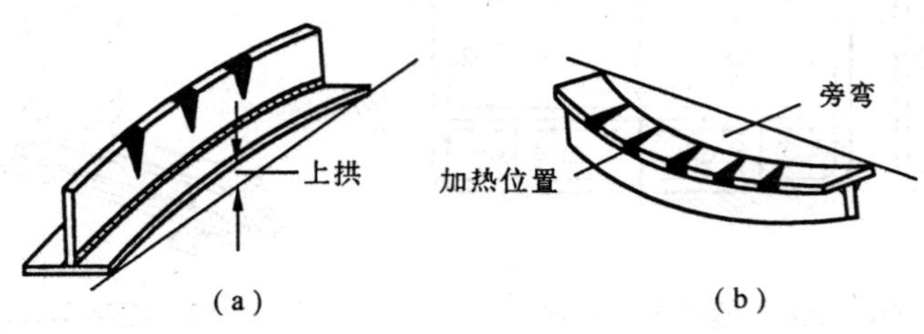

图 6-44 三角形加热

7 焊接质量管理

现代船舶与海洋工程结构都是由焊接联结主要构件制造的，焊接接头质量的好坏直接影响船舶与海洋工程结构的使用、安全和寿命。船舶与海洋工程结构的主要焊接接头如果存在超过允许的焊接缺陷时，在风浪的作用下，结构可能破坏，造成重大事故和损失。

世界各国对船舶与海洋工程结构的质量都是极为重视，设立船级社、海事协会、船舶检验局从事这方面工作。

焊接质量管理包括(图纸、装焊工艺规程等)技术文件；母材、(焊条、焊丝、焊剂和保护气体等)焊接材料；焊接设备、装焊工夹具；焊接坡口和焊缝边缘清理；焊工培训；焊接接头质量检验；焊接成本核算等多方面内容。本教材焊接质量管理主要介绍焊接材料管理、焊接质量检验、焊接成本核算。

7.1 焊接材料管理

7.1.1 金属材料检查

一、钢材牌号与种类

1. 根据(船规 1996)规定，一般强度船体结构钢分为 A、B、D、E 四级。

2. 根据(GB712－88)规定，船体用碳素结构钢分为 A、B、D、E 四级。

3. 根据(船规 1996)规定，船体用高强度钢分为 A32、D32、E32、F32、A36、D36、E36、F36、A40、D40、E40 和 F40。

二、钢材标记与表面质量

1. 投料单据

包括所用钢材的领料单、拨料单和材质单。

2. 实物标记

钢材的入厂编号、金属材料牌号、规格等。

3. 实物表面质量

实物检查钢材表面不应有裂纹、分层和凹陷等。

7.1.2 焊接材料检查

一、焊接材料选用

船体结构所用的焊接材料应满足中华人民共和国船舶检验局(船规 1996)的要求。所选用的焊接材料级别应与船体结构用钢材级别相适应见表 7－1。

表 7－1　船体结构钢的级别与相应焊接材料级别

船体结构钢级别	焊接材料级别
A	Ⅰ41(1 级)
A、B、D	Ⅱ41(2 级)
A、B、D、E	Ⅲ41(3 级、3H 级)
A32、A36	Ⅰ47(1Y 级、1YH 级)
A32、A36、D32、D36	Ⅱ47(2Y 级、2YH 级)
A32、A36、D32、D36、E32、E36	Ⅲ47(3Y 级、3YH 级)

二、外观质量检查

1. 焊条偏心度

焊条偏心迫使电弧偏吹，致使飞溅增大，造成夹渣、未焊透和气孔等缺陷。

在焊条生产制造中，规定低碳钢及低合金高强度钢焊条偏心度为：

(1)直径＞2.5mm 的结构钢焊条，焊条偏心度≤3%；

(2)直径≤2.5mm 的结构钢焊条，焊条偏心度≤4%。

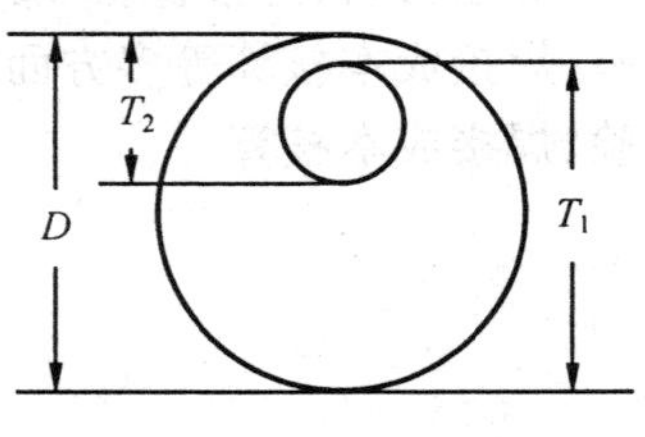

图 7－1　焊条的偏心度

焊条的偏心度计算公式为

$$\frac{T_1 - T_2}{D} \times 100\%$$

2. 焊条耐潮性

焊条药皮具有一定耐潮性，开启包装后不会很快吸潮而损坏。

耐潮性检验：选取 5 根以上焊条，浸入 15℃～25℃水中 4h 后观察，药皮无涨开和剥落现象合格。

3. 药皮强度

选取 5 根以上焊条，水平放置，自由落到大于 14mm 的水平、光滑钢板上，药皮破裂只允许在两端。

(1)直径＜4mm，落下高度为 1m。

(2)直径≥4mm，落下高度为 0.5m。

4. 焊条长度及焊芯直径

焊条长度和直径检验不少于 100 根焊条，与标准长度焊条(如低碳钢和低合金高强钢焊条标准长度为：直径≥4mm，长度为 400mm；直径≤3.2mm，长度为 350mm)相比，长度允许偏差为±2mm；焊芯允许偏差为±0.05mm。

5. 夹持端长度

选取不少于 100 根焊条检验。

(1)直径＜2.5mm，15±5mm。

(2)6mm＞直径≥2.5mm，20±5mm。

6. 焊条药皮包覆

焊条引弧端药皮应倒角，焊芯端面应露出。整根焊条药皮无裂纹、发泡、剥落、破头等缺陷。

三、工艺性能评定

1. 焊接电弧的稳定性

焊前，焊条按说明书建议的烘干范围烘干；焊条的偏心度≤3%；交、直流两用焊条，试验时一般采用交流电源；试验中，焊机空载电压波动不超过2V；试验焊接电流采用使用说明书建议的下限电流；试板保持室温。

在满足上述条件前提下，进行以下电弧稳定性评定。

(1)观察电弧燃烧是否平稳、柔和、无噪音、不熄弧、熔滴细小、以雾状向熔池中喷射，操作者是否有轻松感觉。

(2)测定电弧的拉断长度

将焊条垂直装夹在支架下，焊条下面放一块钢板，间隙2.5mm，用石墨片引弧，待焊条熔化到一定弧长时即自动断弧。断弧后敲掉焊道和焊条端头上的熔渣，用内卡钳或游标卡尺测出焊道与焊条端的距离，这个距离即为断弧长。每种焊条测三次，取平均值。

(3)测量焊接过程中熄弧次数

用同一焊机，采用较低的空载电压，同一名施焊焊工，采用同一规范在钢板上焊完整根焊条。施焊过程中观察熄弧次数。

2. 焊条的再引弧性能

在一定的电源和焊接工艺下，整根焊条燃烧至1/2长度时，停弧3s，然后在钢板另一处以焊条熔化端轻轻接触钢板，不得敲击，不得破坏药皮套筒，测试三次，两次以上能引燃者合格。

3. 焊缝成形

在平焊位置施焊，焊完除渣后观察焊缝表面是否光滑，焊缝两边是否整齐，波纹细密美观，焊缝几何形状正确(焊缝向母材圆滑过渡、无咬边，增强度适中)。

4. 脱渣性

在平板或坡口上施焊或用实际工作接头形式施焊，观察焊后脱渣性能。

5. 各种位置焊接

评定焊条在各种位置焊接的适应性，目前尚无科学测试方法。只是从焊工感觉到焊条熔化情况，电弧的稳定性，熔渣的流动性、脱渣性，飞溅，焊缝成形等情况判断。

6. 飞溅率

(1)应用同一焊机，同一名焊工采用同一操作方法；

(2)试板尺寸250mm×50mm×20mm；

(3)焊接电流选用焊条说明中建议的上限电流；

(4)试板称重精确到±1g，飞溅物精确到±0.01g；

(5)焊条剩余端长度不大于70mm。

试板竖放在3mm～5mm厚的紫铜板上，用0.5mm～1mm厚紫铜板围成高400mm，长轴600mm，短轴400mm，椭圆筒体，试验焊条在该椭圆筒内进行施焊。

每种焊条取三根称重，焊缝和熔渣中的飞溅物不计。

$$飞溅率(\%)=\frac{飞溅物重(g)}{焊前焊条重(g)-焊后焊条重(g)}\times100\%$$

7. 焊条熔化特性

影响焊条的熔化特性因素很多,电源的种类、极性,和焊芯成分、药皮成分等。其中药皮对焊条的熔化特性起决定作用。

8. 焊条发尘量

结构钢焊条国家标准发尘量分三个等级:≤10g/kg;(10~15)g/kg;>15g/kg。

四、工艺性处理

1. 焊前,焊丝要除锈、除油。

2. 焊条、焊剂烘干。

(1)酸性焊条受潮严重,70℃~150℃焙烘,保温1h,使用前可不再焙烘。对于一般未受潮的酸性焊条,焊前可不焙烘。

(2)碱性焊条一般烘干温度为300℃~350℃,保温2h,烘焙时不可将焊条在高温炉中突然冷却,以免药皮开裂。对含氢量有特殊要求的合金钢焊条烘干温度为400℃~450℃或450℃~470℃,保温2h。经烘干的碱性焊条应放在另一个温度控制在100℃~150℃的保温箱中存放。

(3)熔炼型焊剂使用前在300℃~350℃烘干,保温1h。

3. 烘干焊条时,一般堆放1~4层,防止烘干受热不均和便于潮气排除。

4. 焊条发放量,碱性焊条一次不得超过4h用量;酸性焊条和焊剂一次不能超过当天用量。

5. 现场施焊时,应用木制焊条盒或自热式焊条保温筒存放。使用对含氢量有特殊要求的合金钢焊条时,最好每个焊工有一个100℃~150℃的保温筒,将烘干后的焊条放入筒内,以免受潮。

7.2 焊接质量检验

随着现代焊接技术的发展,在很大程度上已能保证产品质量。但由于焊接接头为性能不均匀体,应力分布复杂,生产制造过程中作不到绝对不产生焊接缺陷,更不能排除产品在使用和运行中出现新缺陷。为了获得可靠的焊接结构,可采用和发展先进合理的检验技术方法。

焊接检验的主要作用是:

1. 用焊接检验控制缺陷,保证焊接结构的制造质量;

2. 通过焊接检验评定制造工艺,改进焊接技术,提高产品质量;

3. 通过贯穿整个焊接过程检验,可减少原材料和工时的浪费,避免产品报废,降低产品成本;

4. 有焊接检验的可靠保证,可使焊接技术更广泛的应用。

7.2.1 焊接接头的常见缺陷

在焊接接头的生产过程中,产生不符合标准要求的缺陷称作焊接缺陷。

一、焊缝外观尺寸不符合要求

焊缝外观宽窄不齐,过宽过窄;焊缝高低不平,余高过高或过低;角焊缝偏向一侧单边等,见图7-2。

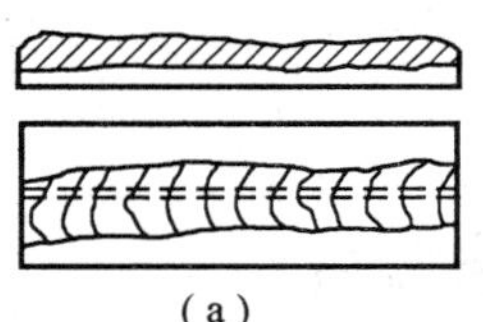
(a)
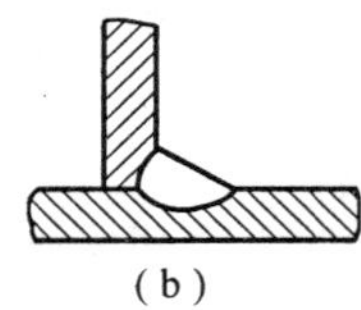
(b)
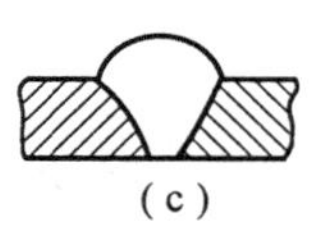
(c)
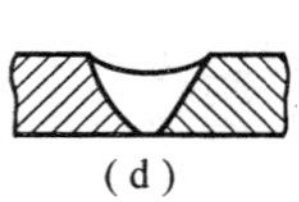
(d)

图 7－2　焊缝尺寸不符合要求

(a)高低不平、宽窄不齐；(b)单边；(c)余高过高；(d)余高过低

1．焊缝宽窄不齐

焊接时，由于某段焊道处电弧电压过高和该段焊道处横向摆动过大，致使焊道宽度不一致。焊道宽度不一致不但影响焊缝成形美观而且还会影响焊接接头的强度。

2．焊缝余高过高或过低

焊缝余高过高是由于焊接速度过慢造成的，余高过低则是由于焊接速度过快造成的。余高过高，会在焊趾处形成应力集中；余高过低，会降低焊接接头强度。

3．偏边

焊接角焊缝时，由于焊条或焊丝与角焊缝两边角度不合适造成偏边。偏边不但能造成应力分布不均，而且还能降低角焊缝的有效截面积。

二、咬边

焊接时，由于电弧电压过高或焊接电流过大或焊接速度过慢或操作不正确，在焊趾处形成凹陷或沟槽称作咬边，见图 7－3。

咬边减弱有效截面积，减弱了焊接接头强度，并且在凹陷处造成应力集中。焊接接头在动载或交变载荷作用下和在腐蚀介质作用下，容易在咬边处产生裂纹，导致结构破坏。

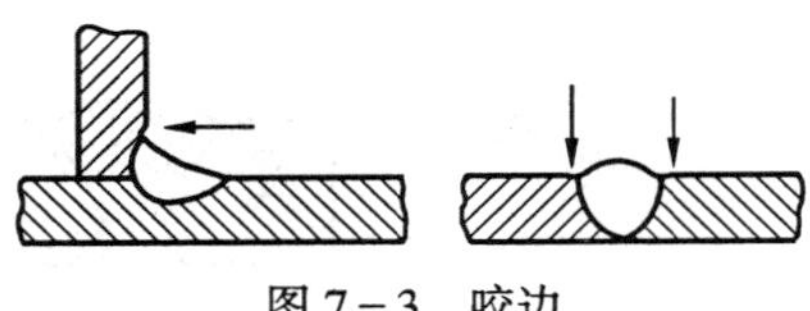

图 7－3　咬边

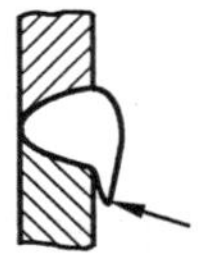
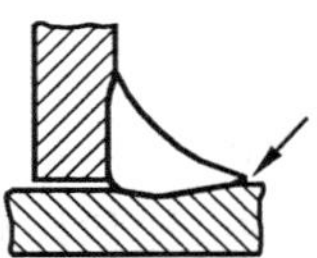

图 7－4　焊瘤

三、弧坑

焊接结束收尾时，焊条或焊丝过早离开，使电弧结束处产生下陷称作弧坑。弧坑处减小焊接接头的截面积，使焊接接头强度降低，同时常会在弧坑处产生火口裂纹。

四、焊瘤

熔化了的金属流淌到焊缝外未熔化的母材上形成金属瘤，见图 7－4。

在横焊、立焊和仰焊的焊接中，由于焊接速动过慢和运条等操作不当形成了焊瘤。焊瘤不仅影响焊缝成形美观，而且往往掩盖着夹渣和未焊透，易导致裂纹产生。

五、夹渣

焊接时，熔化的铁水流淌到熔渣前面，致使焊后焊缝中残留熔渣或 TIG 焊钨残留在焊缝金属中称作夹渣，见图 7－5。

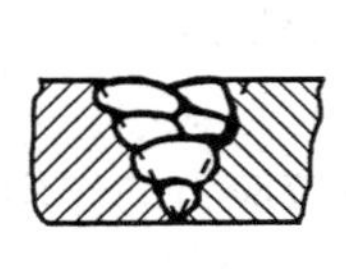
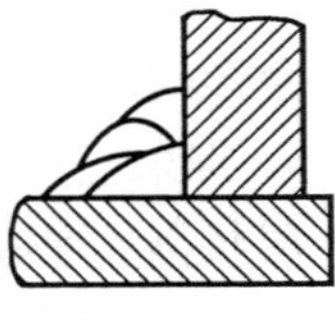

图 7－5　夹渣

夹渣一般呈线状、长条状和颗粒状及其它形式，存在于坡口边缘、每层焊道间非圆滑过渡部位和焊道形状发生突变深沟部位。夹渣存在会降低焊接接头的强度，尤其线状夹渣更危险，在夹渣处往往引起裂纹产生。

六、未焊透与未熔合

焊接时，焊接接头根部未完全熔透就移向前方形成未熔透，见图 7－6。

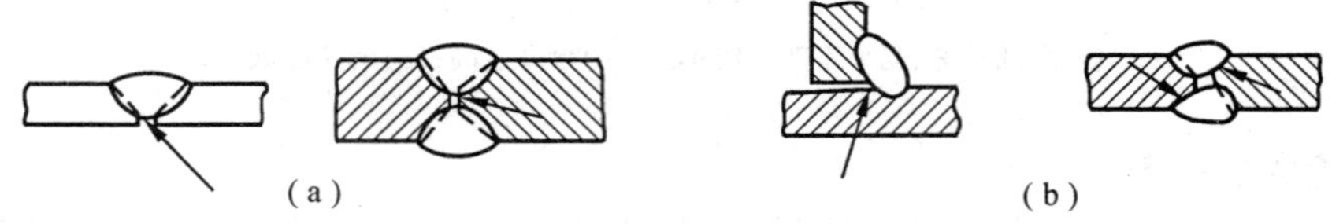

图 7－6　未焊透与未熔合

(a)未焊透；(b)未熔合

未熔透、未熔合与夹渣相似，也容易引起裂纹。

七、气孔和裂纹

焊接时，高温条件下溶解某种气体较多或在高温冶金反应形成大量某种气体，在焊接条件下来不及逸出形成气孔。

裂纹通常有热裂纹、冷裂纹、再热裂纹和延迟裂纹等，形成机理及影响见 1.3 节。

八、层状撕裂

在焊接大厚度高强度结构钢时，在焊接接头的熔合区和热影响区及远离热影响区的母材中，会出现平行于轧制表面阶梯状裂纹，见图 7－7。

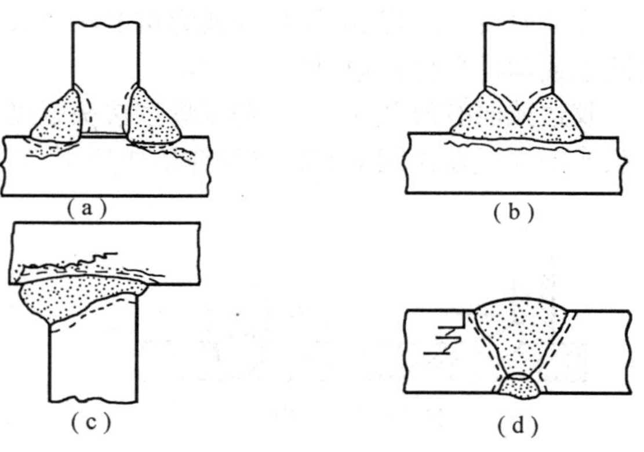

图 7－7　各种接头中的层状撕裂

影响钢材层状撕裂敏感因素有四种。

1. 夹杂物

实验证明，片状硫化锰、硅酸盐夹杂物，和在同一平面内密集分布的球状硫化锰、氧化铝等夹杂物，会严重影响钢材 Z 向塑性。

2. 金属基本性能

金属中夹杂物的脱开或破裂仅形成了分散的微观裂纹。层状撕裂平台需要同一平面内产生大量微观裂纹，并在基体金属中扩展互联形成。层状撕裂剪切壁需要相邻两撕裂平台之间的基体金属发生剪切破坏。

3. 氢

有时由于氢致焊道根部或焊趾裂纹，可诱发成为层状撕裂。但远离热影响区的母材处，氢不会影响层状撕裂形成。

4. 拘束应力

层状撕裂是在拉应力的作用下产生的，具有较大 Z 向拘束力的角接接头或 T 型接头，焊接导致 Z 向变形超过材料变形能力，会引起层状撕裂。

7.2.2 船舶与海洋工程焊接质量检验的常用方法

焊接质量检验可分为破坏性检验、非破坏性检验和声发射检测三类。属于破坏性检验的方法有力学性能试验、化学分析试验和金相检验。属于非破坏性检验的方法有外观检查、强度检验、致密性试验和无损检验。

在本节中介绍一些船舶与海洋工程焊接质量检验。

一、焊缝致密性检验

1. 气密性试验

将焊接容器密封，按设计规定的压力通入压缩空气，在焊缝外面涂以肥皂水进行检查，不产生肥皂泡者为合格。

2. 吹气试验

以一定压力的压缩空气，压力大于 4.13 大气压(405.3kPa)，喷嘴到焊缝的距离≤30mm，向焊缝猛吹，焊缝另一面涂以肥皂水，不产生气泡者为合格。

3. 冲水试验

用高压水对焊缝一面喷射，喷水角≥70°，水管喷嘴直径≥15mm，水压使垂直面上的反射水环直径＞400mm，往复移动喷水嘴，焊缝的另一面无渗水者为合格。

4. 煤油试验

煤油粘度小，表面张力小，渗透性强，具有透过极小贯穿缺陷的能力。试验时，将焊缝表面清理干净，涂以白粉水溶液，干燥后，在焊缝的另一面涂上煤油，经 0.5h 后白粉无油浸者为合格。

二、磁粉探伤

铁磁材料的工件被磁化后，在其表面和近表面有缺陷处磁力线发生变形，逸出工件表面形成漏磁场。检测漏磁场，进而确定缺陷的形状、大小和深度。

1. 漏磁场

磁通量从一种介质进入另一种介质时，介质的导磁率不同，在介面上磁力线的方向会发生突变，见图 7－8。

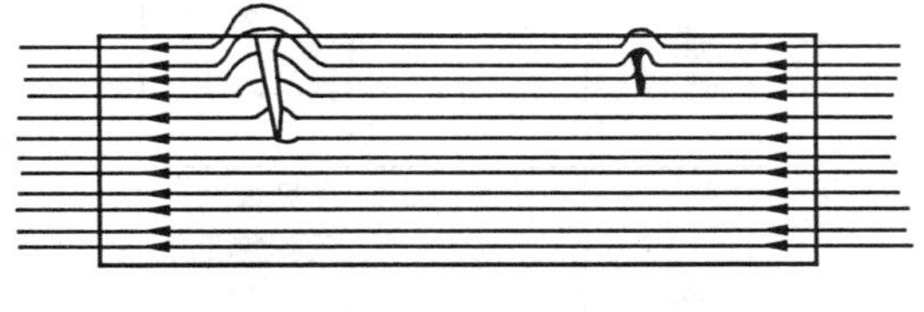

图 7－8 零件表面的漏磁场

若工件表面或近表面存在缺陷，经磁化后，缺陷处空气的磁导率(μ_r =1)远远低于铁磁材料的导磁率(钢 μ_r =3 000)，在介面上磁力线的方向将发生改变。

2. 影响漏磁场的因素

(1)外加磁场的影响

缺陷漏磁通密度随工件磁感应强度的增加而线性增加，当磁感应强度达到饱和值的 80%左右时，漏磁场的密度会急剧上升。

(2)工件材料及状态的影响

钢材的磁化曲线随合金成分、含碳量、加工状态和热处理状态而变化，材料的磁特性不同，缺陷处形成的漏磁场也不同。此外，工件表面有覆盖层，会导致漏磁场的下降。

(3)缺陷的位置和形状的影响

缺陷位于表面时漏磁通增多；同样缺陷位于距表面很深的地方，则几乎没有漏磁通泄漏于空间。缺陷的深宽比愈大,漏磁场愈强。缺陷垂直于工件表面时,漏磁场最强;若与工件表面平行,则几乎不产生漏磁通。

三、渗透探伤

在被检工件表面涂覆某种渗透力强的渗透液,在毛细作用下渗透液渗入工件表面开口缺陷中,然后清洗除去表面多余渗透液,再在工件表面涂一层显像液,缺陷中的渗透液在毛细作用下重新被吸到工件表面,显示缺陷的形状痕迹。根据荧光渗透液在黑光下或着色渗透液在白光下显示缺陷的形状痕迹进行评定。过程作用见表 7-1。

表 7-1　渗透探伤的基本操作步骤

工序名称	示　意　图	作　　用
预清洗		清除零件表面的铁屑、铁锈、毛刺、氧化皮,熔渣、油污等表面污染物
渗　透	渗透液	涂上适当的渗透剂,通过毛细作用使表面开口的缺陷产生液体的渗透
中间清洗	清洗剂	把零件表面多余的涂透剂从被测表面清除掉,但保留缺陷处的渗透液
干　燥		在显像之前必须使被测表面干燥(溶剂挥发很快,水则要较长时间),否则剩余的溶剂和水将影响显像剂的效果
显　像	显像剂	显像剂将缺陷处的渗透液吸附到零件表面,好似"流血",显示的图形比真实的缺陷大
观　察		经过一段时间间隔再评判显示的缺陷。着色探伤用的照明光源为日光或白光;荧光探伤用的照明光源为黑光灯、紫外线灯

四、射线探伤

射线探伤是利用射线可穿透物质和通过物质有衰减的特性来发现缺陷的一种检查方法。根据射线源种类不同,可分为 X 射线探伤、γ 射线探伤和高能射线探伤等。按显示缺陷方法不同,可分为射线照相法探伤、射线荧光屏观察法探伤、射线电离法探伤、射线实时图像法探伤和射线计算机断层扫描技术等。

1．射线的性质

射线探伤中主要应用的是 X 射线和 γ 射线，二者均为波长很短的电磁波。X 射线的波长为 $1.09\times10^{-9}\sim6\times10^{-3}$m，γ 射线的波长为 $1.14\times10^{-10}\sim3\times10^{-13}$m。X 射线和 γ 射线具有以下性质。

(1)不可见，以光速直线传播。

(2)不带电，不受电场和磁场的影响。

(3)能穿透各种物质，通过物质后射线的能量要衰减。

(4)能使物质电离，使胶片感光，亦能使某些物质($CaWO_4$、ZnS 等)产生荧光。

(5)能产生生物效应，即有伤害和杀死细胞作用。

(6)有反射、折射和干涉现象。

2．探伤原理

射线穿透物质时将与物质相互作用，产生一系列极复杂的物理过程(如光电效应、汤姆逊散射、康普顿效应和电子偶效应等)，结果使射线因吸收和散射而失去一部分能量，强度减弱，这种现象称作射线的衰减，可用衰减定律表达，见图 7－9。

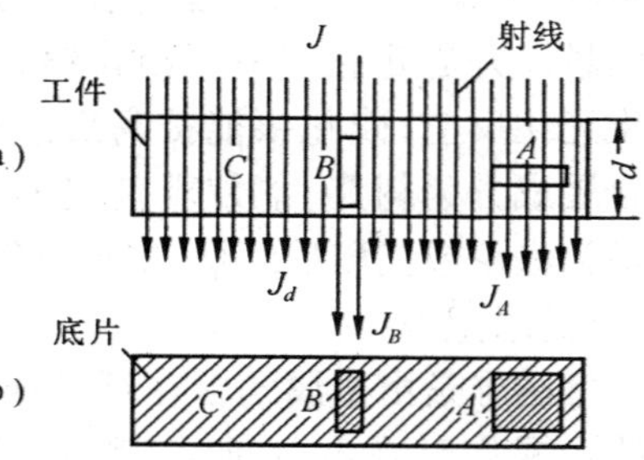

图 7－9　射线透过工件及与软片作用情况的示意图

$$J_d = J_0 e^{-\mu d}$$

式中，J_d ——射线通过厚度 d 的物质后的强度；

J_0 ——射线的初始强度；

e——自然对数的底；

d ——通过物质的厚度；

μ ——射线衰减系数，为上述各物理效应分别引起的衰减系数之和。

通过有缺陷部位的射线强度

$$J' = J_0 e^{-\mu x} e^{-(\mu'-\mu)\Delta x}$$

式中，x ——工件除去缺陷的厚度；

Δx ——缺陷厚度；

μ' ——射线在缺陷中的衰减系数。

比较以上两式可得：

(1) $\mu' < \mu$ 时，$J' > J_d$。即缺陷部位通过射线强度大于周围完好部位。如钢焊缝中的气孔、裂纹、夹渣和未焊透等缺陷就属于这种情况，射线底片上缺陷呈黑色影像，X 光电视屏幕上呈灰白色影像。

(2) $\mu' > \mu$ 时，$J' < J_d$。即缺陷部位通过射线强度小于周围完好部位。如钢焊缝中夹钨就属于这种情况，射线底片上缺陷呈白色块状影像，X 光电视屏幕上呈黑色块状影像。

(3) $\mu' \approx \mu$ 或 Δx 很小且趋近于零时，$J' \approx J_d$。这时缺陷部位与周围完好部位通过的射线强度无差异，射线底片上或 X 光电视屏幕上缺陷得不到显示。

3．射线照相法探伤

根据被检工件与内部缺陷介质对射线能量衰减程度的不同，致使通过工件后射线强度分布有差异(射线强度分布差异形成射线图像),在感光材料(胶片)上获得缺陷产生的潜影,经暗室显影后获得缺陷影像,对照有关标准《钢熔化焊对接接头射线照相和质量分级》GB3323－87,评定焊件内部质量。

(1)探伤系统组成

射线照相探伤系统组成见图7－10。

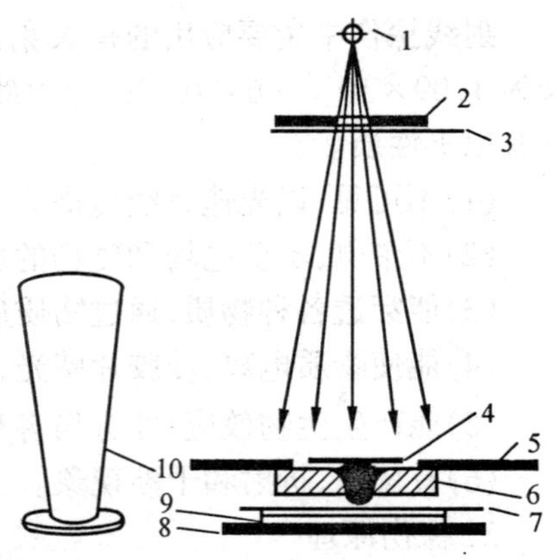

图7－10 探伤系统基本组成示意图

1—射线源;2—铅光阑;3—滤板;4—像质计、标记带;5—铅遮板;6—工件;7—滤板;8—底部铅板;9—暗盒、胶片、增感屏;10—铅罩

(2)射线胶片

射线胶片结构示意图见图7－11。为增加卤化银的含量,基片两面均涂有乳剂。

保护层的主要成分是明胶,保护乳剂层不受损伤;乳剂层由明胶、溴化银和微量碘化银组成(单层厚约10μm～20μm),明胶起增感作用和使卤化银颗粒均匀悬浮并固定在其中。溴化银在射线的作用下将发生光化反应;碘化银能提高反差和改善感光性能;结合层成分为树脂,能使乳剂层牢固粘附在基片上;片基为涤伦或三醋酸纤维,支承全部涂层。

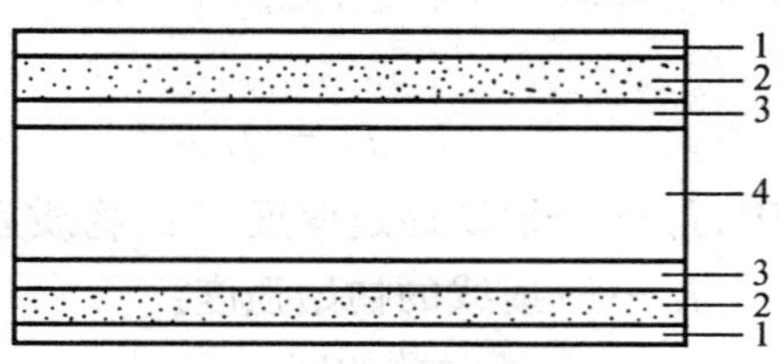

图7－11 射线胶片结构

1—保护层;2—乳剂层;3—结合层;4—片基

(3)增感屏

增感屏是由金属箔粘在纸基或胶片片基上制成的。探伤时在胶片前面(称前屏)和胶片后面(称后屏)与胶片紧密接触,射线通过增感屏后能产生二次电子和二次射线,增加对胶片的感光作用(称增感效应)和对波长较长的散射线起吸收作用(称滤波作用)。

(4)像质计

用于定量评价射线底片影像质量的工具,与被检焊件材质相同。像质计有线型、孔型和槽型三种,GB3323－87规定采用线型像质计,型号和规格应符合GB5618－85《线型像质计》的规定。

(5)其它

铅罩、铅光阑可限制射线照射区域大小和得到合适的照射量;铅遮板可屏蔽前方散射线和焊件外缘由散射引起的"边蚀"效应;底部铅板是屏蔽后方射线(如来自地面)作用;滤板由铜、黄铜和铅制成(铜滤板的厚度不得大于焊件最大厚度的20%,铅滤板的厚度不得大于焊件最大厚度的3%),用于吸收掉X射线中波长较大的线谱。

射线照相探伤底片上的几种焊接缺陷见图7－12。

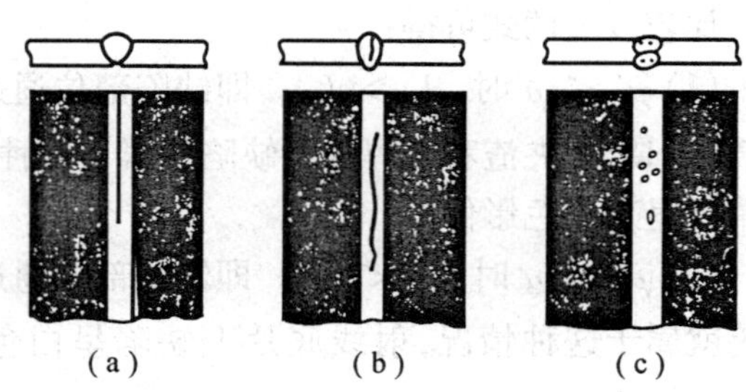

图7－12 各种缺陷在底片上的形状

(a)未焊透;(b)裂纹;(c)气孔或夹渣

4.X射线探伤

船舶与海洋工程结构生产制造中使用的X射线机有携带式和移动式。通常,X射线机

由X射线管、高压发生器、冷却器、控制装置、机械装置和高压电缆等组成。

(1)X射线管

X射线管由阴极构件、阳极构件和管套(有玻璃壳管和金属陶瓷管,管内真空 133.3×10^{-7}Pa～133.3×10^{-6}Pa)组成,图7-13。

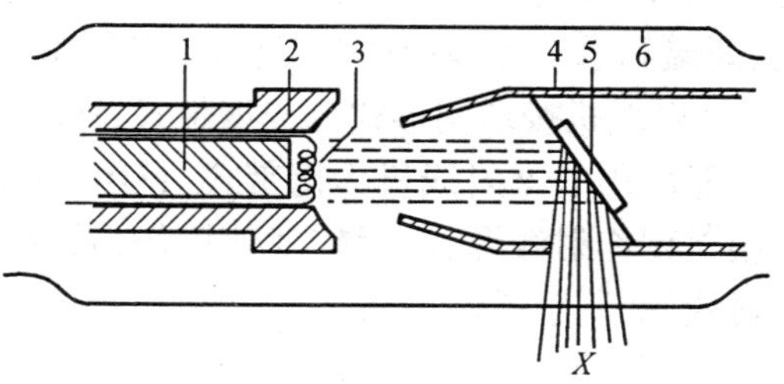

图7-13　X射线管结构示意图

1—阴极;2—聚焦罩;3—灯丝;4—阳极(壳);5—靶;6—管套

灯丝工作电压(AC,2～10V)和工作电流(2mA～30mA),加热至白炽时,阴极周围形成电子云,在聚集罩凹面作用下聚焦。当阳极和阴极间施加高压(50kV～500kV)时,电子加速穿过真空空间,成束状轰击阳极靶子的一小面积,电子被阻挡、减速和吸收,将有1%左右的动能转变成X射线,其余绝大部分动能转变成热能。

(2)荧光屏—电视成像和光电增强—电视成像探伤

荧光屏—电视成像探伤系统组成,见图7-14。利用X射线照射荧光物质时能激发出可见荧光,荧光的强弱与射线的强度成正比。利用荧光屏上述性质可将X射线通过物质后形成的射线图像转换成可见荧光图像。利用闭路电视法,用可见光摄像和馈送至监视器显示出焊接缺陷图像。

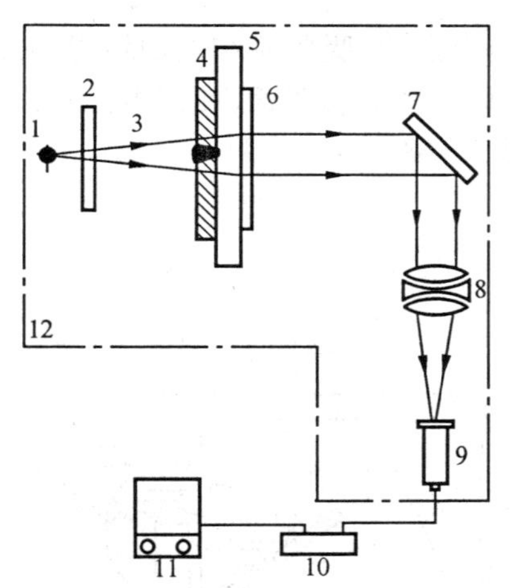

图7-14　荧光屏—电视成像法探伤系统

1—射线源;2—电动光阑;3—X射线束;4—工件;5—电动光阑;6—荧光屏;7—反射镜;8—光学透镜组;9—电视摄像机;10—控制器;11—监视器;12—防护设施

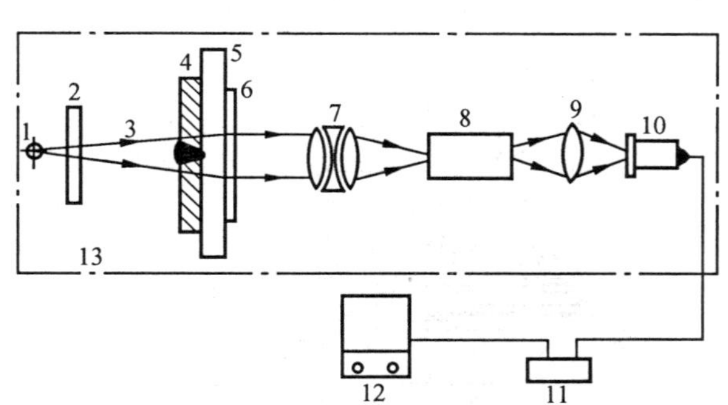

图7-15　光电增强—电视成像法探伤系统

1—射线源;2—电动光阑;3—X射线束;4—工件;5—电动光阑;6—光纤闪烁屏;7—光学透镜组;8—微光增强器;9—光学透镜;10—电视摄像机;11—控制器;12—监视器;13—防护设施

光电增强—电视成像探伤系统组成,见图7-15。其特点是在荧光屏—电视成像探伤系统的光学透镜组之后、电视摄像机之前增加一个微光增强器,解决X射线能量高荧光物质转换率低和因散射的影响使图像干扰加强。本探伤系统中,用光纤闪烁屏代替荧光屏,适应高能X射线。

5.γ射线探伤

γ射线为波长比 X 射线波长更短的射线，穿透力强，可透照 300mm 厚度的钢件（X 射线透照钢件的厚度为 100mm～120mm）；透照过程不用水和电，可在野外、现场、带电设备、高空、高温和水下等多种场合工作；设备简单、轻巧、操作方便。

γ射线机按结构形式分成携带式、移动式和爬行式三种。

船厂用的γ射线机为携带式，见图 7－16。采用^{192}Ir 作射线源，适用较薄件探伤；采用^{60}Co 作射线源，用于厚件探伤。

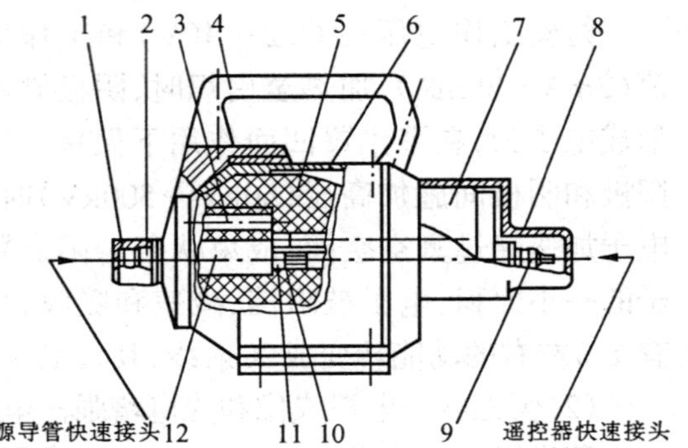

图 7－16　^{192}Ir 射线机（TI－F）本体（工作容器）结构

1—前保护帽；2—前连接器；3—曝光通道；4—手柄；5—屏蔽（体）；6—外壳；7—快门环；8—后保护帽；9—后连接器；10—γ放射源；11—源通道；12—偏心轮

6. 超声波探伤

振动频率超过人听觉范围的波称作超声波，探伤中常用的超声波频率为（0.5～10）MHz。

（1）超声波的特点

超声波在弹性介质中能像光波一样直线传播并能集中于一定区域定向辐射；超声波能在弹性介质中传播，不能在真空中传播；在弹性介质界面具有透射、反射和折射作用。

（2）超声波的产生和接收

超声波是由超声探伤仪产生电振荡并施加于探头，利用晶片的压电效应获得的。探头由保护膜、压电晶片、吸收块和电源线等组成。发射和接收纵波探伤采用直探头，见图 7－17；利用固定倾角的异质界面，使压电晶片发射的纵波通过波形转变，以折射横波探伤采用斜探头，见图 7－18。

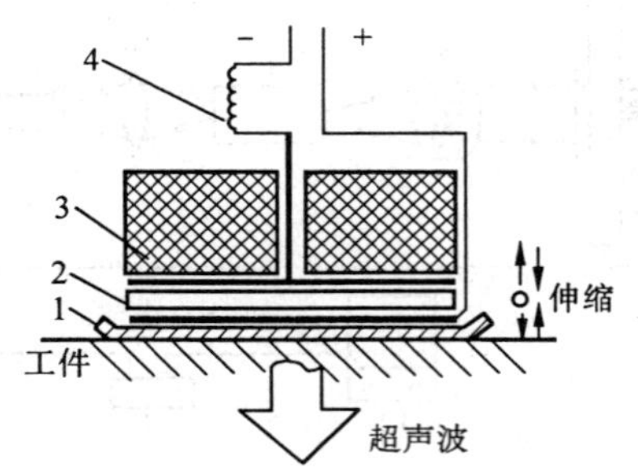

图 7－17　直探头内部结构及工作原理

1—保护膜；2—压电晶片；
3—吸收块；4—匹配电感

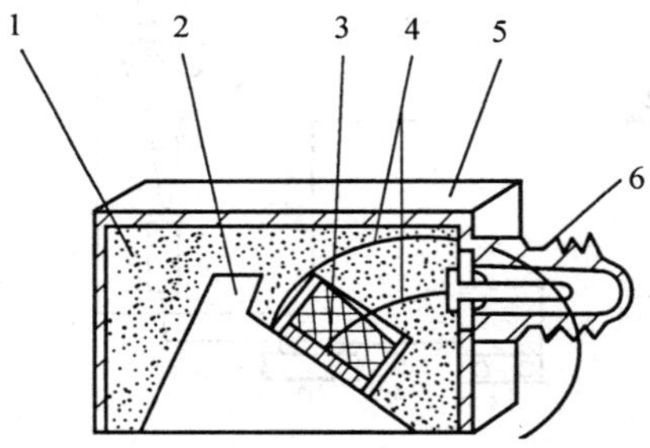

图 7－18　斜探头结构

1—吸收块；2—斜楔块；3—压电晶片；
4—内部电源线；5—外壳；6—接头

（3）超声波探伤原理

将一定频率间断发射的超声波（脉冲超声波）通过一定介质（矿物油等，称作耦合剂）耦合传入焊件，当遇到异质界面（缺陷或焊件）底面时，超声波将发生反射，反射波（回波）为探伤仪接收并以电脉冲信号在示波屏上显示出来。根据反射波表示方式不同，可分为 A 型显示、B 型显示、C 型显示和 3D 显示法等。

A 型脉冲反射超声波探伤仪（见图 7－19）　接通电源，同步电路产生的触发脉冲同时加到扫描电路和发射电路上，扫描电路被触发开始工作，锯齿波扫描电压加至示波管水平偏转板(X 轴),电子束发生水平偏转,示波屏上产生一条水平扫描线(称作时间基线)。同时发射电路被触发产生高频窄脉冲加到探头上,激发压电片振动,在焊件中产生超声波。超声波在焊件中传播遇到缺陷和焊件底面发生反射,反射波为同一探头接收并被转变为电信号,经接收电路放大和检波,加到示波管垂直偏转板上(Y 轴),电子束发生垂直偏转,在水平扫描线的相应位置上产生缺陷波 F 和底波 B 。

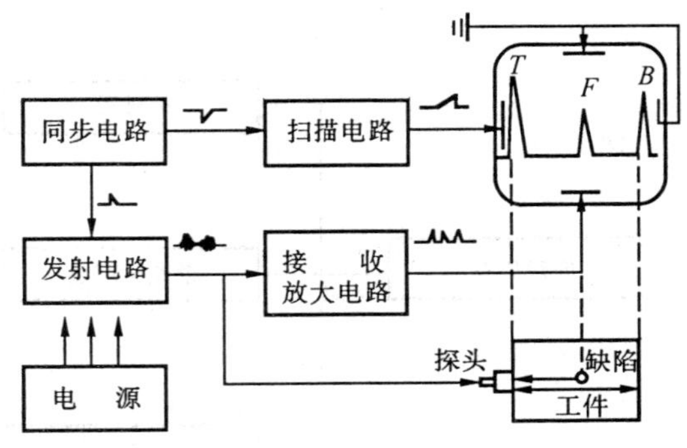

图 7－19　A 型脉冲反射式超声波探伤仪电路框图

B 型探伤仪(见图 7－20)　接通电源,同步电路触发发射电路,使探头发射超声波。同时触发 Y 轴扫描电路,将锯齿波电压加到示波管 Y 轴偏转板上,把随探头位置变化而变化的电位加到 X 轴偏转板上。同一探头接收到反射波信号经放大电路放大,加到示波管的栅极上进行扫描亮度调节。当探头在焊件上沿一直线移动时,示波屏上就以探头在被检件表面上的位置和超声传播时间为直角坐标显示出图像。B 型探伤探头只需一维扫描即可成像。

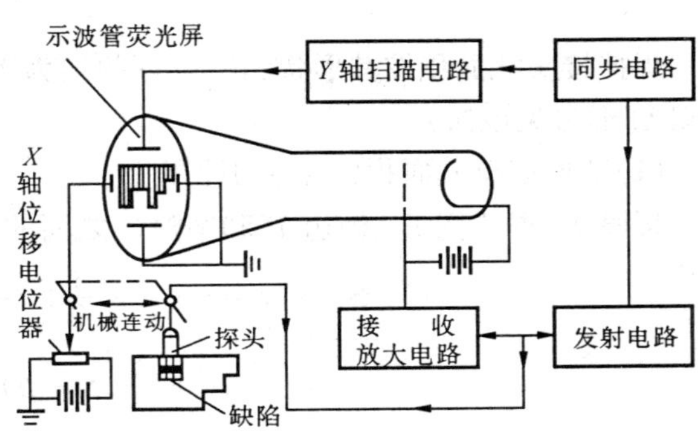

图 7－20　B 型显示原理框图

7.3　熔化焊焊接成本计算

产品的成本是企业经营管理的综合指标之一,也是报价、评价企业的依据。对船舶与海洋工程结构产品统计表明,焊接成本可占其总制造加工费的 30%～50%,是船舶与海洋工程结构制造中的最大单项工艺成本。焊接成本可综合反映企业的焊接水平、焊接工艺的完善程度、焊接效率及企业的生产组织管理水平。

焊接成本计算有图解法和分析法(分析法计算焊接成本到目前尚未见报道资料)两种方法。

7.3.1　焊接成本包括的内容

焊接成本是指产品在焊接加工时所需要的花费,它包括的内容见焊接成本框图。

7.3.2　焊接加工成本计算

一、焊接材料费

焊接材料包括焊条、焊丝、焊剂和保护气体。

1. 焊接接头截面积(S_W)的计算

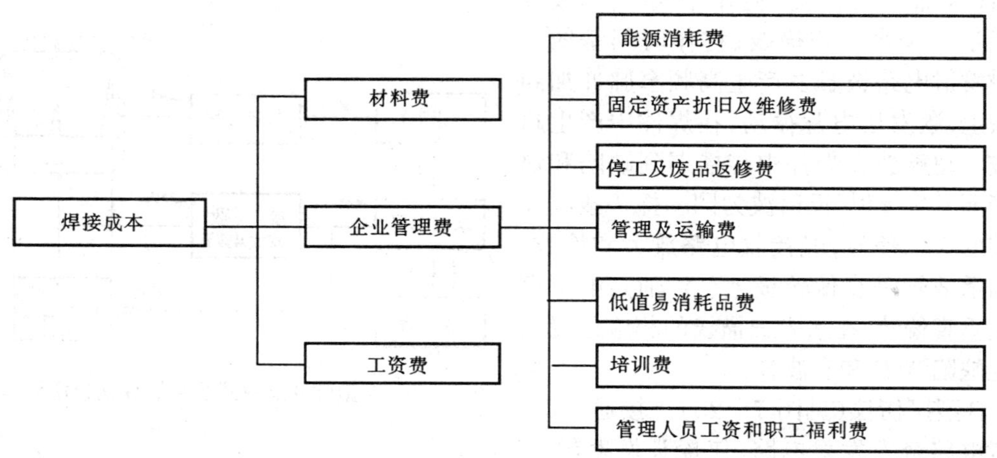

焊接接头截面积按其形状和特点可归纳为V形、U形和三角形三种(单V、K形、单U和双U形参见该法)。

(1)V形坡口截面积(S_V)的计算

板厚 t 、焊缝宽 B 、钝边 P 和间隙C之间的关系如下:

$$S_V = t\cdot c + 2\times\frac{1}{2}(t-p)\times\frac{1}{2}(B-C)$$
$$= t\cdot c + \frac{1}{2}(t-p)(B-C)$$

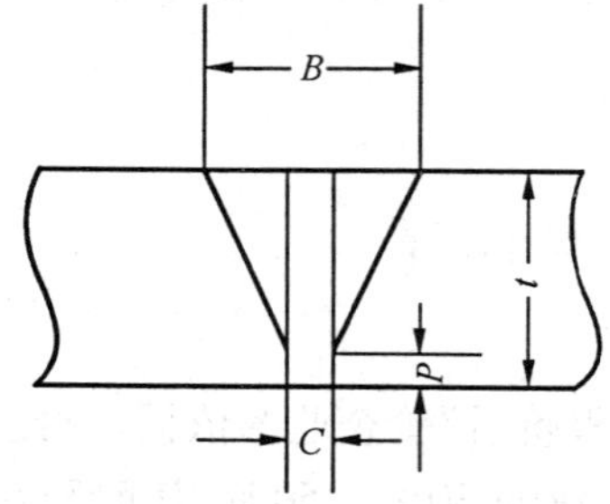

图7－21　V形坡口截面图

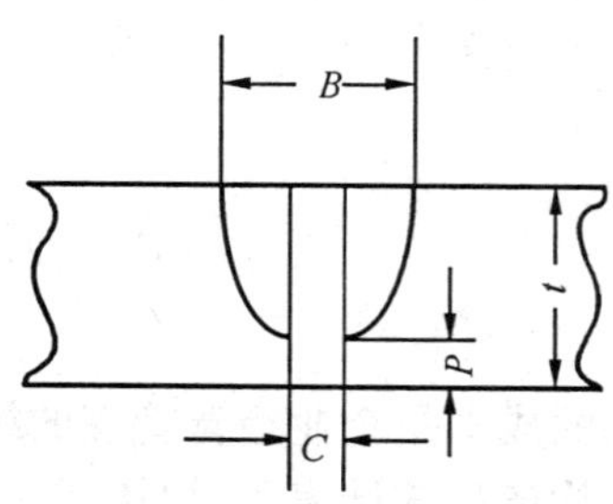

图7－22　U形坡口截面图

(2)U形坡口截面积(S_U)的计算

经研究U形坡口曲线以立方抛物线拟合为宜,S_U、t、B、P、C之间的关系如下:

$$S_U = t\cdot c + 2\times\left[(t-p)\times\frac{1}{2}(B-C) - \int_0^{\frac{B-C}{2}} ax^3\mathrm{d}x\right]$$
$$= t\cdot c + 2\left[\frac{1}{2}(t-p)(B-C) - \frac{1}{8}(t-p)(B-C)\right]$$
$$= t\cdot c + \frac{3}{4}(t-p)(B-C)$$

(3)角焊缝截面积(S_A)的计算

焊脚为 K_1、K_2 与角焊缝截面积(S_A)的关系如下:

$$S_A = \frac{1}{2}K_1K_2$$

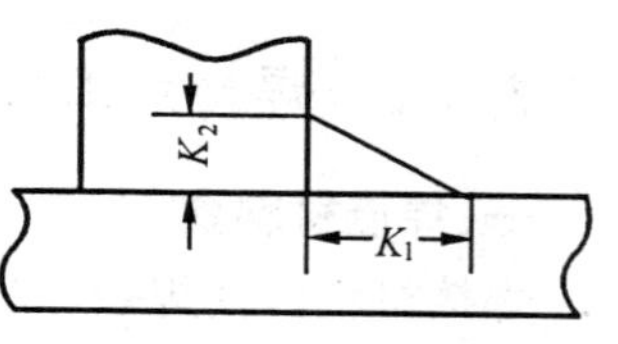

图7－23　角焊缝截面图

2. 焊缝增高系数(α_e)和金属熔敷系数(α_H)

(1)焊缝增高系数(α_e)

焊接中焊缝表面有增高,增高数与板厚、焊接方法、焊接位置、焊接规范及焊工操作等多种因素有关。经大量取样统计得出增高面积系数(α_e)见表 7-2。

表 7-2 各种焊接接头的截面增高系数

焊缝截面形式	单面 V 形坡口	单面 U 形坡口	角 焊 缝
增高面积/坡口截面积 α_e (%)	10～20	8～10	14～16

注:1. α_e 数值取设计允许的最低值。

2. 对接焊时,手工电弧焊取下限,埋弧焊取上限。

3. 角焊缝,自动焊取下限,手工电弧焊取上限。

4. 对双面坡口截面积,该系数增加 4。

(2)熔敷系数(α_H)

手工电弧焊、埋弧焊、气体保护焊等在焊接时,除形成焊缝外,还有飞溅、焊条头等损失。经统计熔敷系数(α_H),见表 7-3。

表 7-3 各种焊接方法的熔敷系数(α_H)

焊接方法	手工电弧焊			MIG				埋弧自动焊
	金红石焊条	碱性焊条	铁粉焊条	短路过渡	射流过渡	脉冲过渡	药芯焊丝	实芯焊丝
熔敷系数 α_H (%)	55～68	58～62	65～70	90～92	91～93	94～95	75～85	98

3. 焊接所需金属重量

(1)熔敷金属重量

熔敷金属重量=相对密度×焊缝截面积×(1+ α_e)×焊缝长度

(2)所需金属重量

$$所需金属重量=\frac{熔敷金属重量}{\alpha_H}$$

4. 焊剂、衬垫及保护气体

(1)焊剂

焊剂的消耗与焊接工艺、焊接设备和焊接方法有关,准确数字与各企业、船厂的具体情况有关。焊剂消耗量与焊丝消耗量之比称作焊剂消耗系数 α_f 见表 7-4。

表 7-4 各种焊接方法的焊剂消耗系数

焊接工艺方法	埋弧自动焊	埋弧半自动焊	半自动塞焊	电 渣 焊
焊剂消耗系数 α_f	1.1～1.3	1.2～1.4	2.7～3.0	0.05～0.10

(2)保护气体

保护气体的用量(Q)，与焊接时保护气体的流量(V_Q)，保护气体的种类及常温常压下的体积有关。常温常压条件下，每千克 CO_2 的体积约为 510 升，每千克 Ar 的体积约为 1 000升。

5. 焊接材料费(元/每米焊缝)

(1)焊条、焊丝费(元/每米焊缝)

焊条、焊丝费(元/每米焊缝)＝单价(元/千克)×焊接所需金属重量(千克/米)

$$= \frac{\text{单价(元 / 千克)} \times \text{相对密度}(7.85\ \text{克 / 厘米}^3) \times \text{焊缝截面积(毫米}^2) \times (1+\alpha_e)}{\alpha_H \times 10^3}$$

(2)焊剂费(元/每米焊缝)

焊剂费(元/每米焊缝)＝单价(元/千克)×焊接所需金属重量(千克/米)× α_f

$$= \frac{\text{单价(元 / 千克)} \times \text{相对密度}(7.85\ \text{克 / 厘米}^3) \times \text{焊缝截面积(毫米}^2) \times (1+\alpha_e) \times \alpha_f}{\alpha_H \times 10^3}$$

(3)保护气体费(元/每米焊缝)

$$\text{保护气体费(元/每米焊缝)} = \frac{\text{单价(元/千克)} \times \text{保护气体流量(升/分)}}{\text{保护气体流速(米/分)} \times \text{常温常压下保护气体体积(升/千克)}}$$

(4)焊接衬垫费(元/每米焊缝)

二、工资费(元/每米焊缝)

$$\text{工资费(元/每米焊缝)} = \frac{\text{焊工工资(元/小时)}}{\text{焊接速度(米/小时)} \times \text{持续率}}$$

三、企业管理费(元/每米焊缝)

企业管理费包括能源消耗、固定资产折旧及维修、停工返修、管理、运输及培训费等。

1. 管理费(元/每米焊缝)

$$\text{管理费(元/每米焊缝)} = \frac{\text{管理费(元/小时)}}{\text{焊接速度(米/小时)} \times \text{持续率}}$$

表 7－5　各种焊接方法在不同生产条件下的电弧持续率

焊接工艺	生　产　条　件	电弧持续率　FS (%) 焊接时间/总工作时间
手工电弧焊	大规模及批量生产	60～75
	单件及小批量生产	35～55
埋弧自动焊	连续生产线	50～60
	单件小规模生产(通用电机分散工作)	25～45
埋弧半自动焊	大规模和批量生产	50～70
	单件和小规模生产	35～55
手工 TIG	大规模和批量生产	50～60
	单件和小批量生产	35～45
自动、半自动氩弧焊	各种条件生产	25～75
CO_2 保护半自动焊	各种条件生产	55～70
移动式焊接站	单件和小规模生产	25～40

2. 电费(元/每米焊缝)

包括电机焊接电耗、空载电耗和送丝及行走机构电耗。

(1)电机焊接时耗电费(元/每米焊缝)

$$电机焊接时耗电费(元/每米焊缝)=\frac{单价(元/千瓦时)}{速度(米/小时)}\times\left[\frac{焊接电流(安培)\times焊接电压(伏特)}{\eta\times10^3}+行走机构功率(千瓦)+送丝机构功率(千瓦)\right]$$

(2)电机空载时耗电费(元/每米焊缝)

$$电机空载时耗电费(元/每米焊缝)=\frac{单价(元/千瓦时)\times空载功率(千瓦)\times(1-FS)}{焊接速度(米/小时)}$$

表 7-6 各种焊机的效率和空载损耗

焊机类型	旋转电机	串联电阻	交流焊机	整流焊机
电机效率 η(%)	50～60	25～30	85	65～75
空载损失(千瓦)	1.2～1.6	～3.0	0.35～0.40	0.20～0.35

3. 设备折旧费(元/每米焊缝)和设备维修费(元/每米焊缝)

以一年法定假日 10 天,每工作日 8 小时,设备折旧年限为 15 年,电焊机每年维修费为其单价 5%计算。

(1)折旧费(元/每米焊缝)

$$焊机折旧费(元/每米焊缝)=\frac{焊机单价(元)}{15\times303\times8\times焊接速度(米/小时)\times FS}$$

(2)维修费(元/每米焊缝)

$$焊机维修费(元/每米焊缝)=\frac{焊机单价(元)\times5\%}{303\times8\times焊接速度(米/小时)\times FS}$$

四、焊接总花费(元)

$$焊接总花费(元)=\frac{焊接各项总花费(元)}{每米焊缝}\times焊缝总长(米)$$

=[焊条、焊丝费(元/每米焊缝)+焊剂费(元/每米焊缝)+保护气体(元/每米焊缝)+焊接衬垫费(元/每米焊缝)+工资费(元/每米焊缝)+管理费(元/每米焊缝)+电费(元/每米焊缝)+设备折旧费(元/每米焊缝)+设备维修费(元/每米焊缝)]×焊缝总长(米)

五、其它

焊接成本还包括运输费、停工返修费、低值易消耗品费、焊工培训费和福利费等,这些花费在整个产品焊接成本计算时一次考虑。

8 金属的切割

船舶与海洋工程结构的建造中,由于各零部件尺寸与形状的不同,不得不按尺寸、形状进行下料(切割)和拼焊。本章主要介绍与此有关的金属气割、等离子切割、水下切割、碳弧气刨和水下冷切割等。

8.1 金属的气割

金属的气割(实质是氧气切割),是目前船舶与海洋工程结构建造中最普遍应用的切割方法。

8.1.1 气割过程原理及影响因素

气割过程开始,先用预热火焰加热割缝处金属,使割缝处切割开始点处的金属温度上升达到燃点(该金属在纯氧中的燃点),此时放出高压的纯氧射流,使金属燃烧(猛烈氧化),燃烧所生成的熔渣立即被气流吹除,继续这一过程,就会在金属割件中形成一道光洁的割缝把金属割件分离开。金属的氧气切割过程见图 8-1。

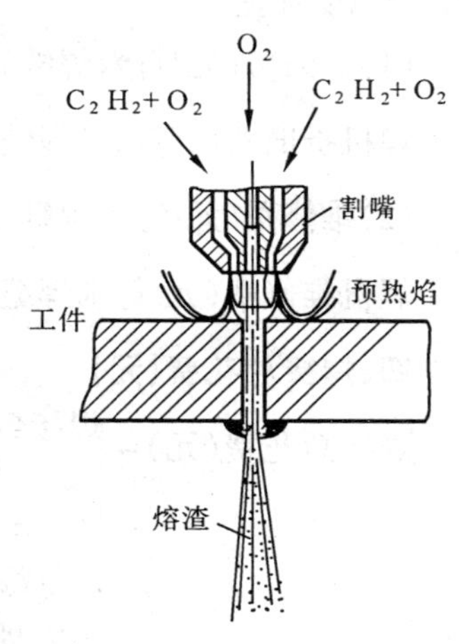

图 8-1 气割示意图

一、金属的可切割性

金属的气割是预热—燃烧—去渣的过程。有些金属该过程容易进行,可以说该金属可割性良好;有些金属必须采取相应措施后才能使该过程顺利进行,可以说这些金属的可割性差。经研究,金属必须具备以下条件才能具有良好的可切割性。

1. 金属在氧气中的燃点必须低于基本金属的熔点

这是氧气切割过程能正常进行的基本条件。否则不是燃烧过程而只是熔化过程,因此不能得到光滑平整的割缝,更谈不上切割速度。

2. 金属氧化物的熔点应低于基本金属的熔点,并且具有良好的流动性

气割过程中形成的金属氧化物和非金属氧化物熔点低、流动性好,这样氧化物易被氧气流吹除,使切割过程继续进行。否则,形成的氧化物薄膜附着在金属表面,会破坏切割过程继续进行。

3. 金属在氧气中燃烧能放出足够热量

气割过程中,上层金属燃烧产生的热量对下层金属起着预热作用(以气割低碳钢为例,预热焰产生的热量占气割总热量的 30%左右,铁及所含杂质燃烧所产生的热量占气割总热量的 70%左右)。金属预热不足,下层金属达不到其在氧气中的燃点,气割过程就会中断。

4. 金属的导热率要低

气割过程中这点必须满足，否则金属的导热性太好，金属切割处的热量(金属燃烧的热量和预热火焰的热量)将被金属本身传导散失，使切割处金属的温度下降而低于金属在氧中的燃点，造成气割过程中断。

5．金属中使气割过程恶化的杂质(碳、硅、铬等)和能提高淬火性杂质(钼、钨等)应尽量减少

使气割过程恶化的杂质少，可保证切割过程正常进行；减少增加淬火性的金属含量，可使气割后的金属表面不致产生裂纹。

二、合金元素对钢可割性的影响

1．碳的影响

(1)钢中含碳量增高时，钢的熔点降低而燃点升高。

(2)钢中含碳量增高时，气割过程中会产生大量的一氧化碳和二氧化碳，使切割氧的纯度降低，导致切割速度下降。

(3)钢材切割过程中，碳会向金属割缝表面扩散，致使金属割缝表面硬度和脆性随着提高。在环境温度低及金属件受较大拘束时，这种淬硬现象往往导致裂纹产生。

试验证明：w (C)≤0.4%时，含碳量对钢的可切割性影响不大；w (C)>0.50%时，钢的可切割性显著变坏；w (C)>1.0%～1.2%时，钢材就不能进行气割。

2．锰的影响

钢中 w (Mn)<4%时，对钢材的可切割性影响不大；随着钢中锰含量的增加，钢的可切割性变坏，当钢中 w (Mn)>14%时，钢材就不能气割了。

当钢中 w (Mn)>0.8%和 w (C)>0.3%时，由于钢材淬硬倾向增大，气割后必须进行热处理。

3．硅的影响

钢中 w (Si)<2.5%时，对钢材的可切割性影响不大；钢中 w (Si)=4%时，硅钢板的气割性还相当满意；含硅量继续增加，由于气割过程中生成难熔、粘度大的二氧化硅，使气割过程发生困难。

4．硫的影响

碳素钢中含硫量不多，对气割无影响。即使钢中 w (S)=3.5%，也可进行良好的气割。

5．磷的影响

碳素钢中含磷量不多，对气割无影响。即使钢中 w (P)=2%，也可进行良好的气割。

6．铬的影响

钢中 w (Cr)≤1.5%时，尚可进行良好的气割，但此时铬钢在空气中自然冷却会产生淬硬现象，故气割后必须进行热处理；钢中 w (Cr)=4%～7%时，预热至 480℃后也可进行气割；钢中 w (Cr)>10%时，由于气割时产生大量难熔三氧化二铬，所以不能用一般气割方法进行切割。

7．镍的影响

钢中 w (Ni)<7%时，可很好地进行切割；钢中 w (Ni)<34%，w (C)<0.4%～0.5%时，也能相当良好地进行气割；若 w (C)>0.5%时，须将钢材预热至 260℃～315℃进行切割。

镍钢气割后，割缝处产生淬硬现象，所以镍钢气割后须进行热处理。

8．铜的影响

钢中 w (Cu)<0.7%时，都可很好地进行气割。

9．铝的影响

钢中 $w(\mathrm{Al})<0.5\%$时，对其切割性没有影响；随着含铝量的增高（气割过程中将生成难熔的三氧化二铝），使气割过程发生困难；当 $w(\mathrm{Al})>10\%$时，不能进行气割。

10．钨的影响

钢中含少量钨，对其气割性能无影响；一般钢中 $w(\mathrm{W})<10\%$时，仍具有相当好的可切割性；$w(\mathrm{W})<17\%$时，可采用预热和提高氧气压力来进行切割；$w(\mathrm{W})>20\%$时，不能进行气割。

11．钼的影响

钢中 $w(\mathrm{Mo})<0.25\%$时，对其气割性无影响，但会使钢材产生淬硬现象；随着含钼量的增加，切割过程逐渐困难；$w(\mathrm{Mo})>5\%$时，钢材就不能进行气割。

12．钒的影响

钢材中钒的含量不多，对其气割性能无影响。

三、气体质量对气割的影响

气割火焰由外围环状预热火焰和中心纯氧射流组成。对于预热火焰要求具有较高的热能率，保证金属预热到适当温度使气割过程连续进行。氧气射流的纯度、湿度、温度和压力都会影响气割速度、气割质量和气体的消耗量。

1．氧气纯度的影响

工业上应用的氧气，其纯度一般在 97.5%～99.5%，氧气纯度降低，会使燃烧过程变慢，气体消耗量和切割时间增加。通常，氧气纯度每降低 1%，气割时间就延长 10%～15%，氧气的消耗量就增加 25%～35%。

2．氧气湿度的影响

氧气瓶中储存的压缩氧气中通常总含有少量的水蒸气，水蒸气和氮气杂质会吸收气割时的热量（水蒸气吸收的热量比氮气吸收的热量多 25%），使气割速度降低。通常，氧气瓶内氧的压力相当高，气瓶的温度又低，水蒸气总是冷凝成水珠聚集在瓶底，故影响不大。但当氧气的压力降低时，瓶底的水珠就会蒸发使氧气的湿度显著增加[如，氧气瓶内氧气的压力为 1.96MPa（$20\mathrm{kgf/cm^2}$）时，氧气中水蒸气含量低于 1mg/l；瓶内氧气压力降至（1.96～0.49）MPa（（20～5）$\mathrm{kgf/cm^2}$）时，氧气中水蒸气含量可达 5mg/l]，由于杂质在气割过程中吸热，致使切割速度减慢。

3．氧气温度的影响

适当提高氧气温度不但可以提高气割速度，而且还可以降低氧气的消耗量。由于这个原因，割嘴的预热火焰喷孔是环状或六孔状，切割氧喷孔位于中心，这样切割时氧从喷孔中喷射到割件表面途中，就得到预热火焰的预热，这有利于提高气割速度。

4．氧气压力的影响

气割时，要根据被切割钢板的厚度、割嘴号码和氧气的纯度等因素来决定氧气的压力。氧气压力不能过低，否则会使气割过程缓慢，割缝背面形成熔渣粘结物，甚至不能沿割件的全部厚度割开；氧气压力不能过高，否则会使割缝表面凹凸不平，割缝上口出现凹陷现象。此外，氧气压力过高会对割件产生较强的冷却作用，致使切割速度降低，氧气消耗量增加。

8.1.2 气割对钢组织与性能的影响

气割过程中，由于高热作用会使割缝表面及热影响区的化学成分和机械性能发生变化。

1. 化学成分变化

气割低碳钢和中碳钢时，割缝表面层的碳会与氧气射流发生剧烈的氧化，导致表面层脱碳。一般脱碳层很薄，只有十分之几 mm。

与脱碳层相邻近的金属层中含碳量增加，这是由于热影响区其它部分的碳元素向这里扩散，故其含碳量比基本金属中的含碳量低些。

气割合金钢时，合金元素（如镍、铬等）也会向割缝处扩散，致使气割后与割缝表面相邻近金属层内合金元素含量增加，而稍远离的金属热影响区内合金元素含量降低。

2. 金相组织的变化

气割时，热影响区的温度由金属在氧气中燃烧过渡到室温，所以热影响区的金属会发生过热和重结晶。对于低碳钢而言，只有当温度超过 A_{C3} 时其组织才会发生变化。实际上，气割 5mm～30mm 的低碳钢时，热影响区温度仅升高至 250℃左右，不会引起金相组织的变化。

气割高碳钢及合金钢时，热影响区的钢材硬度和脆性会大大增高，在气割条件不良时，甚至会导致裂纹产生。

8.1.3 气割设备

气割所用的设备有乙炔发生器、回火防止器、氧气瓶、氧气表和割炬等。

一、乙炔的性质与制取

工业中供气割用的可燃气体除乙炔外，还有氢气、液化石油气、煤气等。氢气是 20 世纪 30 年代以前作为主要可燃气体，但由于它的燃烧温度低，切割速度慢，自 30 年代开始被乙炔所取代。液化石油气是炼油中的副产品，主要成分是丙烷（C_3H_8）、丁烷（C_4H_{10}）、丙烯（C_3H_6）和丁烯（C_4H_8）等碳氢化合物。通常液化石油气以气态存在，但在常温下只要加压至 0.78MPa～1.47MPa（8kgf/cm^2～15kgf/cm^2）即变成液态。液化石油气的火焰温度取决于它与氧的比例，如氧气/丙烷＝3.5 时，火焰的温度为 2 100℃。

1. 乙炔的性质

乙炔是一种无色微臭的碳氢化合物，工业中使用的乙炔纯度 70％左右，由于含有 H_2S、PH_3 和 NH_3 等杂质，具有特殊臭味。

乙炔比空气轻，能溶于水，极易燃烧。在下列情况可能产生爆炸。

(1)与空气混合，乙炔体积占 2.2％～60％或与氧气混合，乙炔体积占 2.8％～65％，在高温（450℃以上）或遇到火星，便会引起爆炸。

(2)乙炔与紫铜、白银长期接触时，易形成乙炔铜和乙炔银等化合物，它们在高温或冲击的作用下都会发生爆炸。所以在与乙炔接触的设备上禁止使用含铜量大于 70％的铜合金制成零件。

此外，乙炔可溶于丙酮，每一单位体积的丙酮可溶解 23 个单位体积的乙炔。利用乙炔的这种性质，可将其以高压状态贮存于乙炔瓶中。

2. 乙炔发生器

在乙炔发生器中，电石与水发生下述反应。

$$CaC_2 + 2H_2O \rightarrow C_2H_2\uparrow + Ca(OH)_2 + Q$$

乙炔发生器按电石与水的接触方式可分成电石入水式、水入电石式和浸离式。按发气量的多少可分成低发气量（3m^3/h）、中发气量（10m^3/h～20m^3/h）和高发气量（高于 20m^3/h）。

按产生乙炔的压力可分成低压发生器(低于 0.1 大气压)、中压发生器(0.1～1.5 大气压)和高压发生器(1.5～2.2 大气压)。

(1)电石入水式

乙炔发生器上端加料筒内的电石经活门落入发生器下面的水中,产生乙炔,经水清洗供给使用。发生器中生成的乙炔过多而压力增大时,活门关闭,电石供给停止。当发生器中乙炔量减少,压力降低时,活门开启,电石又重新落入水中。

这种发生器属于高发气量发生器。

(2)水入电石式

水由进水管流入发生器下部装有电石的反应室内,产生的乙炔经水清洗和冷却集中于集气室内,见图 8-2。集气室内气量足够而压力增大时,浮筒上升使水门关闭。集气室内的乙炔由于消耗而压力减小时,浮筒下降水门自动打开,水又流入反应室继续产生乙炔。

这类乙炔发生器通常都是中发气量发生器。

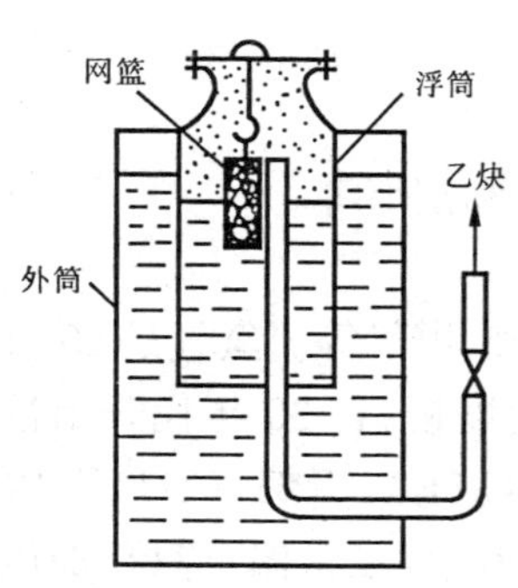

图 8-2　低压式乙炔发生器

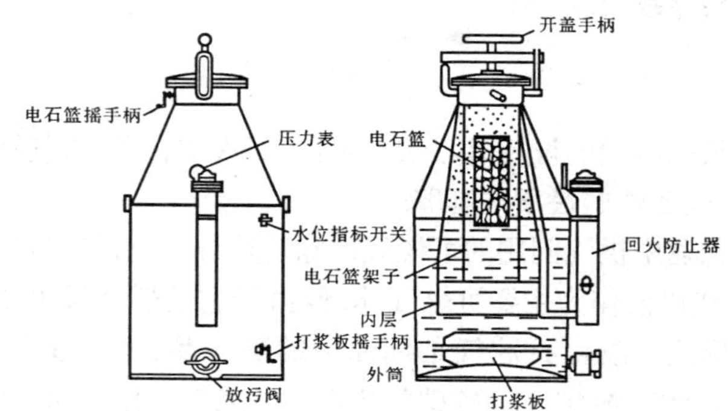

图 8-3　国产中压式乙炔发生器

(3)浸离式

电石装在挂于浮筒内的吊篮中,浮筒沉在水中电石与水接触,产生乙炔集中在浮筒上部,乙炔经浮筒上部高出水面的管道引出。浮筒上部乙炔足够多时,浮筒上浮致使吊篮离开水面,反应终止。浮筒上部乙炔消耗压力减小,浮筒随乙炔压力的减小逐渐下降,当吊篮中的电石再与水接触反应重新开始。

这种乙炔发生器是生产低压乙炔的,其发气量随浮筒的浮动自动调节。

3. 乙炔瓶

由乙炔的性质知,当压力大于 0.147MPa(1.5 大气压)时,具有爆炸性,故通常乙炔的贮存不超过 0.147MPa(1.5 大气压)。但乙炔的爆炸性与容器的尺寸有很大关系,若乙炔装在极窄(如毛细管状)的容器中其爆炸性可大大减小,且可经受(1.96～2.45)MPa((20～25)大气压)的压力。

为了便于乙炔的安全储运,供无乙炔发生设备处使用乙炔,可把钢瓶中填装活性炭、浮石、硅藻土和其它轻而多孔材料,同时利用丙酮可大量溶解乙炔的性质,在多孔填料中浸润丙酮,然后以(1.47～1.96)MPa((15～20)大气压)充入乙炔。

乙炔的装瓶压力为(1.76～2.45)MPa((18～25)大气压),乙炔瓶需经2.94MPa(30 大气压)进行水压试验。

乙炔瓶中所装的乙炔量可用钢瓶的容积乘以气压数再乘以9.2。系数9.2为瓶中丙酮数量和乙炔在丙酮中溶解度相关的系数。

二、回火防止器

气割时，有时会发生乙炔与氧的混合气体流出的速度小于其燃烧速度，火焰会沿着管路逐渐扩展到乙炔发生器，发生回火引起爆炸。因此，乙炔发生器与割炬间必须装置回火防止器，以防止因回火引起的爆炸。回火防止器分低压式、中压式和高压式，见图8-4、图8-5、图8-6。

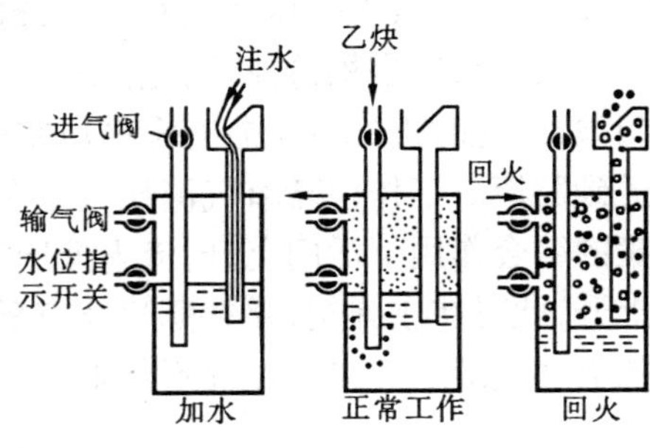

图8-4 低压式回火防止器

三、氧气瓶与氧气表

1. 氧气瓶

气割、气焊及其它工业中所用的氧气都是从空气中提取的，其纯度应达到98.0%～99.5%，其纯度越高效率越高。

氧气瓶的工作压力为14.7MPa(150大气压)，瓶体应进行1.5倍工作压力(225大气压，22.1MPa)水压试验。瓶体外径为219mm，瓶底做成凸底加装方形底座或做成凹底。按国际统一规定瓶体漆以天蓝色，字样漆以黑色。

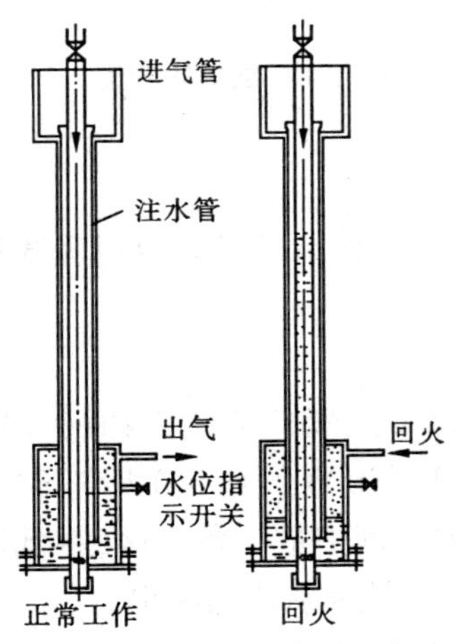

图8-5 中压式回火防止器

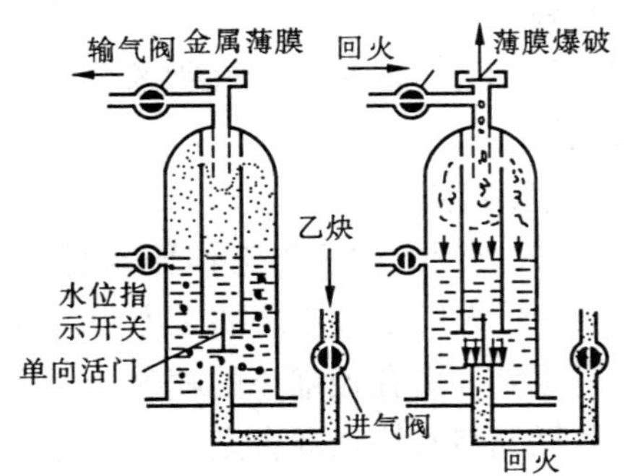

图8-6 高压式回火防止器

2. 氧气表

氧气表又称压力调节器，是对压缩氧气进行减压作用[对瓶内14.7MPa(150大气压)的压缩氧气调节到工作压力(0.39～0.59)MPa((4～6)大气压)]。氧气表有以下作用。

(1)减压作用

通过氧气表使氧气瓶内的高压降低到工作压力，输送到割炬使用。

(2)稳压作用

氧气瓶内氧气的压力随其消耗逐渐降低，但切割氧气的压力要求稳定不变或稍微增加。

氧气表从其调压工作原理可分成正压式和反压式二种。正压式当高压氧引出时，导致气阀打开，反压式则相反。反压式随着瓶内氧气的消耗，作用于阀门上的力减小，阀门的开启程度加大，导致工作压力稍有上升，这对气割有利，故被造船厂广泛采用。

反压式氧气表构造原理，见图 8－7。工作时，调节螺杆、主弹簧通过弹性薄膜及顶杆将活门顶开，此时连通氧气瓶充满高压室的高压氧经活门流入低压气室，低压室中的氧经导管输送到割炬。工作中若氧气消耗量增多时，低压室中压力减小，在主弹簧、弹性薄膜及恢复弹簧的综合作用下活门上升，流入低压室中的氧气增多。低压室中的氧气量增加导致其压力上升，此时在主弹簧、弹性薄膜及恢复弹簧的综合作用下活门下降，由此导致流入低压室中的氧气量减少。以上过程不断重复，达到减压目的。

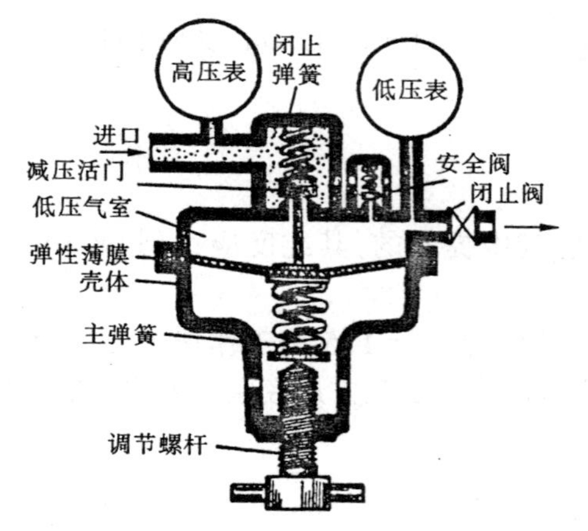

图 8－7　单级反压式减压表构造原理

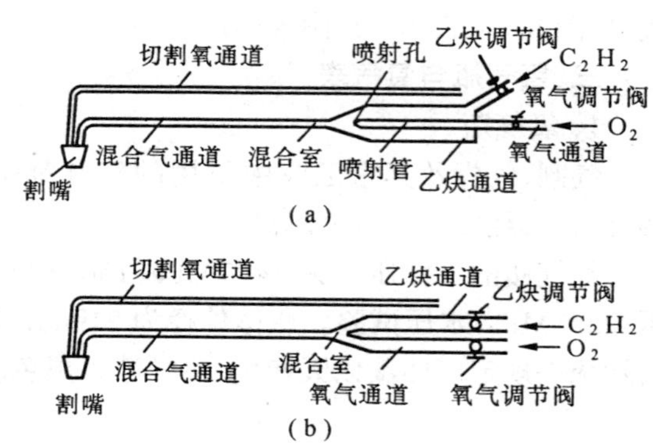

图 8－8　割炬的分类

四、割炬

割炬又称割枪，是进行气割的主要工具。按其构造与工作原理可分成射吸式和中压式两种，见图 8－8。

1. 射吸式割炬

射吸式割炬的构造与工作原理见图 8－8(a)。割炬使用氧气的压力约(0.01～0.39)MPa((1～4)大气压)，乙炔的压力为(10^{-4}～7×10^{-4})MPa((0.01～0.07)大气压)。割炬工作时，高压氧气由孔径细小的喷射孔射出，使射孔周围的空间造成一负压区，将低压乙炔吸出，此后氧气与乙炔在混合室内以一定比例混合，并以一定流速从割嘴喷出。

射吸式割炬的最大优点是使用低压乙炔，乙炔的压力仅 10^{-4}MPa(0.01 大气压)即可使用。其缺点是随着气割过程的进行，割炬前部受热的反射作用使混合气体通道温度升高，致使混合气体的压力升高，影响氧气和乙炔的畅通流出，其中乙炔压力较低影响更为显著。故射吸式割炬施割时间越长，混合气体中乙炔的含量越低，由于混合气体成分的变化将会直接影响气割质量。

2. 等压式割炬

等压式割炬的构造与工作原理见图 8－8(b)。施割时，割炬使用的氧气压力与乙炔压力相等或近似相等，通常为(0.005～0.015)MPa((0.5～1.5)大气压)。

等压式割炬由于使用的氧气和乙炔气体压力相等，施割时工件的反射热对两种气体的影响是相同的，不会改变混合气体的组成成分。此外，这种割炬使用的气体压力较高，喷射速度大，不易发生回火现象。

8.1.4 特种气割

一、氧熔剂气割

随着生产的发展，气割已越来越多的应用于金属的切割，但某些工业生产中常用的金属（如高铬钢、镍铬不锈钢、铸铁和有色金属等），在气割时会形成难熔的氧化物覆盖在切割表面，阻碍切割氧与金属接触，使气割过程不能连续进行。

经研究，认为氧熔剂气割是气割上述金属的有效方法。氧熔剂气割是在气割过程中，不断地向切割区输送粉末状的熔剂，依靠熔剂的作用去除切割表面的氧化膜，使气割过程连续进行。

1．氧熔剂的作用

(1)热作用熔剂

这类熔剂随氧气流喷射到切割反应区后，在氧气流中燃烧产生大量的热，使反应区的温度增高，难熔氧化物的浓度相应降低。同时熔剂高速喷出，机械冲击着氧化物，迫使氧化膜破裂。属于这类熔剂的有纯铁粉或其它金属粉末。

(2)化学作用熔剂

这类熔剂喷射到切割反应区后，与氧化物起化学作用，使其熔点降低，流动性增大，因而也能去除难熔氧化膜。属于这类熔剂的有石英砂等。

氧熔剂气割的熔剂多采用第一类，使用低碳铁粉。低碳铁粉作熔剂效果好，但来源少，成本高。经试验认为用50%铁粉与50%氧化铁皮的混合物作熔剂最适宜，它既能减少铁粉的用量又不影响气割的效率。

2．氧熔剂气割设备

(1)单线式

氧气输入分成两路，一路(预热氧流)直接通入割炬与乙炔混合组成混合气体；另一路(切割氧流)通过熔剂供给器，把熔剂带入割炬。

(2)双线式

输入的氧气亦分成两路，一路直接流入割炬(在割炬中分成切割氧和预热氧)；另一路(辅助氧流)通过熔剂供给器，把熔剂带入割炬。

二、氧矛气割

氧矛气割也是一种特殊形式的气割方法。它通常用于大厚度钢料的打孔，也可用于切割铸铁、有色金属、混凝土等。

氧矛切割是通过流经厚壁而内径小的钢管喷射出氧气射流燃烧金属进行的。氧矛切割不需要预热火焰，但气割开始时，被割钢料和钢管端部必须局部加热，以保证气割过程顺利进行。

氧矛气割所用厚壁钢管，内径2mm～4mm，外径6mm～10mm，钢管的内径不宜太大，这样可以减少氧气的消耗量和增加金属燃烧时产生的热量。氧矛切割时钢管不断地燃烧，通常燃烧速度为(0.5～1)m/min。为了适应切割过程钢管要不断补充，通常采用的钢管长度为1.5m～2m。

氧矛气割开始时，使用氧气的压力应该逐步升高到正常工作压力(0.02～0.06)MPa((2～6)大气压)。

氧矛切割用于金属打孔，一般穿孔直径20mm～60mm，深度可达2m～3m。切割金属时应上下不断移动，以保证气割过程连续进行。

8.2 等离子切割

随着工业生产的发展，越来越多的铬镍合金、铸铁、有色金属须要切割加工，而这些材料不能用普通氧气切割。此外，由于科学的发展光电跟踪数控切割机其机头的跟踪速度可达(6～7)m/min(目前的氧乙炔切割速度远小于该跟踪速度)，为了适应跟踪速度的需要，造船业中除了研究高效氧乙炔割嘴外，还进行了等离子、激光等高效物理切割的研究。

8.2.1 等离子弧的特点和类型

一、等离子弧的特点

通常进行电弧焊时，电极与工件之间的气体在电场、光和热等的作用下发生电离，电离了的气体分子(形成带正电的离子和带负电的电子)在电场的作用下，在电极与工件中运动形成了电弧。这种电弧随着电流的增加电弧的截面积也会增加(其电流密度近于常数)，电弧的温度为 5 000K～8 000K。

此时，如果在电弧周围有压缩气流(氮、氩等气体)或水流流过，气流或水流会强制压缩电弧，使其截面积缩小，即对电弧产生“机械压缩作用”。此外，由于电弧与温度低的气流或水流接触，使电弧外部温度下降而导致导电率下降，于是电流进一步集中于电弧中心部分，这种现象称作“热压缩作用”。电流密度足够高时，在同向电流间互相吸引的电磁力的作用下，使弧柱的导电面积进一步缩小，这种现象称作“磁压缩作用”。由于上述三种压缩作用结果，使电弧的导电面积缩小再缩小，致使电弧的电流密度大大增加，热源高度集中，弧焰的温度急剧上升，导致弧柱中心接近全部电离。此时弧柱区的气体电离成的电子浓度和离子浓度相等，把这两种质点组成的物质称作“等离子体”，现代物理中把它称作物质的第四态(固态、液态、气态、等离子态)。等离子弧原理见图 8－9。等离子弧具有以下特点。

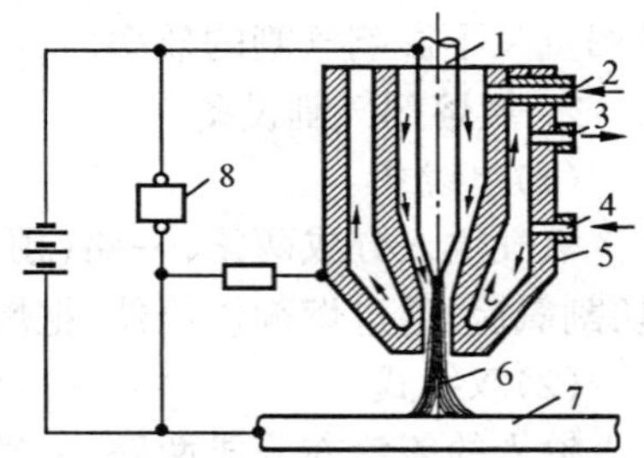

图 8－9　等离子弧发生装置原理图

1—钨极；2—进气管；3—出气管；4—进水管；5—喷嘴；6—弧焰；7—工件；8—高频振荡器

1. 等离子弧中带正电的离子与带负电的电子数量相等，故等离子弧呈电中性。
2. 等离子弧截面积小，电流密度很大，能量高度集中，其温度可达 15 000K～50 000K。
3. 等离子弧截面积小，从焰心高温区到边缘低温区温度梯度极大。
4. 等离子焰的粒子流速可达(300～1 000)m/s，具有极强的吹力。

二、等离子弧的类型

根据电源的不同连接方法，等离子弧可分成转移型、非转移型和联合型三种，见图 8－10。

1. 转移型

电极接负极，喷嘴和工件接正极，电弧首先在电极与喷嘴间形成，此后在电极与工件间加一较高电压使等离子弧转移到电极与工件间，这种型式的等离子弧称作转移型，见图 8－10(a)。

转移型等离子弧，阴极斑点和阳极斑点分别落在电极和工件上，其产生的热量多且集中，该种类型的等离子弧既可用于切割又可用于焊接。但是，该种型式的等离子弧发生于电极和工件之间，故工件亦要求为导体。

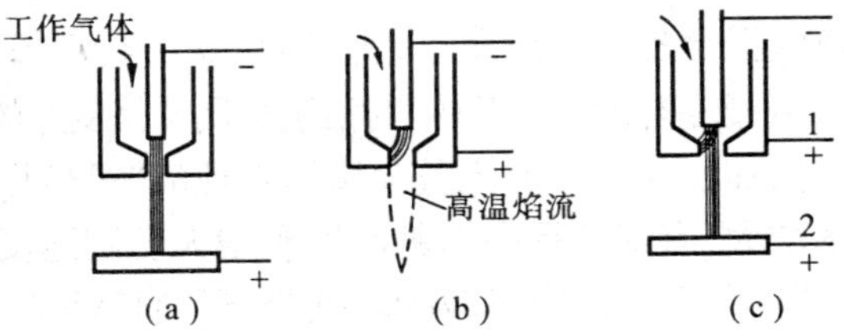

2. 非转移型

电极接负极，喷嘴接正极，等离子弧产生于电极和喷嘴之间，并经喷嘴喷出，这种型式的等离子弧称作非转移型，见图 8－10(b)。

(a)　(b)　(c)

图 8－10　等离子弧的类型

(a)转移型；(b)非转移型；(c)联合型

非转移型等离子弧，阳极斑点落在喷嘴上，热量损失较多，这种等离子弧产生的热量少且等离子弧温度较低，只适宜较薄材料的切割与焊接。但是，这种等离子弧发生于电极与喷嘴间，不但可以切割金属材料而且还可以切割非金属材料。

3. 联合型

转移型和非转移型同时存在称作联合型，见图 8－10(c)。该类型等离子弧主要用于微弧等离子焊及粉末材料的喷焊。

8.2.2　等离子切割

一、等离子切割特点

等离子切割是利用等离子弧的高温将被切割材料局部(割缝处)熔化，并用高速焰流将熔化材料吹走，从而形成狭窄缝隙把材料分开的过程。等离子切割过程与氧乙炔切割原理不同，它是一种物理切割过程。

等离子焰能量集中，流速快，切割速度是氧乙炔切割速度的 3～5 倍，并可切割氧气切割不能切割的铬镍合金、有色金属和铸铁等。目前，等离子切割不锈钢的最大厚度可达 180mm，切割铝合金的最大厚度可达 250mm。

二、等离子切割工艺

1. 等离子弧电源

等离子弧要求电源具有陡降的外特性。为了易于引燃等离子弧并使其稳定燃烧，空载电压要求较高，我国的等离子弧切割机的空载电压为(120～300)V。空载电压的高低主要取决于切割材料的厚度，如要切割大厚度材料则须要更高的空载电压。

工作电流与电压决定了等离子弧的功率，功率增大可提高切割厚度和速度。增大电流会使弧柱变粗，切口宽度增大。增高电压是提高等离子弧功率的有效途径，但工作电压若超过空载电压的 65%时，会出现等离子弧不稳定现象，故在增大等离子弧的工作电压时必须提高电源的空载电压。我国的等离子弧切割机工作电流为(320～500)A，工作电压为(60～150)V。

等离子弧电极材料采用钍钨极或铈钨极(详见 4.1)。

2. 等离子弧工作气体

等离子弧常用的工作气体是 N_2、Ar 和 H_2 或它们的混合气体。N_2 来源广，成本低，化学性能较稳定，是应用最多的气体。但 N_2 的纯度要求高(≥99.5%)，如果 N_2 中含有 O_2 或水较多时，会使钨极烧损严重。

H_2 具有很大热传递能力，工作气体中混合 H_2 可明显地提高等离子弧的热功率。但 H_2 与空气混合易燃烧或爆炸，所以 H_2 要与其它气体混合使用。

Ar 既是热的良好载体，对活泼金属又是良好的保护介质。但 Ar 价格较贵，一般很少采用。

增加工作气体的流量会增加弧柱的"机械压缩"和"热压缩"效应，使工作电压上升、电弧功率增大，有利于提高切割厚度和增大切割速度。但流量过大时，会有一部分热量被冷气带走，使熔化金属的热量减少。此外，还会使等离子弧燃烧的稳定性降低。

3. 切割速度

合适的切割速度可以获得高质量的切口。在功率不变的条件下，提高切割速度会使热影响区缩小。切割速度过快，易出现割不透现象；切割速度太慢，不但生产效率低而且会造成切口表面不光洁，切口背面毛刺增加。

4. 喷嘴到工件距离

为充分利用等离子弧的热量，便于操作，喷嘴到工件之间距离一般控制在 10mm 以内。

5. 钨极端部到喷嘴的距离

钨极内缩的距离太大时，会降低等离子弧的稳定性和等离子弧对工件的加热效果。如果钨极内缩的距离太小时，由于等离子弧的反射热会造成钨极和喷嘴烧坏。通常钨极内缩喷嘴距离取(6～11)mm。

几种金属材料等离子切割工艺参数见表 8－1。

表 8－1　几种金属材料等离子切割工艺参数

材　料	厚　度 (mm)	喷嘴孔径 (mm)	空载电压 (V)	切割电流 (A)	工作电压 (V)	气体流量 N_2 (l/h)	切割速度 (m/h)
不　锈　钢	8	3.0	160	185	120	2 100～2 300	45～50
	20	3.0	160	220	120～125	1 900～2 200	32～40
	30	3.0	230	280	135～140	2 700	35～45
	40	3.5	240	340	145	2 500	20～25
铝及铝合金	12	2.8	215	250	125	4 400	784
	21	3.0	230	300	130	4 400	75～80
	34	3.2	240	350	140	4 400	35
	80	3.5	245	350	150	4 400	10
紫　铜	5			310	70	1 420	94
	18	3.2	180	340	84	1 660	30
	38	3.2	252	304	106	1 570	11.3
低　碳　钢	50	10	252	300	110	1 230	10
	85	7	252	300	110	1 050	5
铸　铁	5			300	70	1 450	60
	18			360	73	1 510	25
	35			370	100	1 500	8.4

8.3 碳弧气刨

碳弧气刨是利用碳极与金属间形成电弧的高温，将局部金属加热到熔化状态，然后利用压缩空气将熔化了的金属吹掉的过程，见图8－11。在船舶与海洋工程结构建造中，碳弧气刨广泛地应用于开坡口、清除焊接缺陷、清除多余的焊道金属、清理铸件的毛边和浇口等。

上述这些工作虽然都可以用风铲完成，但使用碳弧气刨与使用风铲相比具有以下优点：

1. 碳弧气刨的效率是风铲效率的5～10倍，且不受空间各种位置的限制；

2. 碳弧气刨工具小巧，噪音低；

3. 碳弧气刨易于实现自动化。

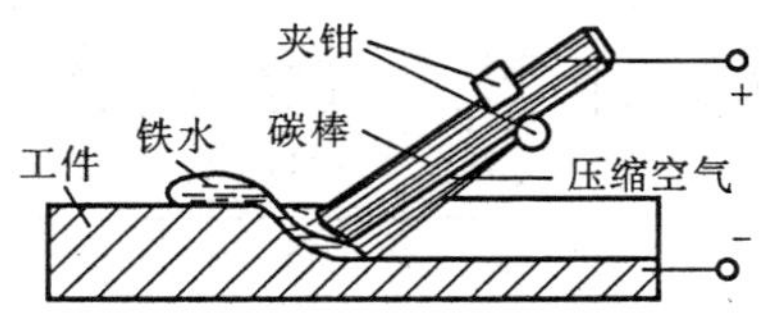

图8－11 碳弧气刨示意图

一、碳弧气刨的设备和材料

1. 碳弧气刨电源

碳弧气刨与电弧焊形成的电弧类似，都是在电极与工件间形成电弧，所以电弧焊中对电弧的要求亦适于碳弧气刨。

碳弧气刨需用直流电源，电源要求具有下降的外特性。碳弧气刨机需较大电流，工作时间长，需配备较大功率的直流电源。如TBJ－3型多向自动碳弧气刨机需配备AX7－500或AX8－500。SCR－1000型硅闸管碳刨电源是供碳弧气刨机的专用直流电源，电源主回路采用大功率硅闸管整流，特别适于低电压大电流情况下工作。

2. 碳弧气刨钳

碳弧气刨夹钳导电性良好、结构紧凑、绝缘性好、送气量大且均匀、使用灵活，配置各种规格的导电夹头，气刨钳头可任意转向，能满足各种空间位置操作等。

按压缩空气的输送方式，碳弧气刨钳可分成侧面送气和圆周送气两种。

3. 碳棒

碳弧气刨使用的电极——碳棒，要求耐高温、导电良好、具有足够强度和成本低等。为了减小碳弧气刨夹钳导电夹嘴与碳棒间的接触电阻，通常在实芯碳棒表面镀一层铜。

用于开坡口、清理焊接缺陷和清理焊根等的碳棒为圆形，用于清理毛边、飞刺、多余焊道金属和码脚等的碳棒为矩形。

二、碳弧气刨工艺

1. 电源极性

碳弧气刨一般采用直流反接，以便使熔化金属中溶入一定量碳，改善熔化金属的流动性，降低熔化金属熔点。但对特殊金属熔化需要较多热量时，可采用直流正接。

2. 电流与碳棒

电流大，刨槽的宽度和深度均增加，气刨的速度也增加。但在清理焊接缺陷时，需选择较小电流，以便获得合适的刨槽，及时发现焊接缺陷。

电流大小的选择要根据碳棒的尺寸决定，通常可根据下述经验公式。

$$I = (30 \sim 50)d$$

式中，I——电流(A)；

d ——碳棒直径(mm)。

3. 碳棒的伸出长

导电嘴到碳棒前端的距离称作碳棒的伸出长。碳棒伸出过长,会增大碳极的电阻,并会造成压缩空气对熔化金属的吹力不足;伸出长过短,会引起操作不便。一般采用伸出长为(80～100)mm,碳棒的伸出长烧损到(20～30)mm 就需重新调整伸出长。

各种位置的碳弧气刨工艺参数见表 8-2。碳棒的规格和钢板的适用范围见表 8-3。

表 8-2　各种位置碳弧气刨工艺参数

碳弧气刨位置	碳棒直径(mm)	空载电压(V)	电弧电压(V)	碳刨速度(m/h)	送棒速度(m/h)	碳棒伸出长度(mm)	碳棒与工件交角(°)	刨槽尺寸(mm)	
								宽	深
平	6	80	40	57	86	35	35	8.5～9	5～5.5
横	6	80	40	60	86	40	35	8.5～9	5～5.5
立	6	80	40	48	86	40	35	8.5～9	5～5.5
仰	6	80	40	60	86	40	35	8.5～9	5～5.5
平	8	90	46	40	84	40	35	13	9

表 8-3　碳弧气刨碳棒规格和适用钢板范围

喷嘴孔直径(mm)	导电夹孔直径(mm)	圆形碳棒					扁形碳棒及使用电流	
		碳棒直径(mm)	钢板厚度(mm)	使用电流(A)	槽宽(mm)	槽深(mm)	规格(mm)	使用电流(A)
9.3	4.3	4	4～6	250～300	6～7	2～3	3×12×355	300～350
10.3	5.3	5	4～6	300～350	8～9	2～3	4×12×355	350～370
11.3	6.3	6	5～10	400～450	8～9	3～5	5×10×355	400～450
12.3	7.3	7	8～12	500～550	10～11	4～6	5×12×355	450～500
13.3	8.3	8	14～20	600～650	12～13	7～8	5×15×355	500～600
15.3	9.3	10	≥22	700～800	14～15	10	5×20×355	600～700

4. 压缩空气的压力

常用的压缩空气压力为(0.49～0.59)MPa(5kgf/cm^2～6kgf/cm^2)。

三、碳弧气刨中的常见缺陷

1. 夹碳

碳弧气刨时,一旦碳棒与工件短路,会有部分碳粘到工件上引起“夹碳”。此后若直接焊接,就会在夹碳的高碳区出现气孔和裂纹。故若发现夹碳现象,应清除后再进行焊接。

2. 粘渣

碳弧气刨时,压缩空气没把熔化了的铁水全部吹掉,形成粘在刨槽的一层四氧化三铁。该层粘渣中含碳、氧很高,会影响以后的焊接质量,故焊前应将粘渣清除掉。

3. 铜斑

使用不合格的碳棒进行碳弧气刨时,碳棒上的镀铜层有时会部分脱落,使刨槽表面出现铜斑,铜斑如果不清除就进行焊接,会引起热裂纹。

8.4 水下切割

水下切割方法较多,按其工作原理不同可分为水下加热氧化切割、水下热熔化切割和水下冷切割。

8.4.1 水下加热氧化切割

一、水下氧—火焰切割

水下氧—火焰切割,通常适用于切割低碳钢和低合金钢等易氧化材料。不适于切割不锈钢和除钛以外的有色金属。

水下氧—火焰切割最适宜的切割厚度为(10～40)mm。由于薄板在水中冷却速度比厚板快得多,因此切割薄板比较困难。板厚超过40mm时,要求高超的切割技术完成。目前,水下氧—火焰切割厚度可超过300mm。

1. 水下氧—火焰切割过程

(1)点燃预热火焰

在浅水区域,可在水面上引燃,然后由潜水员带到切割工位。但是水面上引火,火焰容易熄灭,不安全,尤其水深超过9m就更突出。所以要求在水下引燃火焰

水下引燃火焰有两种方法:一种借助电点火器引燃;一种在割炬上装一个能发生小火焰的附加装置,在水面上先将小火焰(亦称匹配火焰)引燃,带到水下,切割时用小火焰引燃预热火焰。

(2)预热起割处

用预热火焰将起割处预热到该金属在氧中的燃点温度。由于水增加了金属的散热作用,水下预热要比陆上切割时预热困难。

(3)供氧切割

当起割处金属预热温度达到其在氧中燃烧的温度时,供给高压氧,使金属燃烧,生成的熔渣被气流吹掉。金属燃烧产生的热量和预热火焰继续预热下层金属,使切割过程继续进行,以致将金属割开。

2. 燃料

(1)乙炔、甲烷和其它碳氢化合物

乙炔火焰稳定,燃烧的温度可高达3 100℃。但当压力超过0.147MPa(1.5大气压)时,在高温条件下有爆炸危险,所以只适用于水深不超过5m。

碳氢化合物根据水的不同温度,可用到(20～50)m水深。但碳氢化合物气体的液化压力受温度影响较大,温度低液化压力也低,适用的水深将随之减小。

(2)氢

氢气对压力的增大不敏感,可用到1 000m的水深,是水下氧—火焰切割使用最多的燃料。

(3)汽油

汽油也是用于水下氧—火焰切割的较好燃料,只是点燃前需用预热混合器使汽油气化。

汽油适用水深稍次于氢气适用的水深，但切割的厚度和质量都超过氧—氢气火焰的切割厚度和质量。

二、水下氧—电切割

水下氧—电切割是利用空心电极（亦称割条）与割件之间产生电弧代替火焰预热割件，并使其熔化。氧气从空心电极中吹向割件，不仅使割件金属氧化燃烧，而且吹掉熔渣和熔化金属形成割口。同时电极自身也氧化燃烧，放出大量热，从而提高切割效率，水下氧—电切割原理见图 8－12。

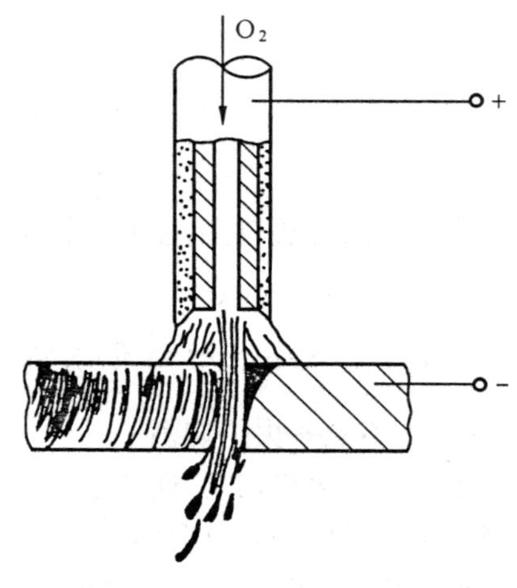

图 8－12　水下氧—电切割原理示意图

8.4.2　水下热熔化切割

一、药皮焊条切割

药皮焊条切割的引弧过程与电弧焊引弧一样，但使用的电流密度较大，熔化金属不是在母材上凝固形成焊缝，而是被吹掉形成割口。

水下药皮焊条应具有防水性，普通焊条采用的防水措施，电弧稳定，也可用于水下切割。

水下药皮焊条切割与水下氧—火焰切割相比，切口质量较差。但水下药皮焊条切割应用广，不仅可切割低碳钢和低合金钢，而且可切割不锈钢和有色金属。

水下药皮焊条切割 6mm 以下薄板很方便，对厚板切割稍困难，切割过程要使焊条在割口内来回拉锯，以将熔化金属推出。

该法切割不受水深限制，只要潜水员能达到的地方就可采用，目前应用的水深是 60m。

二、熔化极气体保护切割

熔化极气体保护水下切割就是将熔化极气体保护焊（MAG）用于水下切割，其原理与水下药皮焊条切割类似。

这种水下切割存在的问题是熔化金属易流到电弧周围影响电弧的稳定性，产生的熔渣和熔化了的金属在割口边缘形成过桥影响切割效果。这种水下切割的优点是切割厚度 6mm 以下薄板时，容易控制，切割速度快，割口质量较好，还可用于切割不同厚度的有色金属。

三、熔化极水喷射切割

熔化极水喷射切割是在熔化极气体保护水下切割的基础上发展的一种水下切割。该法是用喷射出的高压水将熔化金属和熔渣吹掉，形成有少量熔渣的清洁割口，从而解决了熔化极气体保护水下切割存在的两个问题。熔化极水喷射切割原理见图 8－13。

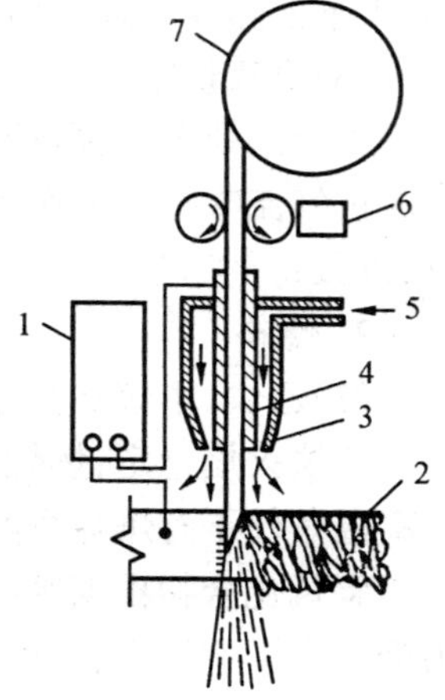

图 8－13　熔化极水喷射切割原理示意图

1—发电机；2—工件；3—喷嘴；4—导电嘴；5—高压水；6—送丝机；7—割丝盘

四、水下等离子切割

工业上最早应用水下等离子切割的是美国和意大利，主要是在浅水区域切割原子反应堆构件。目前尚未有深水中应用等离子切割实例，这是由于随水深增加使等离子所处环境压力增加，引弧困难，电弧功率降低，切割能力减弱，切割工艺性能变坏。在海水中等离子弧易产生“双弧”现象，同时等离子切割电压高达 180V，在水下，尤其在海水中，保证安全尚须作大量的研究。

五、水下热割矛切割

通常割矛长 3m 左右，内径(19.5～21)mm，内孔装满钢丝，从外部对钢管顶端预热，使它达到热割矛钢管的燃点，这时氧气从钢管内的钢丝间吹出，钢管和钢丝开始燃烧放出大量热(这一过程即热割矛引燃，一般是在水面上进行)，然后带到工位上。

热割矛设备简单，割炬一端夹热割矛，另一端与氧气管接通。热割矛切割时，先割出成串的小孔，然后使小孔间的过桥崩裂形成割缝。用内径 9.5mm 和 19mm 的热割矛，割出的孔径分别为 38mm 和 73mm。

这种切割方法一般用于切割厚度大于 40mm 的钢板和其它方法不易切割的大截面构件，用这种方法曾切割了船艏、艉柱铸件，并广泛用于切割混凝土。

热割矛切割不用电，水下切割对潜水员没有触电危险，但切割过程中没充分燃烧的氧气与分解出的氢化合，易发生“蒸汽爆炸”，故不适宜深水作业。

六、铝热剂切割

铝热剂装在钢管内，制成铝热剂割条。割条长 4m，直径 13.8mm，切割原理基本与热割矛相同，切割温度约为 3 500℃。

切割时，先将割条夹入夹头，从氧气入口通入氧气，然后引燃，当割条与割件间距离保持在 10mm 左右时，开大氧气阀，达到所需压力。铝热剂切割参数见表 8－4。

表 8－4　铝热剂切割参数

切　割　件	切割孔直径　(mm)	贯穿速度　(mm/min)
混　凝　土	40	250
礁　　石	50	500
钢	40	600

8.4.3　水下冷切割

一、水下机械切割

水下机械切割与陆上机械切割一样，采用锯、刨、磨、铣对构件进行切割，机械切割速度比热切割速度慢，但切口精度高，无热影响区。这种切割方法多用于水下焊接开坡口和重要结构的修理。

水下切割机有液压驱动、气压驱动和电机驱动三种。

1．液压驱动

液压驱动机在同样的液体压力下，随着水深的增加，供给切割机的功率相应降低，即驱动功率受到水深的限制。目前，这种液压驱动切割机多用于水深 45m 以内。

2．气压驱动

气压驱动的切割机与液压驱动的切割机相似，也受到水深的限制。因为，排出气体的反压力抵消了部分输入压力；随水深增加，管道加长，增大了气体阻力。这种切割机适于水深约为 50m。如将排气管道拉到水面上与大气相通，可消除反冲压力，从而提高切割效率。

3．电机驱动

电机驱动切割机不受水深限制，理论上这种切割可用到水深几百米，但要具有良好的绝缘性能，起动和调速都要很方便。

二、聚能爆炸切割

聚能爆炸技术是将炸药装在铜、铝、铅等金属制成的聚能容器中。容器上有一凹槽，称作聚能槽(最佳爆破角度根据试验而定)，聚能槽对准切割线，起爆后聚能器爆裂，铜、铝、铅等金属质点汇聚成一条线，以极高的速度射向工件切割线，将工件切开。

聚能爆炸切割，速度快，具有方向性，可在板面上进行直线切割、穿孔和切割不同形状的工件，尤其对水下管道结构切割，极为方便。

聚能爆炸切割已可切割 100mm 厚钢板和直径 1.2m、厚为 38mm 的混凝土套管。

参考文献

[1] 周振丰等.焊接冶金与金属焊接性.北京:机械工业出版社,1989.

[2] 张文钺.金属熔焊原理及工艺.北京:机械工业出版社,1985.

[3] 周振丰.金属熔焊原理及工艺.北京:机械工业出版社,1985.

[4] 孙维善.船舶焊接.北京:国防工业出版社,1992.

[5] 田锡唐.焊接结构.北京:机械工业出版社,1987.

[6] 李亚江等.焊接材料选用指南.北京:中国建材工业出版社,1997.

[7] 唐伯钢等.焊接材料.北京:机械工业出版社,1987.

[8] 廖立乾等.焊条的设计、制造与使用.北京:机械工业出版社,1988.

[9] 苏仲鸣.焊剂的性能与使用.北京:机械工业出版社,1989.

[10] 郑宜庭等.弧焊电源.北京:机械工业出版社,1989.

[11] 姜锡瑞.船舶与海洋工程材料.哈尔滨:哈尔滨工程大学出版社,2000.

[12] 舍瓦尔兹 M M.金属焊接手册(中译本).北京:国防工业出版社,1988.

[13] 日本焊接协会造船部焊接施工委员会.焊接质量管理指南.北京:国防工业出版社,1987.

[14] 赵熹华.焊接检验.北京:机械工业出版社,1997.

[15] 宋宝天.水下焊接与切割.北京:机械工业出版社,1989.

[16] 殷树言等.气体保护焊工艺.哈尔滨:哈尔滨工业大学出版社,1989.